배낭에 담아온 인도

김호성 지음

배낭에 담아온 인도

처음 펴낸 날 / 2002년 2월 28일

지은이 / 김호성
펴낸이 / 김광삼
편집 / 윤제학, 강지숙
표지 디자인 / 편집부
펴낸 데 / 여시아문

출판 등록 1995.3.2.
제1-1852호

110-170 서울시 종로구 견지동 110-33
737-0695(영업부), 737-0691(편집부), 737-0697(팩시밀리)

값 9,000원
ISBN 89-87067-22-X 03220

배낭에 담아온 인도

김호성 지음

여시아문

머리말

　인도철학을 공부하노라 한 지도 20년이 넘었습니다. 아직도 '책'을 통해서 '상상의 인도'를 그리는 것이 주가 되고 있지만, 그럴수록 그 '책' 속에 쓰여진 가르침이 나올 수밖에 없었던 배경으로서의 '현실의 인도'에 대한 갈증은 더욱 심해져 갔습니다.
　『배낭에 담아온 인도』는 먼저 책을 통해 인도를 만난 책상물림이 실제로 현장을 답사하면서, 책과 현장 사이에 대화를 시도한 이야기입니다. 현장을 통해서 책은 비로소 물기를 머금게 됩니다. 그래서 "보는 만큼 안다"고 할 수 있습니다. 마찬가지 맥락에서 책을 읽고 나서 현장을 다시 보고, 해석하며, 정리하면서 자기 나름의 관점을 얻게 됩니다. 진부한 감이 있으나, "아는 만큼 보인다"는 말이 여전히 힘을 갖고 있는 이유입니다.
　물론, 『배낭에 담아온 인도』에서의 모든 현장 경험과 그에 대한 해석은 철저히 주관적입니다. 굳이 객관을 의식하지 않았습니다. 우리에게 인도는 타자(他者)일 수밖에 없으며, 그런 점에서 인도에 대한 여행기는 모두가 나름의 일리(一理)만을 갖는 이야기일 것입니다. 그러므로 어느 한 개인의 체험은 "코끼리 코 만지기"와 같다 할 것입니다. 역설적으로, 바로 그렇기에 그 불완전한 이해의 교환은 더욱 권장되어야 한다고 봅니다. 코끼리를 만지는 장님들이 많으면 많을수록 코끼리에 대한 보다 완전한 이해에 한 걸음 다가갈 수 있을 것이기 때문입니다.

이 『배낭에 담아온 인도』는 1999년 여름과 겨울, 2000년 여름과 겨울에 방학을 이용해 네 차례에 걸쳐 각 1개월 이상을 여행한 이야기입니다. 시차를 두고 한 여행이므로 인도의 변화를 피부로 느낄 수 있었으며, 겹쳐지는 곳도 있지만 나름으로 새로움도 느낄 수 있었습니다. 그리고 아내와 아들(초등학교 5~6학년)과 함께 했던 '가족여행'이었으므로, 거기에는 일종의 '해석공동체'가 존재했다 할 수 있습니다. 아내와 아들의 목소리가 간간이 등장하는 것도 그러한 이유에서입니다.

이러한 우리의 인도 여행에는 많은 어른들께서 도움을 주셨습니다. 먼저 수덕사 법장(法長) 스님, 구산장학회의 이범세 이사장님, 향산장학회의 윤용숙 회장님, 황규찬 박사님, 정혜라 보살님께서는 인도에서 불교학을 공부하고 있는 우리 유학생들을 위한 장학금을 제게 맡겨 주셨으며, 만수목재의 전영수 사장님께서도 대중공양을 위한 금일봉을 주셨습니다. 은혜를 입은 유학생들과 함께, 다시 한 번 감사의 말씀을 올리고자 합니다.

또한 은사(靑雲道源) 스님, 사형 법준(法俊) 스님, 불일출판사의 인경(印鏡) 스님, 이범세 이사장님, 윤용숙 회장님, 민족사 윤창화 사장님, 김영규 거사님, 김숙희 보살님께서는 저희의 답사 여행(현장 연구)를 위해서 연구비를 보조해 주셨습니다. 깊은 감사의 말씀을 올립니다.

뿐만 아니라 인도에서 유학중인 이건준 선생 내외를 비롯한 여러 유학생들, 성지의 한국 스님들, 비말리(Vimali) 교수를 비롯한 교수님들,

또 마투르 박사(Dr. P. Mathur)를 비롯한 우다이푸르 시민병원의 여러 분들께도 깊은 감사의 말씀을 전합니다. 그러나 무엇보다도 잊을 수 없는 것은 고비고비 우리 가족을 도와서 무사히 여행을 마칠 수 있게 해 주었던 많은 인도인들입니다. 이름도 알 수 없고 다시 만날 기약도 없지만, 우리 가족의 가슴 속에서 결코 잊히지는 않을 것입니다.

마지막으로 어려운 여건 속에서도 책을 펴내주신 여시아문의 김광삼 사장님께도 감사드립니다.

2002년 1월 31일
김호성 합장

차례

4 머리말
처음 여행 / 두려움 속에서 인도를 만나다

14 델리에서의 첫인상
17 인도에서 기차타기
21 뭄바이 YMCA의 하룻밤
23 기차 출발역을 잘못 알다
25 뿌네대학, 암베드카르 박사
27 데칸고원을 넘어서 아우랑가바드로
29 더울라타바드와 엘로라
32 아잔타 불교 동굴
35 산치, 이 땅의 정토
38 아그라의 기차역 숙소
42 달리는 말에서 본 타즈마할
45 마투라 박물관, 성기 처리의 비교종교학
50 아픈 아들을 기차에 싣고
54 녹야원과 강가의 화장터
59 '국어 대 힌디어'의 싸움
63 하루도 더 살 수 없다며 울어버린 아내
67 잊혀지는 마하트마 간디
71 테마가 있는 인도
81 이런 일 저런 일(如是我聞)

두번째 여행 / 불교 성지 순례

방콕을 거쳐서 델리로 92
비말리 교수 댁에 초대받다 95
델리의 국립 박물관 98
중구난방(衆口難防) 사건 100
쿠시나가르의 태국 절과 한국 절 103
쿠시나가르 태국 절에서 룸비니 우리 절로 106
룸비니, 티베트 깃발에 뒤덮이다 110
여행자의 어머니, 석가사 114
기원정사 가는 길 117
정이 살아있는 한국 불교 122
『유마경』의 무대 바이샬리 129
혼돈의 도시와 최악의 버스 132
날란다 대학과 영축산 134
깨침의 땅에서 나를 다시 생각하다 137
정각도량에서 발원하다 142
카주라호 가는 길 145
신들도 사랑을 하네 148
이런 일 저런 일(如是我聞) 153

세번째 여행 / 남의 아들 맹장 수술 시키기

162 인도로 가는 길
164 델리를 무시하지 말라
171 캘커타에는 웬 사람이 그렇게 많을까
172 인도 박물관과 칼리 사원
175 부바네스와르 가는 기차
178 오릿사의 에로티시즘과 순례자들
183 첸나이 최고급 호텔과 한국 식당
186 라즈 쿠마르와 다르마람 칼리지
189 뭄바이 주변의 불교 석굴들
192 바로다의 박물관들
195 아마다바드의 간디 아쉬람
199 로탈에서 본 인더스 문명
202 남의 아들 맹장 수술 시키기
214 병원에서 두 번 졸도한 아내
217 우다이푸르 시민병원과 마투르 박사
224 델리에서 온 사람들
227 시민병원의 인도 사람들
232 크리쉬나와 『마하바라타』
235 여행에 대한 짧은 생각들

네번째 여행 / 숨어있는 부처님을 찾아서

델리의 릭샤 왈라가 준 교훈 242
다시 우다이푸르에서 246
난공불락(?)의 치토르가르 산성 250
작년의 고생은 고생이 아니요 254
쫓겨나서 행복한 사람들 260
세바그람의 간디 아쉬람 262
비노바 아쉬람과 암베드카르 영화 267
사람이 사기를 당할 때 272
호수 속에 서 있는 부처님 277
나가르주나 콘다에서 기가 막혀 282
남인도의 대승불교는 어디로 갔을까 286
첸나이의 신지학회와 크리쉬나무르티재단 290
폰디체리의 오로빈도 아쉬람 293
자이나교 성지, 스라바나벨라골라 297
돌의 제국 함피 302
문드곳에서 본 티베트 불교 307
아시아 근대사의 화두 311
숨어있는 부처님을 찾아서 316
마지막에 찾은 데칸 칼리지 324
후기 : 여행을 일단락 지으면서 328

처음 여행
두려움 속에서 인도를 만나다
(1999. 7. 29. ~ 8. 27.)

"자, 어디 가서 점심을 먹을까?"

인도에 와서, 한결같이 우리의 화두가 된 문제다. 아내는 그 답을 안내서 속의 '모티마할(Motimahal)'에서 찾아낸다. 사이클 릭샤를 타고 모티마할로 갔다. 요금은 10루피다. 우리 셋, 도합 162kg을 싣고 힘겹게 페달을 밟는 마른 체구의 왈라에게 2루피 정도는 팁으로 더 얹어주자고 우리는 의논했다. 그러나 도착지에 이르러서 그는 느닷없이 30루피를 요구한다. 1인당 10루피라는 것이다. 그들이 즐겨쓰는 고전적 수법 중의 하나다. 언제 그가 그렇게 말했던가? 우리는 오토 릭샤도 15루피를 요구해서 안 탔는데 말이다. 결국 그가 우리에게 받아간 것은 10루피뿐이다. 여행 안내서의 가르침 대로, 우리는 10루피를 사이클 릭샤 위에 얹어놓고 우리 길을 가 버렸다. 왜 그들은 그렇게밖에 할 수 없는가? 2루피를 더 벌 수 있었는데….

— 8월 24일 일기 중에서

델리에서의 첫인상

7월 29일

나는 지금 가족(아내, 아들(초5))과 함께 인도로 가고 있다. 비행기 안에서 보여준 항로는 '서울 → 제주 → 상해 → 무한 → 곤명 → 다카 → 델리'이다. 중국 지나면 바로 인도다. 다카(방글라데시 수도) 역시 원래 '인도' 아니었던가. 불교가 중국을 거쳐서 우리에게 전해질 수밖에 없었던 지리상의 이유가 새삼 느껴진다.

인도 시간(한국보다 인도는 3시간 30분이 늦게 간다)으로 자정이 못되어 델리의 '인디라 간디 국제공항'에 도착했다. 출구 오른쪽의 환전 창구에서 여행자 수표 20달러를 855루피에 환전했다. 처음으로 루피(Rupee)를 구경했다.

공항 대합실로 나서는데, 훅 뜨거운 바람이 온다. 콧속을 파고드는 뭐라 말하기 어려운 냄새(인도 냄새)와 후끈한 공기로 인도는 우리를 맞이한다. 인도 사람들이 우루루 몰려서서 출구 쪽을 보고 있다. 그 사이에 건준(유학생)이 반가운 미소로 우릴 맞이한다.

건준이 맞춰온 택시를 타고 1시간도 더 넘게 달린다. 추적추적 비가 내리는 델리의 한밤이다. 올드 델리를 지나는데, 움막과 남루한 집들이 보이고, 잠 못 드는 사람들이 여기저기 모여 앉아 있다. 우리를 위해서 건준이 예약해 둔 왕덴 하우스(Wongdhen House)에 도착했다.(에어컨이 설치된 디럭스 룸 650루피)

건준은 가고, 우리 가족은 눅눅한 침대 위에 피곤한 몸을 뉘였다. 그래도 쉬 잠들지 못한다. 낯선 땅의 첫날 밤이 불안한 탓이다. 그렇게 우리는 인도를 처음으로 만났다.

7월 30일

아침에 식당에서 10루피를 팁으로 주었다. 1루피가 30원이니까 300원을 팁으로 준 것이다. 그 일로 나는 아내에게 얼마나 '당했는지' 모른다. 처음 온 인도에서 불안에 떨고 있는 아내의 추궁인즉, 그렇게 후하게 팁을 주었으니 우리가 부자인 줄 알고 그들이 강도질이라도 벌이면 어떡하냐는 논리였다.

11시 30분, 건준이 왔다. 함께 점심을 먹고 원숭이 공원(Monkey's Park)과 델리대학교를 갔다. 델리대학교 도서관 앞에 시꺼먼 옷을 입은 사람의 동상이 서 있다. 가까이 다가가 보니 비베카난다(Swami Vivekānanda, 1863~1902)이다. 아들과 나는 합장하여 절하며 존중의 뜻을 표하였다.

비베카난다는 엄밀한 의미에서 서양에 힌두교를 처음 전한 선교사이다. '가난한 자를 섬기는 일이 신을 섬기는 일'이라고 하면서 '실천적 베단타(Practical Vedānta)'를 주장한 힌두교의 개혁론자이다. 전통적 베단타학파는 오직 참된 실재는 브라만(아트만) 뿐이며 현실 세계는 모두 허깨비(幻影, māyā)라 말한다. 그래서 현실 세계의 개혁을 위한 실천에는 소홀할 수밖에 없었다고 비베카난다는 평가한 것이다. 그렇게 전통적 베단타가 소홀히 했던 '실천'을 비베카난다는 지향하게 된다. 그 길만이 인도 민중들을 구원하는 것으로 보았기 때문이다. 그런 맥락에서 비베카난다는 '붓다'를 높이 평가한다. '이상적인 실천행자(karma-yogin)는 부처님'이라고 종종 붓다를 인용하고 있는 것이다. 홀로 숲 속에서 명상에 잠기는 것이 산야신(sanyasin, 遊行者)이 아니라, 붓다처럼 중생을 위하여 행각(行脚)하는 삶을 사는 것이 진정한 산야신이라 평가한다. 비베카난다 속에 들어가 있는 불교, 그것은 현대 인도에 있어서 불교의 존재 양상을 찾아갈 때 반드시 살펴야 할 한 측면이라 할 것이다.

도서관 옥상 한 귀퉁이에 '짜이(茶)' 가게가 휴식 공간으로 이용되고 있었다. 마침 한국인 유학생이 여럿 모여 앉아 얘기를 나누고 있다. 델리대학교 불교학과에는 18명의 한국인 유학생들이 공부하고 있다고 한다. 깜짝 놀랐다. 이렇게 어디에선가 공부하는 사람들이 있다. 고마운 일이다.

350루피를 주고 에어컨이 없는 싼 방으로 옮겼다. 300루피나 싸다.

7월 31일

택시를 450루피에 대절해 '레드 포트(Red Fort)'로 갔다. 그런데 우리가 '레드 포트'를 구경하고 나오니까 택시가 사라지고 없다. 1시간을 넘게 기다려도 끝내 나타나지 않는다. 한참이 더 지나서야 택시 기사만 나타나 우리를 사이클 릭샤에 태워서 어디론가 한참 데려간다. 택시가 고장났다며 정비하는 곳이다.

정비하는 곳이래야 길가의 어느 상점 앞이었다. 정비소는 모퉁이의 한 2평 정도나 될까? 주인은 누구인지, 사장은 누구인지 알 수 없다. 다만 우리 현욱이보다 훨씬 어린 아이가 느릿느릿 펑크 난 타이어를 갈아끼운다.

"한 스무 살 정도 되면 저런 아이들의 노동 경력은 15년 정도 됩니다."

건준의 설명이다. 소년 노동의 문제, 인도가 안고 있는 또 하나의 문제가 아닐까.

택시 회사에 전화를 해서 고장 사실을 알리고 대체 택시를 불렀다고 하는데 끝내 오지 않는다. 할 수 없이 오토릭샤로 갈아타고 뉴델리 역 앞 '메인 바자르(Main Bazaar:本市場)'로 갔다.

우리 일정도 망쳤지만 택시 기사도 공쳤다. 안 됐다 싶어서 레드 포트까지 간 요금은 주어야 하는 것 아니냐고 했으나, 건준은 이런 일이 있을 때는 요금을 안 주어도 된다고 잘라 말한다. 그것이 인도식인지도 모르겠다.

인도에서 기차타기

8월 1일

'사이나 호텔'에서 체크 아웃했다. 사전에 아무 말 없이 10% 세금(tax)을 부가했다. 항의했더니 세금 없이 500루피만 내라고 한다.

오늘부터 보호자(건준) 없이 우리 가족끼리만 여행한다. 뭄바이(=봄베이) 행 기차는 '니자무딘 역(Nizamudhin Station)'에서 타게 되어있다. 그 때까지는 시간이 좀 있다. 어디를 갈까? 아무래도 가까운 데가 좋겠지. '레스토랑 메트로폴리스'에서 얻은 델리 지도를 살펴보니, 니자무딘 역 앞에 '후마윤의 묘(Humayun's Tomb)'가 있다.

릭샤 왈라는 100루피를 불렀지만, 40루피를 주기로 흥정하였다.

레드 포트와는 비교할 수도 없을 만큼 여유롭고 편안하다. 나무도 울창하고 건축도 훌륭하다. 입장료(5루피)가 비싸서 그런지 레드 포트(2루피)에서는 그렇게 많던 거지들이 보이지 않는다. 일반 입장객 역시 옷차림부터 다르다. 여기저기 연인들, 또는 가족 단위의 소풍객들이다.

"할로우 코리아니(Hello Koreani)."

한 무리의 여대생들이 우리에게 건넨 인사다. 우리가 한국인인 걸

어떻게 알았지? 그들은 모두 화려한 사리를 입고, 명랑하고 활달했다. 그들과 사진을 찍어두지 않은 것이 후회스럽다.

소풍 나온 인도 어린이들과 아들이 같이 서서 사진을 찍었다. 내가 요청한 것이다. 그리고 나서 아들이 태권도를 한참 하니까, 네 명의 청년들이 뭐라고 뭐라고 떠들어댄다. 얼핏 들어보니 태권도를 같이 해 줄 테니, 80루피를 달라는 것 같다. '노(No)'라고 말해도, 가지 않고 말없이 노려보고 있다. 부처님 가르침대로 모르는 척 침묵으로 대처하다가 이동하였다.

후마윤의 묘에서 1km 거리에 니자무딘 역이 있다.

"니자무딘 역, 얼마냐?"

"20루피다."

"10루피로 가자."

한 사람의 왈라가 좋다고 한다. 그래서 탔는데 10m쯤 가서 릭샤를 세우더니, "나는 너를 돕고, 너는 나를 돕고…" 운운하면서, 15루피를 달라는 것이다. 5루피 더 주게 되는 건 괜찮겠으나, 또 무슨 이상한 수작을 붙일지 겁먹은 아내가 질색한다. 내려서 걷기로 했다. 무거운 배낭을 지고 30분 가량 걸어서 니자무딘 역에 도착했다.

이제 기차를 정확히 타는 일만 남았다. 어제 건준은 기차 타는 일이 어렵다며, 역에 나오려 했지만 거절했다. 건준이 사는 올드 델리와 니자무딘 역이 있는 사우스 델리의 거리도 거리지만, 어차피 우리의 여행 아닌가. 우리 가족끼리 해결하기로 한 것이다.

처음 인도를 간다고 했을 때, 먼저 다녀온 선배들은 이구동성으로 음식 걱정만 했다. 아무도 기차 타는 법에 대해서 말해 주지 않은 것이다. 다만, 종원이가 "인도에서는 기차만 탈 줄 알면 된다."고 하였다. 그

뿐이었다. 그런데, 이게 만만찮다.

우리 나라처럼 역에 나가 표를 사서 바로 출발하는 것이 아니다. 반드시 예약을 해야 한다. 예약 센터나 기차역에 가서 이름, 나이, 기차 이름(모든 기차는 고유 이름이 있다), 행선지, 시간 등을 양식에 맞춰 적어서 내야 한다. 그러면 표를 준다. 우리 표는 건준이가 여행사를 통하여 산 것이다. 이때는 여행사에 수수료를 내야 한다. 수수료가 간단하지 않다. 편한 만큼 돈이 드는 것이다.

표를 들고 기차역에 가서 기차가 들어오는 플랫폼 번호를 물어서 찾아가야 한다. 해당 플랫폼에 가서는 탑승자 명단을 확인해야 한다. 에어컨이 설치된 침대칸 이상은 승객 명단을 컴퓨터로 뽑아서 플랫폼과 객차 밖에다 붙여 둔다. 그래서 나이와 이름이 필요한 것이다. 몇 호차 몇 호석을 확인해야 하니까. 그런데 무엇이 어려운가?

인도의 기차는 객차 사이 통행이 언제나 가능한 것은 아니다. 어떤 칸과 어떤 칸 사이에는 통행이 되지 않는다. 따라서 자기가 탈 객차 (coach)를 제대로 타지 못하면, 중간에 건너다니지 못하기 때문에 낭패를 보게 된다. 중간에 건너다니지 못하게 막아놓은 것은 각 칸의 등급이 다르기 때문이다. 우리도 새마을호, 무궁화호, 통일호, 비둘기호 등으로 기차에 등급이 있다. 그러나 그것들은 기차 자체가 다르기 때문에 같은 기차 안에서 객차와 객차 사이는 막혀 있지 않다. 그래서 아무 칸이나 올라타도 자기 자리를 찾아갈 수 있다. 그렇지만 인도의 기차는 한 기차 안에 등급을 달리하는 객차들을 서로 연결하고 있다. 최고급부터 무료에 이르기까지. 당연히 요금의 격차는 엄청나고, 객차와 객차 사이를 막지 않을 수 없는 것이다. 인도 기차는 인도 사회의 축소판이다.

인도 기차는 굉장히 길다. 우리 새마을호는 중간에 기관차를 하나 더 연결하지만, 인도 기차는 객차 수가 한 서른 개 되는데 기관차는 앞에 하나뿐이다. 그러니 느릴 수밖에 없다. 객차가 많다 보니, 우리가 타야 할 객차가 어디쯤 붙어 있는지도 알기 어렵다. 물어 보아야 하고, 차가 들어올 때 얼른 객차 번호를 보아야 한다. 짧게 정차하는 역의 경우, 앞에서부터 보다가는 저 뒤에 있는 객차를 발견하기도 전에 기차가 출발할 수도 있다. 객차끼리 통행이 안 되니까 아무데서나 뛰어탈 수도 없다. 그러니 어렵다는 것이다.

"위에 빨간 옷을 입은 사람들이 포터(짐꾼)인데, 짐을 맡기고 표를 보여주면 정확히 데려다 줍니다."

어제 건준이 해 준 조언이다. 나는 이 조언을 듣지 않기로 하였다. 물어 물어서 우리 자리를 찾을 수 있었다. 우리 힘으로 해낸 것이다.

'라즈다니 특급(Rajdhani Express).'

델리와 뭄바이를 연결하는 이 기차는 매우 고급이다. 우리가 탄 기차는 에어컨도 있고, 침대 3개가 아래 위로 연결되어 있다. 객차 바깥에 붙은 승객 명단을 확인하여 승차했다.

맞은편에 인도 청년과 인도 아가씨가 앉아 있다. 인도 아가씨는 애인인 듯한 젊은 친구가 데려다 주고 간다. 몇 번인가 간식이 나오고, 저녁, 그리고 내일 아침까지 준다고 한다. 요금 속에 포함된 것이다. 저녁이 나왔는데 어떻게 먹어야 하나, 약간의 시행착오를 겪으면서 먹는 내 모습이 재미있나 보다. 이 아가씨 웃는 모습이 너무 아름답다.

저녁에는 담요 한 장과 흰 시트 2장, 베개가 지급되었다. 17시간 30분의 긴 여행이었지만 아주 편안했다.

뭄바이 YMCA의 하룻밤

8월 2일

뭄바이 중앙역(Mumbai Central Station)에 도착해서 먼저 뿌네(=뿌나) 가는 기차표를 예약했다. 예약하고 금방 돌아서서 표를 사는데도, 예약하는 곳 다르고 돈 주고 표 사는 곳이 다르다. 여기서 하룻밤을 자고 내일 뿌네로 갈 예정이다.

기차역에 잘 수 있는 숙소(retiring room)가 있다고 해서, 뭄바이에서는 기차역에서 자기로 했다. 뭄바이는 중동의 오일 달러가 많이 들어와서 물가가 천장 높은 줄 모르고 악명을 떨친다고 들었기 때문이다. 설마 기차역과 같은 공공기관이 운영하는 곳이라면 좀 싸지 않겠는가 하는 것이 우리들의 계산이었다. 그러나 2층으로, 3층으로, 이리 가라, 저리 가라, 무거운 짐을 짊어지고 다녀봐도 아무도 제대로 안내해 주는 사람이 없다. 벽에 적힌 안내판에는 더블 룸에 800루피라고 적혀 있다. 너무 비싸다.

이 와중에도 나는 바짝 긴장을 해서 식구들에게 연신 주의를 준다. 하도 악명이 높아서 지레 겁을 먹은 탓이다. 특히 영어라고는 한 마디도 못하는 아들, 여권도 돈도 한푼 갖고 있지 않은 아들을 잃어버리지 않으려는 노력이었다.(아들에게는 여권번호, 인적사항, 비상 연락처 등을 적은 'Please Help Me'란 종이 한 장만 포켓 속에 넣어주었다.)

드디어 긴장을 이기지 못한 아내는 숨이 차오르고, 아들은 짜증이었다. 아무도 없는, 아무도 오고 가지 않는 리타이어링 룸 앞의 의자에서 잠시 호흡을 가다듬은 뒤, 중앙역 앞에 있다는 'YMCA'를 찾아가기로 결정하였다.

가히 명불허전(名不虛傳)이다. 에어컨도 없고 샤워를 할 수 있는 화장실도 없는 방인데 1,440루피다. 샤워는 공동 화장실에 가서 해야 한다. 우리는 당연히 기독교 단체인 YMCA 회원이 아니므로 10% 할인 혜택도 없다. 오히려 추가 요금을 내야 한다. 위로가 되는 것은 저녁(뷔페식)과 아침을 준다는 사실이다. 그런데 방 값보다 더 많은 1,800루피를 미리 맡겨야(deposit) 했다.

그런데 방에 들어가 보니 창문이 닫히지도 않고 잠기지도 않는다. 방을 바꾸어 달라고 해서 옮겨도 마찬가지다. 그들은 연신 문제없다(No Problem)고만 한다. 청원경찰도 있고 해서 괜찮을 것 같은데, 문제는 아내의 불안감이다. 짧은 영어에 말도 안 통하고, 알아들을 수는 더욱 없다. 할 수 없이 편지를 썼다.

"문제없다는 당신의 말을 나는 믿을 수 있다. 그렇지만 내 아내는 불안해 한다. 그러니 미안하지만 다시 다른 방으로 바꾸어 달라."

정중한 나의 편지를 보고서, 사무실에서 사무를 보는 중간 관리자가 직접 올라와서 방을 바꿔준다. 작은 친절에 그 동안의 불평이 눈 녹듯 사라진다. 이게 여행인가 보다.

저녁을 먹으러 식당에 내려갔다. 뷔페식이라 하지 않았던가. 그러나 여기는 인도다. 한국의 뷔페식을 생각하고 기대한 것부터가 잘못이다. 하얀 도복을 입은 인도의 소년, 소녀들이 식당 창 밖에서 태권도인 것 같기도 하고, 유도 동작이 섞여 있는 것 같기도 하고, 합기도 같기도 한 운동을 하고 있다. YMCA는 호텔을 운영한 수익금으로 그러한 사회활동을 전개하고 있다. YMCA 바로 앞에 구세군이 운영하는 숙소도 있다.

오늘 아들이 한 재미있는 말, "인도(印度)에서 인도(人道)로 인도(引

導)하는 것은 잘못 인도(引導)하는 것이다." 인도(人道)에는 냄새가 난다. 사람이 자기도 하고, 살기도 하고, 대소변을 보기도 하기 때문이다. 그래서 우리는, 다른 인도인들처럼 차도(車道)를 따라서 길을 걸었다.

기차 출발역을 잘못 알다

8월 3일

　YMCA에서 서둘러 체크 아웃을 하고 8시 15분에 '뭄바이 중앙역'에 가서 플랫폼을 찾았더니, 뿌네행 기차(Konya Express)의 탑승역이 여기가 아니라고 한다. 웬 날벼락! 기차 도착 시간까지는 30분밖에 안 남았는데 거리는 20km나 된다. 출근길의 뭄바이 시내를 택시는 연신 경적을 울리면서 달리고 달린다. 등에서 땀이 흐른다.
　창구에서 기다리던 친절한 아저씨의 도움으로, 또 약삭빠르고 성실하며 신속하게 달려준 택시 운전사의 덕으로 기차를 탈 수 있었다. C.S.T(Chattrapatti Shivaji Terminus, 옛이름:Victoria Terminus)가 뿌네행 기차의 출발역이었다.
　뭄바이 중앙역에서 택시 기사에게 기차를 찾아서 태워주면 요금 175루피에 팁으로 25루피 더해서 200루피 주겠다고 제의하였다. 그러나 C.S.T에는 전광판이 있어서 플랫폼 번호를 게시하고 있는 것 아닌가. 택시 기사의 도움은 하나도 필요없는 일이었다. 그러나 약속은 약속이라 팁까지 200루피를 주었다. 시간 안에 데려다 준 것만 해도 얼마나 고마운 일인가. 그런데 그는 팁으로 200루피를 더 달란다. 팁으로 25루피면 충분한데 무슨 말이냐며 거절하니, 금방 웃으며 돌아서서 간다.

그냥 해본 소리였던가 보다.

오후 1시 30분에 뿌네역에 도착했다. 마중 나오기로 한 준형은 만나지 못했다. 그도 그럴 것이 우리 나라와는 달리, 인도에는 기차역 출구가 따로 없다. 출구가 수도 없이 많고, 개표구도 집표구도 없으니 사람들은 편한 대로 철길을 이리저리 건너다닌다.

"한국 사람 아니세요?"

호텔을 찾아서 길을 가는데, 누군가 우리를 부른다. 학생과 직장인 여성 커플이다. 반갑다. 그들의 안내로 바하이교 신도가 운영하는 '내셔널 호텔'에 투숙했는데 아들이 있다고 추가요금 50루피를 더 내라고 한다. 그래서 350루피에 방을 얻었다. 그녀들에게 점심을 샀다. 그녀들은 버스를 타고 고아로 간다고 한다. 아내는 편안한 마음이 드는지, 그녀들과 함께 고아로 가면 안 되느냐고 말한다. 우리가 가야 할 방향은 정반대인데…. 버스 정류장에서 사진을 찍고, 그녀들은 고아를 향한 버스를 타고 10시간의 긴 여행을 떠났다. 일본 남학생 하나는 버스 표가 없어서 고아로 같이 가지 못했다. 인도에서는 일본이 형제이자 이웃임을 느끼게 된다. 그만큼 정겹게 느껴진다.

오후 늦게 준형과 만났다. '아쉬르와드(Ashrward) 호텔'의 식당 '아크샤야(Aksaya)'에서 이탈리안 피자, 초면, 난, 빠니르 띠카 맛살라, 로티 등을 푸짐하게 먹었다. 그렇게 푸짐하고 맛있게 먹어도 299루피밖에 안 들었다. 뿌네의 음식값은 무척 싼 편이다.

뿌네대학, 암베드카르 박사

8월 4일

오전에 '마하트마 간디 로드'에 있는 '토마스 쿡(Thomas Cook)'에 가서 환전했다. (100달러에 4,240루피)

내셔널 호텔에서 체크 아웃 해서 준형의 집으로 갔다. 착착(아들 현욱의 별칭)은 어제부터 설사를 시작했다. 아내와 착착은 준형의 집에서 쉬기로 하고, 나는 준형이 오토바이 뒤에 타고 '반다카르 동양학연구소(Bhandarkar Oriental Research Institute)'를 방문했다. 반다카르(Ramakrishna Gopal Bhandarkar, 1837-1925)는 근대 인도학 연구의 선구자이고, 교육자로서 많은 업적을 남긴 인물이다.

도서관 건물이 있고, 해외의 교수들이 방문하면 숙소로 쓰는 단층짜리 집이 있다. 연구소 앞의 큰 길을 달리는 차량이 늘어나서 옛날 같지는 않다고 하지만, 훌륭한 연구소이다. 연구소 안은 숲이다. 방학 때면 와서 공부하고 싶은 생각이 든다.

도서관장이 연구소를 안내하는 팸플릿과 연구소에서 출판한 목록들을 챙겨준다. 목록을 보니, 이 연구소에서 가장 역점을 두고 있는 분야가 『마하바라타』와 『마누법전』임을 알 수 있다.

연구소 길 건너편 식당에서 준형과 점심을 먹었다. 가만히 보니 주문을 받아가는 종업원과 다 먹고나서 그릇을 치우는 종업원이 다르다. 그릇을 치우는 종업원이 더 어리고, 더 험한 옷을 입고 있다. 맛살라 도사, 모삼비 주스를 먹었다. 둘 다 잊을 수 없는 맛이다.

준형의 오후 수업에 맞추어서 뿌네 대학으로 갔다. 준형은 얼마 전에 산스크리트학과 석사과정에 다시 입학하였다. 인도철학과에서 석사과정을 수료만 하고, 논문을 쓰지 않고 여기로 온 것이다. 산스크리트학과 석사과정의 수업은 1주일에 16시간, 수업은 강의식 수업이다. 학생들이 준비해서 발표하는 일은 없다. 준형은 한국에서보다 더욱 활달하고 밝아진 모습이다. 미래에 대한 희망과 자신이 있어서이리라. 보기 좋다. 팔리어를 부전공으로 할 예정이란다.

준형이 수업받으러 들어간 산스크리트학과 건물 벽에 격문 하나가 씌여져 있다.

"There is no future for research."(공부하는 데 내일은 없다)

아마 학생들이 쓴 것 같다. 우리 대학들 어디에서고 공부 열심히 하자는 학생들 스스로의 격문 내지 낙서가 있는가? 기억이 없다.

준형이 수업 들어간 1시간 동안 혼자서 걸어다니며 캠퍼스를 구경하였다. 우리네 대학과는 많이 다르다. 크고 높은 빌딩군(群)이 아니라 숲의 여기저기, 조그마한 건물들이 흩어져 있다. 우리네 대학보다 훨씬 정겹다.

준형의 집으로 돌아오는 길, 길 왼편 언덕바지에 암베드카르 박물관(Dr. Ambedkar Museum)이란 간판이 보이는 건물이 있었다.(Symbosis College 부근, Senapatibapat Road, Pune 411016.) 오토바이를 돌려서 찾아갔다. 준형도 처음이라고 한다. 박물관은 자그마한데, 지붕이 돔으로 되어 있다. 벽에는 암베드카르 박사가 활동했던 사진들이 걸려 있다. 죽을 때까지 썼던 침대, 의자, 책 등을 비롯한 여러 가지 유품들이 정리되어 있다. 흉상에 합장하여 삼배했다. 암베드카르 박사는 불가촉천민 출신으로, 불가촉천민 해방 운동의 대부가 된 인물이다. 인도 독립 후 네루 수상 아래에서 초대 법무장관을 지내면서, 인도 헌법을 기초하였다. 그는 힌두교 안에서는 불가촉천민 해방이 불가능함을 절감하고, 마침내 같은 계급의 불가촉천민 수십만과 함께 불교로 개종한다. 인도에서 현재 불교도가 가장 많은 지역이 마하라쉬트라 주인 것도 이같은 역사적 배경이 있다. 이곳 마하라쉬트라 주가 암베드카르 박사의 주된 활동지였다.

준형이 따뜻한 장판을 내서 침대 위에 깔아 준다. 침대를 우리 식구에게 내주고, 자기는 소파에서 잔다. 따뜻하고 편안한 잠자리다. 6박 6일 만에 한국의 깍두기를 먹었다. 그새 그리웠던 모양이다.

데칸고원을 넘어서 아우랑가바드로

8월 5일

아우랑가바드를 가기 위해서 마하라쉬트라 관광청(MTDC) 버스를 탔다. 준형은 늘 그렇듯이, 진심으로 이것저것 챙겨준다.

뭄바이에서 뿌네로 올 때의 기차역 이름은 '짜뜨라빠띠 쉬바지 떠미너스'였고, 여기 버스 정류장 이름은 '쉬바지 나가르 버스 스탠드'이다. 버스 정류장이 있는 동네 이름이 '쉬바지 나가르'이다. 이들 지명들에서 나는 마하라쉬트라에 사는 힌두들의 민족적, 종교적 자부심을 읽는다. '나가르'는 마을이란 뜻이고, '쉬바지'는 이슬람의 무굴제국에 상대하여, 끈질기게 저항한 힌두의 지도자 이름이다.

무굴제국이 끝내 6대로 단명하게 된 것도 결국 제6대 황제 아우랑제브가 이 쉬바지와 씨름하다 이기지 못했기 때문이다. 영국 지배 아래 인도의 민족적 지도자들이 갖고 있었던 강박관념은 '강해져야 한다'는 것이었다. 일제시대 때 우리들이 다시 이순신을 되살려낸 것과 마찬가지로, 인도 사람들도 강한 남성의 상징으로 마라티 왕국의 지도자 쉬바지를 되찾기 시작하였다. 그 같은 작업을 하는 데 앞장 선 사람이 간디 이전, 인도 독립운동을 이끌었던 뿌네 출신의 틸락(Bal Gangadhar Tilak, 1856~1920)이었다. 그는 쉬바지를 기리는 '쉬바지 축제(Shivaji Festival)'를 대중화시킨 인물이다.

중학교 때 지리시간을 통해서 데칸고원 이름을 들은 적 있다. 우리나라에도 개마고원이 있다고 배웠으나, 개마고원이 북한에 있으니 고원이 어떤 것인지 알 수 없었는데 데칸고원을 지나면서 비로소 알게 되었다. 고원(高原)은 산이 아니다. 그렇다고 평지도 아니다. 해발로 따지면 산처럼 높은 지대에 속하면서도, 산처럼 가파르게 높이 올라가는 것이 아니다. 높은 지대에서 계속해서 평지를 이어가는 것이다.

버스가 달리는 것은 그 같은 고원에 난 아스팔트길이다. 나무가 있긴 하지만, 우리 나라 산처럼 큰 나무들이 빽빽하게 있는 게 아니다. 작은 나무들이, 그것도 듬성듬성 서 있다. 그런대로 시원하며, 새로운 이국의 풍물이다. 또 하나 잊을 수 없는 것은 지평선을 보았다는 사실! 데칸고원을 내려서는 지점에서부터, 그야말로 일망무제의 지평선이 나타나는 것 아닌가. 아! 인도에 와서 비로소 지평선을 보는구나. 아우랑가바드 오는 길에서 우리는 지평선을 두 번 보았다.

같은 버스를 탄 프랑스 청년 커플과 함께 MTDC에서 경영하는 '홀리데이 리조트(Holiday Resort)'를 찾아가게 되었다. 에어컨도 없는 더블 룸이 450루피다. 준형이네가 왔을 때는 350루피였다고 하는데, 6개월만에 100루피가 오른 것이다. 관광 관련 요금은 하루가 다르게 오르고 있다. 그래도 방은 여전히 허름하다. 앞 사람이 버린 쓰레기도 안 치워놓았다. 사무실에 가서 항의를 했다.

"손님을 받기 전에 방을 깨끗이 치워놓아야 하는 것 아닌가."

일하는 아줌마가 방을 치우러 왔다. 그녀는 우리가 신발을 신고 다니는 객실 방문 앞에 슬리퍼를 벗고 맨발로 들어와서, 도대체 청소할 데가 어디냐는 얼굴로 손에 든 걸레로 바닥 한쪽을 쓱 문지르고는 우리의 처분과 지시를 기다리는 표정이다. 할 수 없이 포기해야 했다.

사실, 오늘 여기 MTDC를 찾아 오는데 거의 1시간 가까이 걸었다. 컨디션이 좋지 않은 아들, 무거운 배낭을 짊어진 아내, 날씨는 덥고 땀을 뻘뻘 흘리며 고생한 데에는 내 형편없는 영어실력이 그 배경에 자리하고 있었다. 아우랑가바드 입구에서 버스가 한 번 정차하여 손님을 내려주고 있었다. 이때 나와 잠깐 이야기를 나눈, 고급 사리를 입은 인도 아주머니가 내게 뭐라뭐라 말했다. 무슨 말인지 알아 들을 수가 없었다. 그런데 나중에 알고 보니, "당신네들 숙소를 잡는 데는 여기서 내리는 것이 좋을 것이다."는 조언이었던 것이다. 결국 우리는 아우랑가바드 버스정류장에서 다시 그 사람들이 내린 곳까지, 물어 물어 걸어간 것이다. 내 영어 실력이 가족들을 불편케 한 셈이다.

내일은 엘로라 동굴을 간다. 비로소 불교유적 답사 시작이다. 뿌네에서 아내와 착착은 아무것도 구경하지 못했다. 구경은 고사하고, 고생만 했다. 착착의 설사가 괜찮아야 할 텐데 걱정이다.

더울라타바드와 엘로라

8월 6일

엘로라로 가는 MTDC의 투어 버스를 탔다. 엘로라 가는 길에 더울라타바드(Daulatabad) 성을 먼저 보았다. 인도 최고의 성채라는 평가가 손색없다. 산의 지형과 물길을 이용한 요새로 우리에겐 없는 성이다. 무굴제국의 건축과 치수(治水) 능력이 놀랍기만 하다. 입이 벌어진다. 이 성 하나를 보기 위해서 인도에 온다해도 비싼 것은 아니다.

엘로라 10굴과 12굴은 불교 동굴이다. 10굴은 차이트야(Chaitya, 塔廟)이며, 12굴은 정사(精舍, Vihara)이다. 차이트야는 부처님의 스투파를 모신 법회 공간이며, 정사는 스님들의 생활 공간이다. 10굴의 차이트야는 그 형상이 우리 석굴암과 유사한 것 같다. 입구에 들어서면 길쭉한 굴이라는 점에서 그렇게 생각된다. 물론 다른 점도 많을 것이다. 굴 맨 끝에 부처님이 계시는데, 가부좌가 아니다. 의자에 앉은 듯 두 다리를 아래로 내려놓고 있다. 이런 모습의 부처님은 우리 나라에는 없다.

16굴은 힌두교의 카일라쉬(Kailash) 사원인데 한마디로 장관(壯觀)이다. 온 산이 바위산인데, 그것을 위로부터 깎아내려가서 신전을 만들고 수많은 신상을 조각했다. 그 때도 설계도 같은 것이 있었기 때문에 가능하지 않았을까? 누군가 한 말이 생각난다.

"보지 않은 자는 보지 않아서 말할 수 없고, 본 자는 보았기 때문에 말할 수 없다."

32굴은 자이나 동굴이다. 상(像)의 모습이 불상과 매우 가깝다는 느낌이 든다. 불교와 자이나교의 거리를 상징하는 것일까. 실제로 불교와 자이나교는 힌두교의 전통과는 달리, 사문 전통에서 유래한 것으로 평가된다. 교조인 석가모니와 마하비라의 삶 역시 유사한 점이 많다. 물론 교리적으로 적지 않은 차이도 존재하겠으나, 불교의 올바른 이해를 위해서도 꼭 연구되어야 할 종교이다. 그러나 우리는 현재 자이나교에 대해서 아는 것이 너무 없다. 아내는 말했다.

"이렇게 자이나상이 불상과 유사한데, 왜 자이나교와 불교의 관계에 대해서 연구를 하지 않는가?"

오는 길에 죠티링가(Jyotilinga, 자연적으로 형성된 남근석)를 숭배하는 12사원 중의 하나인 그리슈네와르 사원(Grishnewar Temple)에 들렀다. 사원에 들어가는데 신발 벗기를 요구했다. 벗은 신발을 지켜주는 아주머니가 있고, 1~2루피 주면 되는데 아내는 안 들어간단다. 신발 없이 맨발로 다니는 인도인들의 맨발 습관을 신발없이 못 다니는 우리에게 일률적으로 요구하는 '신발 벗기'의 규칙을 못마땅해 하는 아내의 고집이다. 아내는 우리 신발을 지키기로 했다. 본당(本堂) 안에 들어가는데 다시 남자는 웃옷을 벗으라고 요구한다. 나와 아들은 포기하였다. 신발 정도는 예의로서 벗을 수 있다. 그러나 웃옷까지 벗는 것은 내키지 않는다. 강제적으로 시바신에게 경배토록 하려는 듯해서 싫다. 우리는 시바를 믿지 않는 불교도다.

엘로라 오는 중에 들른 이슬람 성지 쿨다바드(Khuldabad, 아우랑제브 묘가 있는 곳)에서는 신발을 벗게 한 것은 같으나, 여자의 출입을 금하고 있었다. 이래저래 아내는 '문 밖의 여자'가 된다.

그밖에 아우랑제브 왕비의 묘인 비비카 막바라(Bibika Maqbara)와 아우랑제브 스승의 묘인 판차키(Panchakki)는 그저 그렇다. 우린 이미 이슬람묘의 극치인 후마윤의 묘를 본 까닭이다. 다만 비비카 막바라에서 한 인도 가족을 만나서 어린 남매와 우리 아들의 합동사진을 찍은 것이 오래 기억될 것이다. 영어도 잘 안 통하는 아저씨였는데, 어렵사리 아이들끼리 사진을 찍어주자고 해서 승낙받았다. 약간 까무잡잡하게 생긴 아이들이 참 사랑스러웠다. 이 어린이들이 자라서는 인종, 국적, 종교 등을 모두 초월하여 더불어 함께 살아가는 세상이 되었으면

하고 기원하였다.

투어 버스를 타고 간 덕분에 더울라타바드 같은 곳을 볼 수 있었다. 그 대신 엘로라 동굴 전체를 다 볼 수 없었던 것은 아쉬움으로 남는다. 다음에 오면 엘로라만 봐야겠다.

가이드는 스스로 '불교도'라고 말했는데, 충분히 대화를 나누지 못했다. 우리 착착을, 귀엽다는 듯이 바라보는 눈길이 따스했던 총각 아저씨였다.

아잔타 불교 동굴

8월 7일

MTDC 버스로 아잔타를 갔다. 엘로라는 단체 관람을 해서 동굴 전체를 다 보지 못했다. 그러나 오늘은 투어 버스를 타고 왔지만 아우랑가바드로 돌아가지 않아도 되므로 우리끼리 천천히, 전체를 다 보기로 했다.

엘로라는 불교, 힌두교, 자이나교의 동굴 사원이 뒤섞여 있지만 아잔타는 전부가 불교 동굴이다. 크게 법회 공간인 차이트야와 생활 공간인 정사(精舍)로 나눌 수 있음은 엘로라와 같지만, 모든 동굴이 조금씩 다르다. 대법회를 볼 수 있을 정도로 넓은 공간을 갖고 있는 것도 있고, 2~3층으로 된 것도 있다. 스님들이 사는 생활 공간에는 조그만 방에 돌침대가 하나씩 놓여 있다.

동굴이 놓여 있는 모습은 꼭 말발굽형(∩)인데, 말발굽의 오른쪽에서부터 1번 굴이 시작된다. 주변의 계곡과 산 경치는 마치 우리 나라 강원도 어디쯤 와 있는 듯한 느낌을 준다. 제일 좋았던 동굴은 26번이다. 거기엔 부처님의 열반상이 조각되어 있다. 편안하게 누워계신다. 우리는 얼마나 바삐 뛰어다녔던가. 돈, 권력, 명예, 출세, 사랑, 그 모든 것을 내려놓고 편안하게 방하착(放下着)하라는 메시지가 아닐까. 이제 좀더 편안하게 여유롭게 살자.

아잔타의 자랑은 건축보다는 회화라고 한다. 고려불화에서 볼 수 있는 아름다운 채색을 여기서도 볼 수 있다. 그런데 많이 훼손되어 있다. 앞으로 점점 사라질 것이다. 사진 플래시나 랜턴 불빛이 해로울 텐데 입구 매표소에서는 입장료 외에 따로 '사진 찍는 값'도 받는다. 영국 군인에 의해서 발견되었다고 하는데, 발견에 의해서 아잔타를 볼 수 있다는 것은 우리의 행복이지만, 발견됨으로써 훼손되는 것은 아잔타의 불행이다.

엘로라도 그렇지만, 아잔타 역시 하나의 바위산이다. 그런데 어떻게 그 바위를 깎아서 사원을 만들고, 불상까지 조각했을까? 돌을 나무로 알고 조각한 듯하다. 우리 나라 석굴암은 돌을 쌓아서 만든 인공 석굴이다. 문화는 모두 소중하다는 상대주의의 입장을 모르는 것도 아니고, 석굴암 역시 그 나름대로 가치가 있겠지만, 아무래도 '졌다'는 생각이 든다. 단순히 크기로서 위압하는 것이 아니라, 그 정교함(細技) 역시 절묘하기 때문이다.

오르락내리락 하면서, 동굴 전체를 보는 것은 쉬운 일이 아니다. 서양에서 온 뚱뚱한 부인네들은 네 사람이 어깨에 메는 가마를 타고 다닌다. "가마, 가마" 하는 말은 우리 관광객들에게서 배운 듯, 인도인 가마꾼들이 우리에게 했던 말이다. 우리가 한국 사람이라는 표가 나나? 후마윤의 묘에서 만난 여대생들 외에는 거의 대부분이 우리를 일본 사람으로 대하고 있었는데 말이다. 또 그들은 우리에게 '빨리빨리'라는 한국말로 인사했다. 빨리빨리의 한국 사람과 분통 터질 정도로 느릿느릿한 인도 사람들, 참 대조적이다. 우리는 저들을 배우고, 저들은 우리를 좀 배웠으면 좋겠다.

입구의 '클로크 룸'에 맡긴 짐을 찾는데, 지키는 순경은 아무것도 요구하지 않는다. 완벽하게 공짜다. 이제 여기서 택시를 타고 파르다푸르(Fardhapur)를 가서, 부사발(Bhusawal)로 가야 한다. 택시가 눈에 안 띄어 애먹다가, 하얀 지프를 잡았다. 15루피에 가기로 한 것이다. 그런데 도착해서는 50루피를 달라고 한다.

"fifteen이라고 했지 않느냐?"

"아니다. fifty라고 했다."

릭샤 왈라의 전형적 수법의 하나다. 그러니까 15루피를 'one five'로 확인하거나, 'ten plus five'로 확인해야 한다.

파르다푸르 정류장에 있던 사람들, 할 일 없는 사람들이 모두 모여든다. 결국 나는 30루피를 주고 타협을 보았다. 그런데 새까만 얼굴의, 키 작은 12~3세의 쥐방울만한 소년 하나가, 닳아빠진 표정과 말투로 시종 50루피를 내라고 내게 달려든다. 한 대 쥐어 박았으면 싶었지만, 애써 참았다. 그는 그렇게 악동 노릇을 하면서 살아가는 모양이다. 기분이 영 좋지 않다. 하긴 아잔타에서 파르다푸르까지 지프를 타고 1인당 10루피였다고 생각하면 그렇게 바가지 쓴 것은 아니라고 스스로를 위로하였다.

한참을 기다려 부사발 가는 버스를 탔다. 그리고 또 한참을 달렸다. 그런데 차들이 서고, 길이 막혀서 더이상 가지를 않는다. 성질 급한 내가 내려서 앞으로 가 보았다. 1킬로는 훨씬 더 될 성싶은데, 수많은 차들이 꼼짝 않고 서 있다. 끝까지 가 보니 철길 건널목이 나오고, 그 건너편에도 차들이 빽빽이 막혀 있다. 이유를 알 수가 없다. 할 수 없이 버스로 돌아오지 않을 수 없었다. 그렇게 한참을 정체하다가, 겨우 길이 뚫려서 부사발로 갔다. 덕분에 부사발 도착이 늦어졌다. 밤거리를 헤매면서(그것은 위험한 일이다) 숙소를 찾지 않으려면 해가 있는 낮에 도착해야 하는데, 너무 늦은 것이다.

부사발 역은 작은 시골역인데, 비가 와서 엉망이다. 대합실에는 젖은 흙 속에서 누워 자는 사람들이 많다. 물론 소도 있다. 지저분하고 덧정 없다. 겨우겨우 준형이가 적어 준 대로, 그가 머물렀다는 호텔 (Kanahaiya Kunj Hotel)을 찾아갔다.

산치, 이 땅의 정토

8월 9일

델리에서 택시를 대절했다가 혼이 났던 우리는 택시는 대절하지 않기로 했다. 그러나 나도 감기 기운이 있고, 아들 컨디션도 좋지 않아 택시를 타지 않고 산치까지 왕복하는 것은 고생이 뻔했다. 그래서 결단을 내렸다.

프런트에 택시를 불러줄 수 있느냐고 물었더니, 호텔에 소속된 하얀색 호텔카를 550루피에 소개해 준다. 처음에 600루피를 불러서 50루피를 깎은 것이다. 약 1시간 30분 정도 달려서 산치에 도착했다.

이 땅에 정토가 있는가? 그래, 있다. 그것은 산치다. 나는 그렇게 대답할 것이다. 첫눈에 산치는 나를 매혹시켰다. 우선 무엇보다도 그 평화로움이 나의 지친 마음을 어루만져 주었다. 사진을 찍고 싶은 마음이 사라졌다. 카메라가 나의 이 감흥을 다 담을 수 없다는 생각이 들어서다.

풍수지리에 전혀 문외한이지만, 명당임을 확신할 수 있었다. 야트막한 동산, 거기에 올라 사방을 둘러보니 멀리 평야가 이어진다. 비유하자면, 꽃의 중심에 위치한 것이 산치다. 여기서 굳이 염불을 하거나 참선을 할 필요가 없다. 그냥 그러한 자연 속에 머무는 것만으로도 우리는 정토에 머물게 되기 때문이다. 청량(淸凉), 안양(安養), 안락(安樂) 등 극락정토를 이름하는 여러 이름들이 내뿜는 이미지들을 여기 산치에서 온전히 느낄 수 있었다. 산치(Sanchi), 어쩌면 적정(寂靜) 내지 평화(平和)를 뜻하는 산스크리트어 샨티(Santi)와 무슨 연관이 있는 것은 아닐까? 『우파니샤드』의 기도문은 "옴! 샨티 샨티 샨티"로 시작한다. 그들이 열망했던 적정, 그것은 바로 여기 산치에서 우리가 느끼는 것이 분명하리라.

산치 대탑은 발우를 뒤집어 놓은 복발형(覆鉢型)인데, 크게 2층이다. 2층에 올라갈 수 있도록 계단이 마련되어 있다. 탑은 튼튼하고, 탑을 둘러싸고 있는 난간에 새겨진 정교한 조각이 우리를 놀라게 한다. 탑은 세 개가 있는데, 1탑에는 동서남북에 문이 있다. 2탑은 1탑과 3탑이 있는 곳에서 조금 내려가는 곳에 있다. 사람들이 잘 안 가는 것 같다. 2탑으로 내려가는 길에는 정사의 기단과 흔적이 남아 있다. 돌이 정연하게 그대로 남아 있는 것이다.

산치 대탑은 아쇼카 왕이 세운 불탑이다. 참으로 아쇼카 왕은 좋은 일을 많이 했다. 불교사를 정리할 때 아쇼카 왕을 기준으로 연대 설정을 하곤 한다. 그는 무력에 의한 통치의 잔인함을 체감하고, 스스로 다르마(dharma, 法)에 의한 통치를 꿈꾸었던 전륜성왕이었다.

"안녕하세요."

1탑을 돌아보고 있는데 인사 소리가 들린다. 2명의 아가씨. 한 명은 군복 색깔 반바지에 선글라스를 끼고, 한 명은 노랑머리다. 한 명은 2주 후에 귀국하고, 또 한 명은 12월에 귀국한다고 했다. 보팔로 간다고 해서, 갈 때 우리 차를 태워주기로 했다.

대탑에서 내려오면서, 산치에서 출토된 유물을 전시한 박물관을 둘러 보았다. 6세기에 조성된 관음상이 있었다. 그런데 얼굴이 남성적이다. 여성적인 이미지의 관음상과는 다른 모습이다. 석가모니 부처님의 불교를 아버지/남성/이지(理智)의 불교라고 할 수 있다면 관세음보살의 불교는 어머니/여성/정서(情緖)의 불교라고 볼 수 있는 것 아닐까? 그런 점에서 관음신앙의 페미니즘적 성격을 한 번 찾아보아야겠다고 구상하고 있던 나로서는 내 구상을 달리 검토하게 생겼다. 관음신앙 역시 처음에는 남성적이었는데 후대로 오면서 여성적이 되었단 말인가? 아니면 남성적 불교와 여성적 불교로 나누어 보려는 내 발상에 문제가 있는 것인가? 그 재고(再考)의 계기를 여기서 만났다.

보팔로 돌아오는 길에 우리는 서로의 여행 경험을 나누었다. 놀라운 사실은 이 아가씨들은 설사를 하지 않았다는 것이다. 일부러 설사 좀 해볼까 하고, 인도 사람들이 먹는 물을 그냥 마셔도 보고, 과일도 좀 상했다 싶어도 그냥 먹었는데 도무지 설사가 나지 않는다고 자랑이다. 그런데 이들은 어젯밤 늦게 보팔에 도착해서 숙소를 잡는데 애를 먹었다 한다. '보팔 가스 참사'가 터진 뒤로, 보팔에서는 은근히 외국인을 싫어하는 분위기를 느낄 수 있다 한다. 몇 군데를 다녔지만 모두가 외국인이 적게 되어 있는 서류(어제 우리가 1시간 걸려서 적은 서류)가 없다면서 숙박을 거절했단다.

이 용감한 아가씨들이 우리 방을 구경하고 싶다면서 우리 방으로 올라왔다. 그리고는 자기네들도 한국인 여행자들로부터 얻었다는 고추장을 덜어준다. 고맙다. 그들은 '만두'로 가고, 우리는 채식 식당으로 가서 밥을 먹었다. 그녀들이 가르쳐 준 대로, 샐러드를 시켰다. 우리네 샐러드를 생각하면 오산(誤算)이다. 접시에 오이, 양파, 토마토를 단면으로 썰어 놓은 것이다. 그것이 샐러드다. 다니야(dhanya, 고소, 우리네 고소보다 키가 크다)를 부탁했더니, 푸짐하게 가져다 준다. 그리고 그는 가지도 않고, 옆에 서서 우리가 어떻게 먹는지 지켜본다. 우리는 샐러드에 고추장을 풀고, 맨밥을 함께 넣어서 비볐다. 아주 훌륭한 비빔밥이 된다. 매운 걸 잘 못 먹는 아들도 잘 먹는다. 모처럼 맛있게 먹었다. 음식은 업(業)이라더니, 한국의 고추장을 먹으니 힘이 난다. 서로 이름도 안 물어봤지만, 고마운 동포들이다.

아그라의 기차역 숙소

8월 10일

아그라 캔트행 기차가 2시간이나 늦게 도착했다. 인도인들은 기초 질서를 전혀 안 지킨다. 의식이 없다. 걸사(乞士)에게 도(道)와 예(禮)가 없다고 한다면, 그는 거지와 다를 바 없다.

새까만 눈이 예쁘고 양쪽 볼이 통통한, 귀여운 여자아이를 보팔 역에서 만났다. 한 5~6세 정도 되었을까, 여러 명이 뭉쳐다니면서 구걸을 하고 있었는데 우리한테 와서 "짜뜨리 데도(양산을 달라)"라고 졸라댔다. 안 주니까, 나중에는 어디서 개까지 한 마리 데리고 와서 내 무릎

이며 다리에다 개를 들이밀던 아이다. 그런데 재미있는 것은 개의 표정이다. 개를 무서워하는 나로서도 전혀 안 무서울 정도로 선량하게 생긴 개는 영 딴전이다. 고개를 딴 데로 돌리면서, 전혀 주인의 의도에 협조할 생각이 없다. 딸이 없어서, 평소 딸이 부러웠던 나는 이 여자아이가 정말 이뻤다. 그래서 안 잊힐 것 같다.

저 귀여운 아이가 나라를 잘못 만났나, 부모를 잘못 만났나? 그들은 또 업(業, karma)이라고 말하겠지. 화가 난다. 힌두교나 불교나 모두 업을 말한다. 그러나 힌두교에서는 업을 숙명과 체념의 의미로 받아들이는 농도가 더욱 강한 것 같다. 인도에서 만나는 거지들에게 나는 루피를 주지 않기로 했다. 한 아이에게 주면 어디서 금방 근처의 거지 아이들이 다 모여들 것을 염려하는 마음이 없는 것은 아니지만, 그럴 위험성이 없는 경우에도 내 마음은 얼어붙어 있다.『우리는 지금 인도로 간다』(이하,『우·간·다』로 약칭함)의 저자 정창권 선생은 "슬픔보다는 누구를 향한 분노인지 알 수 없는 분노부터 먼저 치밀어오르는 것을 막기 힘들다"(p.107)고 했는데, 나는 그 '누구'가 누구인지를 알 수 있다. 바로 힌두교이다. 힌두교가 지배해오고 있는 사회가 아닌가? 특히 카스트라고 하는 신분 차별에 의해서 유지되어 온 인도 사회이고, 그로 인하여 생긴 사회적 문제들이다. 힌두교가 그 카스트를 공고히 유지할 수 있도록 신화적 정당성을 제공하고 있는 것이다. 그러니 힌두교, 상층 힌두가 책임을 져야 한다. 나의 매정함이 옳거나 좋은 것은 아니겠지만, 그런 생각이 내 자비심을 얼어붙게 한다.

아그라 캔트 역에 도착하니 7시, 어둡다. 역에 내리니 아랫지방과는 달리 후덥지근하다. 호객꾼이 호텔 명함을 내밀면서 따라붙었지만, 우리는 어두운 관계로 시내로 나갈 생각을 포기하고 역에 있는 리타이어링 룸이란 데서 자기로 했다. 역의 사무실로 가서 리타이어링 룸을 얻고 싶다고 했더니, 호객꾼과 같이 가라고 한다. 거부하였더니, 직원이 역사(驛舍)의 2층에 있는 리타이어링 룸으로 안내해 준다.

  2층 리타이어링 룸에서는 시원한 바람이 불고, 시내쪽으로 난 역 광장이 보인다. 거기에 관리인인 듯한 할아버지가 있는데, 방을 정해 주었다. 창살이 튼튼해서 안심이 된다. 물론 에어컨은 없다. 천장에 선풍기가 달려 있지만 온풍기다. 뜨뜻한 바람만 휘젓는다. 그래도 오늘밤은 여기서 머물기로 했다. 250루피란다. 그런데 영수증을 달라고 했더니 대뜸 인상이 달라진다. 아래층에 내려가서 기차표를 사 오라고 한다. (아, 뭄바이 중앙역에서 우리가 리타이어링 룸에 찾아들지 못한 것도 표 사는 데를 몰랐기 때문이었구나.) 내가 영수증을 달라고 하지 않았으면, 그는 우리 돈 250루피를 자기 돈으로 하려고 했던 것일까? 그건 알 수 없다. 하지만 이때부터 이 할아버지와 우리는 잘못 사귀었던 듯 싶다.

  벌레가 많다. 각종 벌레들이 침대의 하얀 시트에 자꾸 생긴다. 잡아도 잡아도 금방 또 하얀 시트 위에 까만 벌레들이 기어다닌다. 아마도 침대 시트 밑에서 올라오는 것 같다. 우리가 갖고 있던 모기향으로도 안 될 것 같다. 쑥뜸 연기를 피워보다가, 촛불을 피워보다가, 불현듯 '담배' 생각이 났다. 캠핑 같은 데 가서 텐트 주위에 담뱃가루를 뿌려놓으면 뱀이 침범하지 못한다는 말이 생각났던 것이다. 25루피를 주고 작은 담배 1갑을 사 와서, 침대 시트 밑을 들치고 사방에 뿌려놓았다. 그랬더니 거의 벌레가 나타나지 않는다. 여행 안내서에는 모기에 대한 예방책만 시끄러웠지, 기타 방충에 대해서는 모두 소홀하였다. 물려도 괜찮은 것일까?

  예약 센터에 가서 아그라 → 마투라, 마투라 → 델리의 기차표를 예매하였다. 외국인 전용 창구가 따로 없다. 한참 줄을 서 있는데 정전이 되었다. 예매 창구 중에 한 군데만 희미한 불이 들어오고 있었는데, 우리는 모두 거기로 옮겨서 다시 줄을 서서 기다렸다. 그렇게 한참을 서 있는데 다시 불이 들어왔다. 또 여러 군데 예매 창구로 헤쳐모여 하느라 한 시간은 걸린 것 같다. 예매를 마치고, 방으로 돌아오니 자물쇠가 잠겨 있다. 아내와 착착이 나를 기다리다가 찾으러 나간 모양이다. 이미 어두운 밤인데, 급한 마음에 역 광장과 예약 센터를 뛰어다녔으나 없다.

'영어도 한 마디 못 하는 이들이 대체 어디로 나섰단 말인가? 어두운데 겁도 없이!'

다시 방으로 돌아오니 문이 열려 있다. 정전도 되고 오래 안 오니까, 내 걱정에 나를 찾으러 나섰다고 한다. 처음에 이 리타이어링 룸으로 올라올 때, 입구 벤치에 앉아서 기차를 기다리던 일본인 남학생하고 눈인사를 한 적이 있었다. 아내가 그 남학생에게 "my hus…" 하고 말하니까, 이 총기 있는 학생이 남편을 찾는 줄 눈치채고 어두운 역사의 이곳저곳 광장, 예약 센터까지 함께 다녀주었다. 키가 작고, 검정 뿔테 안경을 쓴 일본의 남학생, 이름도 모르는 그 학생에 대한 고마운 마음을 인도 콜라(Thumps Up) 1개를 사다주는 것으로 표시할 수밖에 없었다.

다시 만난 가족들이 저녁을 먹으러 역에 있는 '리프레쉬먼트 룸(refreshment room)'으로 갔다. 샌드위치 2개를 주문했는데 30분이 지나도 갖다주질 않는다. 어떻게 됐느냐고 항의했더니, "우리 식당에 샌드위치는 없다"고 한다. 아까 종업원은 어디로 갔는지, 그는 있다고 했는데, 불친절하다.

달리는 말에서 본 타즈마할

8월 11일

웃타라프라데쉬 주 관광청(UPSTC)에서 운영하는 투어 버스 티켓을 어른 225루피, 아들 175루피에 샀다.

먼저 파테푸르 시크리(Fatephur Sikri)행. 훼손된 성과 붉은 사암(砂岩)이 있는데 별로 새로울 것이 없다. 정원과 건물은 후마윤의 묘에 비해 보잘 것 없고, 성은 더울라타바드에 비해 새발의 피다. 날씨는 더운데, 1시간 40분이나 걸려서 거기에 가야 하는 이유가 무엇일까?

파테푸르 시크리는 무굴 제국의 3대 황제 악바르(Akbar)에 의해 지어졌는데, 14년 동안만 왕궁으로 사용되었다. 이유는 물이 없어서라고 하는데 이 더운 땅에 물이 없다면 어떻게 살겠는가? 다만 기억에 남는 것은 이슬람교와 힌두교의 융화에 힘쓴 악바르가 그러한 시도를 이 건축물에 남겨두었다고 하는 점이다.

파테푸르 시크리를 안내하는 가이드를 끝까지 따라다니지 않고, 중도에 우리는 버스로 돌아오고 말았다. 처음 내린 곳으로 가 보니, 버스가 없었다. 곧 오겠거니 하고 기다리는데, 친절한 인도 아저씨가 버스는 다른 문으로 가서 정차하고 있다면서 거기로 가는 길을 가르쳐 주었다. 아저씨의 친절이 아니었다면, 우리는 버스를 놓칠 수도 있었을 것이다. 고마웠다.

일행을 다 태운 버스는 타즈마할 동문으로 이동해서 '타즈케마(Taj Khema) 레스토랑'에서 점심을 먹도록 하였다. 우리는 플레인 라이스, 그린 샐러드(다니야 포함), 빠니르 티카, 아이스크림 등을 맛있게 먹었다. 나중에 아들 먹이려고 치킨 샌드위치 1개를 포장했다. 아들도 맛있게 먹고 기운을 조금 차린다.

점심을 먹고 타즈마할로 갔다. 그런데 오전의 그 보잘 것 없는 파테푸르 시크리를 구경하는 시간에 비해서 절대적으로 부족한 40분을 준다. 물론 40분 만에 타즈마할을 다 볼 수는 있다. 그러나 타즈마할은 눈으로 보는 것이 중요한 것이 아니다. 다소라도 거기에 머물면서 타즈마할을 느끼는 것이 더욱 필요한, 그런 곳이다.

출입시 보안 검사가 철저하다. 처음 본 타즈마할은 내가 사진이나 영화를 보면서 상상한 것보다는 크기가 작은 건물이지만, 아름다운 유적임에는 분명하다. 특히, 하늘을 배경으로 한 것이 백미(白眉)다. 만약 뒤에 산을 배경으로 했다면, 그 아름다움은 살아나지 못했을 것이다. 샤 쟈한(Shah Jahan)과 그의 왕비 뭄타즈 마할(Mumtaz Mahal)이 누워있는 묘를 보기 위해서는 신발을 또 벗어야 한단다.(아내는 이번에도 안 벗고, 우리들 신발을 지키기로 했다.) 그런데 신발을 벗는 이유는 도대체 뭔가? 마침 온몸을 시커먼 천으로 두르고, 눈만 빼꼼하게 낸 이슬람 여자를 만났다.

"왜 신발을 벗어야 하는가?"

그녀는 묵묵부답이다. 그 옆에 길다란 몽둥이 하나를 들고 지키고 있는 경찰이 대신 대답했다.

"존경을 표시하기 위해서다."

그렇다면, 사실 여기서는 벗을 이유가 없는 것 아닌가? 거기 누워있는 샤 자한이나 그의 왕비 뭄타즈가 먼 훗날의 이방인들에게까지 존경받을 무슨 선한 일이라도 했단 말인가? 무굴 제국의 황제들은 거의 전부가 아버지를 폐위하고 아들에게 폐위 당한 인물 아니던가? 건축광 샤 자한, 그가 이 타즈마할을 지은 것이 과연 공덕이 되는 것인가?

대리석 관이 두 개 놓여 있다. 죽음을 숭배하는 것은 신앙일 테지만, 죽음이 가르쳐주는 무상의 진리를 받아들이지 않는 것은 어리석다. 힌두교와 불교와 같이 인도에서 출발한 종교는 모두 화장을 하는데, 외부에서 들어온 이슬람은 묘를 쓴다. 그 덕분에 많은 유적을 남겨놓고 있긴 하지만, 그 점에서 힌두들에게 그들과는 다른 존재로 느껴졌을지도 모르겠다. 또 나는 이슬람 유적들을 보면서 힌두들은 어떻게 느낄 것인가, 궁금해지기도 했는데 누구에게 물어보지는 못했다.

타즈마할의 2층에서 아들과 손 잡고 이야기를 하면서 한 바퀴를 빙 도는데 우리의 모국어가 들린다.

"아니, 한국 사람이세요?"

그들은 광주에서 온 3남매다. IMF로 직장을 잃은 누나, 대학생, 고1 막내가 함께 여행을 왔단다. 모두 손에 합장주를 두르고 있어서 불교 신자임을 알게 한다. 그들은 벌써 나흘째 타즈마할을 보고 있다고 한다. 그들이 자신들이 머무는 타즈마할 서문 밖의 '호스트 호텔'로 오라고 말했다.

타즈마할 구경을 건성건성 마친, 불쌍한 투어 버스 고객들은 '아그라 포트'로 갔다. 아들이 힘들어 해서 아내와 아들은 버스에서 휴식하고 나 혼자 보러 갔다. 성은 온전히 보존되어 있다. 평지의 성으로는 델리의 레드 포트보다 낫다. 요새로 보더라도 튼튼하고 오밀조밀하다. 야무나 강이 흐르는데, 그 건너편에 타즈마할이 보인다. 아내와 아들이 걱정되어 나는 중간에 일행과 헤어져서 버스로 돌아가기로 했다. 가이드에게 말했더니, 볼펜을 달라고 한다. 그러고 보니 엘로라를 안내해 준 MTDC의 가이드 아저씨는 참 점잖았다. 아내는 그 가이드에게 볼펜 하나 안 준 것이 짠하다고 했었다.

아그라 캔트로 돌아오는 길에 또 관광객들을 주 관광청에서 운영하는 기념품 가게에 데리고 가서 하차시킨다. 우리는 내리지도 않았다. 다른 관광객 역시 거의 사지 않는다. 투어 버스를 타면 이런 점이 나쁘다. 다음에 아그라로 오면 우리끼리 다녀야겠다. 타즈마할이나 실컷 보고, 느끼고, 아그라 포트에나 가야지. 파테푸르 시크리는 가 보고 싶지 않다.

아그라 캔트 역 리타이어링 룸에 하루 더 있기로 했는데, 이틀째부터는 250루피 요금에 택스가 더 붙는다고 말한다.

"아니, 택스가 붙는다면 첫날부터 일률적으로 택스가 붙어야지, 하룻밤 자고나서 이튿날부터 적용된다는 것이 말이 되는가?"

체크 아웃 하기로 했다. 광주의 3남매가 머물고 있다는 호스트 호텔까지 40루피에 오토릭샤를 타고 이동했다. 요금은 프리페이드(Pre-paid, 선불제)여서 좀 많은 느낌이 들었으나, 릭샤 왈라와 안 싸워서 좋았다.

호스트 호텔에는 광주 3남매 외에도 2명의 한국 여행객이 더 있다. 옥상 레스토랑에서 저녁을 먹었는데 값도 싸고 맛있다. 광주 3남매의 밥값은 우리가 내주었다. 그러나 그들은 밤기차를 타고 바라나시로 떠났다. 착하고 우애있는 남매들이었다.

마투라 박물관, 성기 처리의 비교종교학

8월 12일

아침에 호스트 호텔을 체크 아웃할 때, 아내가 여행 안내서 『세계로 간다』를 펼치면서 물었다.

"여기 호스트 호텔 옆에 'GIO 25% 할인'이라 되어 있는데, 이것은 무엇인가?"

"그것은 일본인의 경우에 25% 할인된다는 뜻이다."

물러설 아내가 아니다.

"우리도 해달라. 이 책은 일본책을 번역한 거니까 해 주어야 한다."

젊은 주인은 웃으면서 25루피를 내준다. 그래서 숙박비로 100루피만 주었다. 호스트 호텔은 우리가 인도에 와서 머문 호텔 중 가장 저렴한 호텔이었지만, 가장 만족한 호텔로 기억된다. 좋은 호텔은 루피순(順)이 아님을 깨닫는다.

무엇보다 인상적인 것은 그들의 적극적인 매니지먼트와 친절한 서비스였다. 이 두 가지는 다른 데서는 매우 보기 힘든 것이다. 장사 의욕이 높은 까닭에 서비스와 홍보에도 신경을 쓰고 있었다.

"당신이 저희 호텔에 만족감을 느끼신다면, 여행 안내서를 출판하는 출판사에 이메일이나 편지로 저희 호텔을 소개해 주시길 바랍니다."

경영 마인드 부재, 서비스 마인드 부재에 질렸던 우리로서는 젊은 주인을 찬탄해 마지 않았다.

마투라행 기차 역시 1시간 50분이나 늦게 왔다. 아그라에서 마투라까지는 2등칸 의자(Second Chair)를 탔다. 아그라 캔트 역에서 예매하는 날 돈을 적게 가지고 갔기 때문이다. 아니, 생각보다 기차표가 비쌌다고 하는 게 맞는 것 같다. 에어컨이 설치된 침대칸(A/C Sleeper)과는 확연히 다르다. 우선 의자의 공간이 좁고 시설도 낡았고 지저분하다. 아들은 2층 침대칸으로 오르락내리락 하는 재미가 컸었는데, 그러질 못해서 시무룩하다.

마투라 정션(Mathura Junction) 역에 도착해서는 바로 마투라 박물관으로 갔다. 대단하다. 불교미술사에서 말하는 이른바 '마투라 불상'은 서기 1세기의 작품 양식이다. 그 양식적 특징은 정수리의 살이 불룩하게 튀어오른 육계(肉髻)와 머리카락이 소라 고동처럼 꼬불꼬불한 나발(螺髮)이 없다. 배꼽이 있으며, 가슴이 여자처럼 볼록 튀어나왔다.

자이나상은 불상과 유사한 면이 있으나 어딘가 뭉툭한 느낌이다. 힌두교의 여러 신들은 모두 기교적이고, 여신들은 유방이 크게 볼록 튀어나왔다. 재미있는 것은 힌두교 여신들의 경우, 여성 성기까지 조각되어 있다는 점이다. 거기에는 뭇 남성들의 손때가 새까맣게 묻어서, 마치 기름을 칠한 것처럼 되어 있다. 힌두교에서는 많은 여신과 신비(神妃)가 있는데, 그 상들은 매우 육감적이며 여성 성기까지 표시해 놓을 정도이다. 자이나교는 그 창시자 마하비라(Mahavira)를 비롯 여러 자인(Jain, Jina, 勝者)상들이 모두 나체였다. 마치 지점토로 빚어서 갖다 붙인 듯한 남성 성기가 그대로 노출되어 있다. 나체상이기에 그런 것이다.

한편 불교에서는 불상을 조각할 때 기준으로 삼는 부처님의 삼십이상(三十二相) 중의 하나인 마음장상(馬陰藏相, 남성 성기가 오므라들어서 몸 안에 숨어있는 것이 말의 그것과 같은 것.)에 따라서 아예 남성 성기가 외부에 보이지도 않고, 불보살 모두 옷(가사)을 입고 있다. 이렇게 상이 서로 다른 까닭은 그 배경이 되는 교리가 서로 다르기 때문이다. 힌두교에서는 성적 에너지를 생명의 에너지로 긍정하기에 육감적인 표현을 하며, 자이나교에서는 옷마저 소유라고 여기고 있기에 그마저 벗어던져 버린 것이다. 그 다음의 문제에 대해서는 신경쓰지 않고 있는 그대로 지낸다. 불교로부터 자이나교가 나형외도(裸形外道)

두려움 속에서 인도를 만나다 47

라 불리게 된 이유다. 이에 비하여 불교는 부처님을 보통 사람들과는 다른 존재로 본다. 성욕 정도는 가볍게 극복한 어른이라는 것이다. 그러니 부처님의 특징 중에 하나로서 마음장상이 있고, 정상적으로 옷을 입고 있는 상이 조각된다. 이렇게 서로 비교해 보니 재미있다.

입장료는 무료다. 박물관만으로도 마투라행의 힘든 여정은 의미있다. 부처님 얼굴이 아잔타에서보다도 좋다. 우리 나라에 없는 미남의 불상도 있었다. 예전에 마투라는 불교가 흥성하던 곳이다. 이제 그 흔적은 여기 박물관에 남아있는 '마투라 불상'을 통해서밖에 볼 수 없다. 새삼 인도에서 불교가 사라진 것에 대한 아쉬운 마음이 진하게 밀려온다.

한 사이클 릭샤 왈라가 마투라 정션에서부터 따라왔다. 아무 손님도 태우지 않고, 우리가 탄 통가(Tonga, 마차) 뒤를 따라왔다. 아무래도 우리 세 식구와 큰 배낭 두 개를 다 실을 수 없을 것 같아서, 그의 사이클 릭샤를 타지 않은 것이었다. 40루피 달라는 통가를 15루피 주고, 박물관까지 왔다.(도착해서는 팁으로 2루피 더 주었다.) 뭐라고 할 수 없어서 우린 박물관 관람을 하러 들어갔다. 그런데 박물관 구경을 하고 나오니까, 그 때까지 우리를 기다리고 있는 것 아닌가. 내가 말했다.

"당신 릭샤를 타고 싶지만, 우리 세 식구와 이렇게 큰 배낭 두 개를 다 실을 수 없다. 미안하지만 이해하라."

그는 애걸한다.

"다 탈 수 있다. 단돈 5루피만 달라."

마투라 역에서 여기까지가 어디인가, 그리고 얼마나 기다렸나. 만약 타지 않는다면, 그것이 죄 되리라는 생각이 들어서 아내를 설득해서 타기로 했다. 막상 타 보니까, '다 탈 수 있다'는 그의 주장이 옳았음이 증명되었다. 그럴 줄 알았더라면, 아까 역에서 박물관 올 때도 타

줄 걸 그랬다. 박물관에서 아그라 호텔까지는 상당히 먼 거리다. 5루피는 그냥 공짜다. 도착해서 5루피를 더 얹어서 10루피를 주었다. 아내는 내내 안 됐다고 한다. 특히 사이클 릭샤를 타면, 앉은 자리가 무척 불편해진다. 빼빼 마른 왈라들이 땀을 뻘뻘 흘리면서 페달을 밟는 모습을 보면서 어찌 마음이 편할 수 있단 말인가. 이러한 하층민의 삶에 대해서 화가 난다. 힌두교 지도자들, 상층 힌두들은 이러한 문제에 대해서 어떻게 생각하고 있을까?

마투라에서 유일하게 갈 만한 호텔이라는 여행 안내서의 평가는 과장된 것 같다. 아그라 호텔의 문제는 벌레다. 아그라 캔트 역의 리타이어링 룸의 벌레들은 새발의 피다. 바닥의 카페트를 청소하지 않은 탓인 것 같다. 아까 박물관 앞에서 서민용 담배 '비디' 2갑을 사왔는데, 모두 잘게 부수어 살포해도 여전하다. '나무아미타불, 관세음보살.' 무수한 벌레들을 죽이면서 나는 속으로 축원한다. '다음 세상에는 좋은 생명으로 태어나길…. 원왕생 원왕생.' 그 모든 벌레가 다 우리에게 유해한 것은 아닐 텐데, 모르니까 모두 죽인다. 가슴이 아프다. 그렇지만 벌레한테 물려서 벌겋고 시커먼 반점이 생겨있는 아들의 다리를 보면서, 나는 한없이 무자비해진다.

8월 13일

마투라 경선 역으로 가는 릭샤를 잡기가 힘들었다. 그 이유는 릭샤들이 영어를 모르는 데다가 의사 소통이 되어도 태도를 애매모호하게 하기 때문이다. 이는 아마도 도착지에서 돈을 더 받아내려는 수법인지도 모르겠다. 몇 사람이나 붙잡고 흥정을 해도 전부 그 모양이다. 화가 나서, 태도를 확실히 하라고 고함을 쳤다. 그러나 그들은 아무런 변화도 없다. 오토 릭샤를 하나 잡아서 40루피를 20루피로 깎아서 마투라 역으로 일찍이 나갔다. 역에서 어제의 그 사이클 릭샤 왈라를 다시 만날 수 있었다. 어제 그 차림, 표정 그대로다. 반가웠다. 나는 그와 악수를 하면서 행운이 있기를 빈다고 말했다.

역의 '리프레쉬먼트 룸'에서 커틀릿과 콜라 2병을 시켜서 먹었다. 손님이 없기에, 천천히 먹고 여기서 시간을 좀 보내기로 하였다. 그래도 좋다는 일하는 아저씨의 허락이 고마웠다. 커틀릿과 콜라 값이 모두 50루피라고 해서 50루피를 주었다. 그런데 일하는 아저씨가 한참 뒤에야 계산이 잘못 되었다면서 2루피를 다시 가져다 준다. 처음에 커틀릿 2개 30루피, 그리고 콜라 2병에 20루피라고 했다.(다른 데서는 콜라 1병에 15루피까지 받는다.) 콜라를 옆집 가게에 가서 가져다 주었는데, 자기네들끼리는 이른바 '도매 가격'으로 9루피였던 모양이다. 그런데 그 차액을 자기가 챙기지 않고, 우리에게 가져다 준 것이다. 적지 않은 감동이 밀려든다. 그 2루피를 그에게 팁으로 준 것은 당연지사다.

아픈 아들을 기차에 싣고

8월 15일

여기는 뉴델리 왕덴 하우스다. 건준의 집도 가깝고 델리대도 가깝다. 그런데 이게 어떻게 된 일인가? 왕덴 하우스가 얼마나 깨끗해졌는지 모르겠다. 우리가 이보다 못한 호텔을 순례한 뒤라서 그런가?

왕덴 하우스 복도 벽에 걸려 있는 사진은 티베트의 불교사원과 풍습을 찍은 것인데, 사진 설명이 한글과 영어로 되어 있다. 근처 여행사에서도 구룡사(九龍寺) 달력이 있었다. 반가웠다. 아마도 정우 스님 작품인 듯싶다.

왕덴 하우스와 『우·간·다』 사이에 10% 할인 계약을 한 까닭에 우리도 할인을 받았다. 이틀에 700루피인데 630루피만 주었다. 다시 델리에 오면 베이스 캠프는 여전히 왕덴이 될 것이므로 짐 가방 1개를 호텔에 맡겨두고 가볍게 길을 나선다. 어제 아침부터 시작된 착착의 설사가 멈추질 않는다.

보경이 와서 함께 뉴델리 역으로 갔다. 강사 시절 '인도의 사회사상'이란 과목을 가르친 적이 있었는데, 그 때 보경은 내 수업을 들었다.
"선생님, 바라나시로 가실 거면 제가 안내하겠습니다."
우리가 바라나시로 가게 된 경위다.

뉴델리 역 '웨이팅 룸' 입구에서 아들이 갑자기 구토를 했다. 관리인이 다가와서 뭐라뭐라 야단이다. 빨리 치우라는 뜻이겠지. 그런데 그 관리인 아주머니와 아내가 언쟁을 벌였다. 아내왈, "당신은 아이도 안 키우느냐"는 것이다. 재미있는 것은 아내는 순 한국말로 소리치고, 관리인 아주머니는 순 힌디말로 소리친다는 것이다. 말은 안 통해도 싸움은 되는 모양이다. 아내가 싸우는 동안, 나는 보경과 함께 신문지로 구토물을 닦아서 레일 위에 내다 버렸다. (나는 내 아들이 게워낸 것이니까 그렇다 치더라도 보경이 함께 치워준 것은 새삼 눈시울이 뜨거워진다.) 쓰레기통이 안 보여서, 나 역시 인도의 불결에 한 몫 보탠다. 레일 위에 인분이 없는 인도 기차역은 보기 힘들다. 인도에서 수많은 동물들의 배설물을 볼 수 있지만, 그 중에 제일 더러운 것이 인분임을 깨닫게 된다. 기차를 타러 가다가 아들은 한 번 더 토한다. 아들을 안고서 기차를 타러 가는데, 마음이 아프다.

아들은 내내 설사를 한다. 뉴델리에서 바라나시까지는 거의 21시간 30분이 걸렸다. 태어나서 이렇게 긴 기차 여행은 생전 처음이다.

8월 16일

역 앞 '투어리스트 방갈로'에 투숙했다.(더블 룸에 225루피, 아들이 있어 엑스트라 요금 75루피해서 우리는 300루피, 보경은 싱글 룸에 175루피)

아들은 왜 설사를 계속할까. 아내와 나는 윔피에서 먹은 햄버거가 상했던 것으로 추정했다. 즉 식중독이 아닌가 싶다. 잠시 열도 있었는데 해열제를 먹고 괜찮아졌다. 그래도 아들은 꼬박 이틀 동안 아무것도 먹지 못했다.

아내와 아들은 숙소에서 쉬기로 하고, 나와 보경은 강가(Ganga)로 갔다. 보경은 그 전에 와 봤다고 하는데도, 갓트를 찾아내는데 몇 번이나 묻는다. 갓트 가는 입구의 바자르(시장)는 완전히 미로다. 길을 잃으면 못 찾아올 것 같다. 골목의 폭도 겨우 1m나 될까? 불이라도 한 번 나면 대책이 없을 것 같은 생각이 든다.

강가(Ganga, 恒河, 갠지스 강)는 엄청나게 넓고 큰 강이다. 비가 와서 강물이 불어 있다. 잠시 비가 내리는데, 저 멀리 양쪽에 보이던 다리가 이내 운무 속에 가리워져서 안 보인다.『금강경』에서 그토록 자주 등장하는 '항하사(恒河沙, 갠지스 강의 모래)'가 어디에 있나 찾아봐도 백사장이 없다. 그렇다고 해서 그 비유가 틀렸다고 속단할 수는 없을 것이다. 갠지스 강이 얼마나 큰 강인가? 언젠가는 보게 되겠지. 오늘은 비가 오락가락하는 날씨여서, 그 유명한 목욕 장면은 볼 수 없었다. 나에게 그 모습을 보여주지 못해서 보경은 내내 아쉬워 한다. 강물은 황토 흙빛깔인데, 저기 한 가운데 소의 시체가 둥둥 떠내려 온다. 나로서는 아무나 강이 훨씬 편하게 느껴진다.

강가 갔다 오는 길에 워터 코일(water coil)을 사 와서 식당에서 사온 플레인 라이스(맨밥)에 물을 붓고, 죽 비슷한 것을 끓여서 아들에게 먹였다. 그 이후 약 4~5시간 설사가 없다. 제발 이대로 멈췄으면 좋겠다. 진작 워터 코일을 샀어야 했는데, 미네럴 워터를 그냥 믿고 마신 것이 실수였다. 역시 인도에서 방심은 금물이다.

마침내 귀국 일자를 3일 앞당겨 보기로 의논했다. 아들은 처음으로 '집에 가고 싶다'고 말한다. 보경이 역 뒷편에 있는 에어 인디아 사무실에 갔다와서는 델리 가서 알아봐야 되는데 자리가 한 개밖에 없단다. 그런데 보경이 릭샤 왈라와 요금 시비로 혼이 난 모양이다. 왕복에 40루피 주기로 하고 릭샤를 탔는데, 편도에 40루피라며 80루피를 내라고 했다는 것이다. 투어리스트 방갈로의 사람들도 모두 릭샤 왈라들과 한패였는데 겨우 어떻게 매니저가 개입하여 40루피에 해결한 모양이었다. 보경은 우리를 위해서 이토록 애쓰는데 혼자 보내서 애먹게 하다니, 미안한 일이었다. 갓트에 갔을 때 아내와 아들 걱정 때문에 마음을 졸였던 터라, 보경이 혼자 간다길래 별 생각 없이 혼자 보낸 것이다. 두고두고 미안할 일이다.

모처럼 아내는 저녁을 푸짐하게 잘 먹었는데, 아들은 못 먹고 보기만 했다. 내일은 부처님께서 처음으로 중생을 제도해 주신 녹야원으로 간다. 내내 부처님 성지를 참배하지 못한 것이 마음에 걸렸는데, 다소 위안이 되리라.

녹야원과 강가의 화장터

8월 17일

아침에 일찍(8시) 오토 릭샤(50루피)를 타고 바라나시에서 12km 떨어진 사르나트 녹야원으로 갔다.

먼저 '녹야원'이란 한국 절 간판이 있길래 반가웠다. 입구에서 1km 북쪽에 있는 '녹야원'부터 참배하기로 했다. 그러나 문은 굳게 잠겨 있다. "스님, 계세요"를 몇 번 외쳤더니 한 외국인 스님이 문을 열어준다. 키가 작고 얼굴이 검은, 인도 출신 미얀마 스님이다. 법당에 가서 부처님께 참배하려 했으나 문은 굳게 자물쇠로 채워져 있다. 끝내 우리는 부처님께 절 한 번 못했다.

미얀마 스님에 따르면, 창건주 비구 스님이 한 비구니 스님에게 인계를 하고 귀국하였는데, 인계를 받은 비구니 스님이 오지 않는다는 것이다. 전기도 전화도 끊긴 것을 인도인에게 애원해서 겨우 연결하였다고 한다. 밥도 중국 절, 일본 절 등으로 가서 해결하면서 지키고 있었다. '녹야원'이란 현판은 우리 학교 이사장이신 녹원 큰스님의 친필이다. 자기(미얀마 스님)마저 없다면, 인근 인도인들이 이내 절을 침탈할 것이라는 말에 수긍이 갔다. 주소와 전화번호를 받고, '한국 절을 잘 좀 보호해 달라'고 부탁드리고, 200루피를 드렸다. '녹야원' 들어가는 골목 입구에 걸린 간판 뒷면에 그려진 태극기가 부끄러웠다.

녹야원은 옛날에는 넓은 숲이었고, 평화로운 곳이었음에 틀림없다. 그 옛날에는 뛰어놀았을 사슴이, 이제는 작은 동물원 우리 속에 몇 마리 갇혀 있을 뿐이다. 인도의 불교성지를 수호하는 것을 자신의 사명으로 알았던 스리랑카 출신의 담마팔라(Dhammapala) 선생이 여기 녹야원에서 입적하셨다. 그 동상 앞에서 합장했다.

인도는 유적지 속에 박물관을 지어서, 그 곳에서 출토된 유물을 바로 전시하고 있는 것이 보기 좋다. 산치, 마투라에서와 마찬가지로 여기 녹야원에도 그러한 박물관이 있다. 불상과 힌두 조각이 대부분이다. 관심을 끈 것은 2구(軀)의 니라간타(Nilakantha Avalokiteśvara, 靑頸觀音)상이었다.『천수경』의 신묘장구대다라니에 나오는 관세음보살은 니라간타 관음인데, 그 상이 있으니 반갑지 않을 수 없다. 2구 모두 서기 6세기 작품이다. 양 어깨에 여신(?)을 올려놓고, 머리에는 부처님을 화불(化佛)로 올려 모셨다. 머리는 단발 머리인데 2층으로 층이 져 있다. 목에 목걸이가 하나 걸려 있고, 청경관음으로 번역되는 이유가 되었던 '푸른 목'인가 하는 점은 관찰되지 않는다. 이러한 특징은 불교의 보살상 중에서도 잘 보기 어려운 모습이 아닌가 싶다.『천수경』의 관음신앙에 힌두교의 깊은 영향이 배어있음을 니라간타 관음상은 보여 주고 있는 것이다.

박물관 앞에서 릭샤를 타려는데 한 아저씨가 다가와서 진흙으로 구운, 작은 불상을 100달러에 사란다. "No!" 100루피에 사란다. "No!" 그랬더니 마침내 10루피에 사란다. 내가 인도의 유적지에서 유일하게 산 기념품이다.

"설법바라나(說法婆羅奈), 처음으로 법을 설한 것은 바라나시에서였다."

만약 그 때 부처님께서, 다만 중생들에 대해서 절망만 하고 바로 열반하셨더라면 오늘 우리들의 존재는 없었을 것이다. 그 때 녹야원에는 다섯 고행자들이 있었다. 그들 역시 이미 '석가족의 성자가 깨침을 얻었다'는 소문을 듣고 있었다. "중도에 고행을 그만 둔 주제에 깨달음이라니, 설사 그가 오더라도 우린 아는 척 하지 말자. 자리도 내주지 말자." 그들은 굳게 합의를 보았다. 그런데 부처님께서 가까이 다가오자 그들은 누가 먼저랄 것도 없이 자리에서 일어나서 부처님을 맞이하였다. 부처님의 설법은 그렇게 언어 이전에 이루어진 것이다. 이는 나처럼 입으로만 법을 설하는 사람들에게 진짜 설법은 몸으로 하는 것임을, 설법은 언어 이전에 이미 이루어지는 것임을 웅변하고 있는 건 아닐까. 그렇게 이어진 전등(傳燈)이 오늘 우리에게로 이어져 왔다. 그 등불을 후대에까지 밝혀 줄 책임이 우리 어깨 위에 있음을 다시금 느낀다.

오후에 다사스와메드(Dasasvamedha) 갓트로 다시 갔다. 아내는 더러운 강가에 거듭 진저리친다. 마하트마 간디도 이미 말한 바 있지만, 왜 인도인들은 그들이 어머니로 모시는 강가를 깨끗이 받들지 못하고 더럽히는가?

아내는 바가지다. 다리도 아프고 아들도 아픈데, 보기 싫은 강가를 보라고 끌고 다녔다는 것이다. 자신은 아들 걱정으로 노심초사하는데 나는 강가 타령만 한다고, 식당에서 음식도 제대로 먹지 않는다.

강가에서 나와서 바라나시 힌두대학으로 갔다. 크고 넓은데다 시내와는 달리 매우 깨끗하다. 숲 속의 캠퍼스, 와서 머물고 싶은 생각이 든다. 학교 안에 있는 '쉬바 템플'에 나와 보경은 신발을 벗고 들어가 보았다. 힌두들은 링가에서 흐르는 물을 떠다 마신다. 한 성직자가 링가 위로 물을 흘려주고 있는데, 그 물이 곧 정액을 상징하는 것인가? 바라나시 힌두대학보다 신전 앞이 더럽다. 『천수경』에 '도량이 청정해서 티끌 하나 없어야 삼보와 천룡이 강림하신다' 했는데, 힌두 신들은 염정(染淨)을 문제 삼지 않는 것일까?

신전에서 나와서 한참을 산책했다. 캠퍼스가 너무 좋아서 릭샤를 타고 한 바퀴 드라이브나 할까 물었더니, 100루피나 달라고 한다. 시간도 늦어 조금 걷다가 숙소로 돌아가기로 했다. 잔디 밭에서는 아이들이 크리켓(인도 사람들이 광적으로 좋아하는 야구 비슷한 운동)을 하고 있다.

아들과 나, 아내와 보경이 각기 조(組)가 되어서 사이클 릭샤를 타고 정문까지 나왔다. 바라나시 힌두대학 안에서 사이클 릭샤를 타고 정문까지 나오는 장면은 마치 영화의 한 장면처럼 오래 내 마음 속에 기억될 것이다. 그것은 순전히 캠퍼스의 아름다움 때문이다. 마침 아들과 나 둘만의 시간이었으므로, 아들에게 고생할 것을 뻔히 알면서도 왜 인도까지 데리고 왔는지 설명해 주었다. 수긍을 하는지 고개를 끄덕인다.

숙소에 돌아와서도 아내는 바가지다. '인도 여행이 가장 후회스런 날', 그녀는 일기에 그렇게 적어 놓았다.

(4차 여행 때 델리에서 만난 한 유학생으로부터 녹야원 한국 절에는 다시 창건주 스님께서 오셔서 문을 열어놓았다는 이야기를 들었다.)

8월 18일

보경과 함께 사이클 릭샤를 타고 강가의 화장터(Manikarnika Ghat)를 다녀왔다. 장작들이 산더미처럼 쌓여 있다. 비가 와서인지 건물 옥상에서 시체 5구가 타고 있었다. 주변에 울고불고 하는 가족들의 모습도 없고, 그저 사무적이다. 그만큼 죽음을 담담히 받아들인다는 뜻인가? 화장에 3,000~5,000루피의 비용이 든다고 하는데, 너무 비싼 금액이다.

어디서인지 한 청년이 다가와서, 가이드를 자청하고 나섰다. 그가 이

끄는 대로 한 건물에 가니 여기저기 사람들이 쓰러져 잔다. 그의 말에 의하면, 여기서 죽음을 기다리는 사람들인데 그들을 위해서 적선을 하란다. 빤(Paan, 인도 담배)을 먹어서 이빨 사이와 입안이 온통 시뻘건 그를 신뢰하기에는, 우리가 이미 너무나 많은 정보를 갖고 있었다.

갓트 입구 바자르 사이의 미로와 같은 골목들에는 크고 작은 사원들이 많다. 우리네 골목에서는 쓰레기통이 자리할, 그런 곳에도 어김없이 힌두 신상이나 링가를 만들어 두었다. 아무리 좋게 생각하려고 해도, 그렇게 흔한 것에는 천하다는 생각밖에 들지 않는다. 결코 성스럽다는 생각이 안 든다. 하긴 천한 것을 그대로 받아들이는 것이 힌두교의 장점이긴 할 것이다.

수많은 사두(Sadhu:힌두교 수행자)들, 그들의 얼굴에서 우리 부처님의 얼굴이 떠오르질 않는다. 부처님도 저들 같은 모습의 순례자였을 터인데 누구나 벌떡 자리에서 일어나 맞이하지 않을 수 없는 위의(威儀)를 갖추고 있었다. 당시의 부처님 제자들도 그랬다. 원래 산자야(Sanjaya, 육사외도의 하나로서 회의론자)의 제자였던 목련과 사리불이 불교에 귀의하게 된 인연을 보면, 아샷지(馬勝, 녹야원에서 최초의 설법을 들었던 다섯 비구 중 하나) 비구의 행동을 보고서 감동된 두 사람이 "당신의 스승이 누구냐? 당신 스승의 가르침은 무엇인가?" 등 관심을 보이기 시작했다 하지 않는가.

11시도 되기 전에 투어리스트 방갈로로 돌아와 11시 30분에 체크 아웃했다. 느긋하게 점심을 먹고 바라나시 역으로 나갔다. 그런데 예기치 않게 객실 넘버와 좌석 넘버가 나오지 않는다. 대기표(waiting list)이므로 좀더 빨리 나왔어야 했는데, 태무심한 내 잘못이다. 보경이 이리 뛰고 저리 뛰고 해서 기차를 겨우 탈 수 있었다. 기차를 타고 2시간 가까이 지나서야 좌석 배정을 받게 되었다. 인도에서는 모든 것을 재확인 해야 한다.

내일 델리에 도착하면, 에어 인디아 사무실에 가서 24일 조기 귀국을 추진할 예정이다. 아들의 건강 상태가 다소 회복되는 듯해서 다행이다.

'국어 대 힌디어'의 싸움

8월 21일

아내는 어제부터 심한 종합감기에 골골 한다. 전화로 에어 인디아와 통화하는 것은 힘이 든다. 내 영어 실력이나 그들의 서비스 마인드 모두 부족하기 때문이다. 그래서 에어 인디아 사무실로 직접 찾아갔다.

"현재는 자리가 없다. 내일 다시 오라."

내일 다시 가기로 했다. 최악의 경우, 예정대로 27일날 귀국해야 하는데, 아들 설사가 걱정이다. 내 설사는 배가 차가웠기 때문으로 판단된다. 잠을 잘 때, 천장의 선풍기는 쉴 사이 없이 돌아가는데 이불을 안 덮었기 때문이다.

아들을 위해서 아들이 좋아하는 동물을 보려고, 니자무딘 역 근처에 있는 동물원을 갔다. 5루피라고 되어 있기에 15루피를 냈더니, 그건 인도인 요금이고 외국인 요금은 다르다는 것이다. 다시 보니 외국인은 40루피다. 인도인에 비해서 외국인은 8배나 비싼 요금을 내야 한다. 이건 너무하지 않은가. 항의를 해보았으나 소용이 없어 들어가는 걸 아예 포기하고 말았다. 외국인에게 8배나 높이 받으려는 근거와 이유가 무엇인지 알 수 없다.(하긴 대학 등록금 역시 외국인에게는 몇 배를 요구하고 있다.) 외국인들은 돈이 많으니까 많이 내야 한다는 말인가?

동물원은 포기하고, 지도상으로 가까이 있다고 하는 '뿌라나 킬라(Purana Quila)'를 가기로 결정했다. 동물원 앞에서 가족과 함께 나온 어떤 인도 아저씨에게 길을 물었다.

"릭샤를 타고 조금만 가면 된다."

그래서 한 릭샤에게 뿌라나 킬라의 정문에 데려다 달라고 말했다. 10루피라는 걸로 봐서 그렇게 멀지는 않은가 보다. 그런데 데려다 주는 곳이 영 미덥지 못하다. 거기에는 정문(正門) 같은 것은 없다. 과일 주스를 파는 리어카가 한 대 놓여 있는데, 그 옆에 쪽문 하나가 있을 뿐이다.

"여기 무슨 정문이 있는가?"

인도에서의 싸움에는 항상 그렇듯이, 구경꾼들이 오고 중재자도 나타난다. 구경꾼들과 중재자에게 서로의 입장을 설득력있게 설명해야 한다. 즉 여론의 지지를 얻음으로써 논쟁에서 승리하려는 것이다. 인도에서 논리학이 발전한 이유를 짐작할 수 있을 것 같다. 이날 중재자는 과일 주스를 파는 아저씨다. 중재자의 도움으로 우리는 그 릭샤를 다시 타고 정문을 찾아 나섰다. 잠시 후 우리가 도착한 곳은 바로 동물원 앞, 릭샤를 처음 탔던 곳이다. 그 곳이 뿌라나 킬라의 정문이란다. 다 쓰러져 가는 성벽 같은 곳이 있고, 문이 하나 있긴 있다.

그렇다면 아까 우리가 길을 물었던 그 아저씨, 절대로 나쁜 아저씨처럼 보이진 않았는데, 가족과 함께 소풍나온 아저씨가 왜 '당신네가 찾는 곳이 바로 저기'라고 하지 않았을까? 우린 기가 막혔다. 한 바퀴 뺑 돌고, 그것도 중간에 내려서 한 바탕 말싸움까지 했는데 겨우 처음 출발한 동물원 앞이라니…. 릭샤 왈라는 20루피를 내란다. 10루피로 갔다가 10루피로 왔으니 20루피라는 것이 그의 계산이다. 하지만 처음 탄 곳으로 우리를 다시 데려다 주었으니 20루피를 다 줄 수는 없다. 여기서도 아내는 인도 아줌마와 예의 '국어 대 힌디어'의 싸움을 벌인다. 아무 상관없는 인도 아줌마가 나타나서 20루피를 주라고 말했기 때문이다. 오늘의 일은 어디서 잘못된 것일까?

가장 근원적인 잘못은 지금까지 별 문제가 없었다는 점만을 믿고서 '인도에서 길을 물을 때는 세 사람에게 물으라'는 선배들의 충고를 무시했다는 점이다. 결국 나는 릭샤 왈라에게 15루피를 주었으며, 그는 우리에게 한바탕 알아들을 수 없는 욕을 퍼붓고 갔다. 아, 말이 안 통하니 얼마나 편한 일인가. 만약 그가 하는 욕을 내가 알아들을 수 있었다면 내 마음은 또 얼마나 불편했겠는가. 말 통하는 나라에서 살다 지친 사람들이여, 말이 통하지 않는 곳으로 여행을 떠나라.

뿌라나 킬라를 대충 보고 돌아왔다. 다 쓰러져 가는 이 성마저 관광상품으로 만들어서 파는 곳이 인도다. 아그라의 파테푸르 시크리나 여기 뿌라나 킬라는 아무런 매력도 없는 유적이다. 여기저기 숨어 앉아서 열심히 밀어를 속삭이는 인도의 청춘들만이 눈에 띈다.

왕덴으로 돌아왔다. 건준이 정채성 선생과 함께 왕덴으로 찾아왔다. 정채성 선생은 델리대학교에서 사회학을 공부하고 있는데, 현재 「비하르 주의 농촌 문제」를 주제로 박사학위 논문을 준비중이다. 내가 집중적으로 질문한 것은 '현재 인도의 카스트 제도'에 대해서였다. 여러 가지 이야기를 많이 들었는데, 인도에서의 카스트 제도에 대한 그의 전망은 '카스트 제도의 기능은 변하더라도 현재 인도의 정치는 오히려 그 구조를 강화하는 측면이 있다'는 것이다.

예컨대, 우리가 국회의원을 공천할 때 고향(지역)을 제일 먼저 고려하는 것처럼 인도에서는 카스트의 분포를 제일 먼저 고려하고 있다는 것이다. 또 우리에게 종친회 조직이 전국적으로 구성되어 있는 것처럼 인도에서는 카스트들의 전국적인 조직이 존재한다는 것이다. 암베드카르 박사에 의해서 도입된 레저베이션(reservation, 예약 제도) 제도 역시 카스트의 이익과 상반되게 이용되고 있다고 한다. 레저베이션에 의해서 높은 지위에 오른 사람들이 그 출신 카스트의 지위 향상을 위해서 노력하지 않는다는 것이다.

이때 가만히 우리들의 이야기를 듣고 있던 착착이 오른손을 살며시 들어올리며 말한다.

"질문있어요. 레저베이션 제도가 뭐예요?"

"응, 레저베이션 제도라는 것은 낮은 계급의 사람들도 대학 교수나 공무원 등이 될 수 있게 일정한 정도로 할당해 주는 제도인데, 예를 들면 공무원을 100명 뽑는다면 27명 정도의 공무원은 낮은 카스트 출신에서 뽑는 거지. 물론 그들은 시험을 안 쳐도 돼. 그런 제도를 말하는 거야."

정채성 선생의 친절한 설명이 뒤따른다. 혼인이 카스트 제도 유지의 중요한 요인이므로 나는 유적지에서 본 수많은 청춘남녀들의 '연애와 결혼의 연관성'에 대해서 물었다. 자유 연애가 널리 퍼져 있는 만큼 카스트 내적 혼인은 흔들리고 있지 않을까 하는 생각이 있어서였다.

그들은 사전에 서로의 카스트를 알고 사귀는 경우도 있고, 그렇지 않는 경우도 있다고 한다. 그렇지만 그 어느 경우이든 그들이 결혼을 할 때에는 카스트에 맞추어서 해야 한다는 점을 알고 있다는 것이다. 이른바 연애 따로 결혼 따로인 것이다.

그러고 보니 인도의 신문들에서 볼 수 있는 '공개구혼'란이 생각난다. 카스트 별로 구혼하는 사람들의 명단을 분류하고 있었던 것이다. 요컨대 정 선생의 결론은, 카스트는 일이백 년 안으로 없어질 수 있는 제도가 아니라는 것이다. 내 생각에는 '점차 틈이 있겠지' 했는데, 그게 아니라는 얘기다. 의례적 권위와 경제, 정치가 카스트 질서를 공고히 하는 요인인데, 이 중에 가장 중요한 것은 '경제적 권력'이라 한다. 인도 사회에 대해서 여러 가지로 많이 배웠다.

하루도 더 살 수 없다며 울어버린 아내

8월 22일

릭샤를 타고 에어 인디아 사무실로 갔다. 아내의 기대와는 달리 표를 얻을 수 있는 어떤 방법도 없다고 한다. 우리가 인도로 올 때에 타고 온 비행기는 아시아나였는데, 표는 에어 인디아 표였다. 아시아나가 인도에 취항을 하면서 공동 운행 형식으로 에어 인디아에 표를 좀 분배해 준 것인데, 그 자릿수가 한 20석 정도밖에 안 된다고 한다. 우리는 여행사를 통해서 표를 샀는데, 에어 인디아 표가 나왔다. 그것이 싸다는 것이 여행사의 설명이었다. 그러나 델리대학교 도서관에서 만난 한 유학생 부부는 직접 아시아나에서 표를 샀는데, 그들의 가격과 우리의 가격이 별 차이가 없었다. 이 점이 아내의 분노를 가중시킨 요인이 되었다.

뉴델리의 중심가, 코넛 플레이스에 있는 에어 인디아 사무실에 가 보니 대개 직원들이 40대는 넘은 아저씨, 아줌마다. 특히 40, 50대의 아줌마들이 많다. 그녀들은 전부 사리를 입고 있다. 한 아줌마가 우리를 위해서 여러 모로 애를 써보려는데, 한 아저씨가 와서 그 아줌마를 밀어내고 우리에게 말했다.

"방법이 없다. 혹시 공항에 나가서 표가 있으면 사서 가라."

"그렇게 되면 우리가 갖고 있는 에어 인디아 표는 환불이 되는가?"

"환불이 안 된다."

비행기가 출발하기 전에 표를 무르는 것인데, 왜 환불이 안 된다는 것인가? 도무지 합리적이지 않다. 서울에서 출발하기로 한 상호는 출발 하루 전에 똑같은 에어 인디아 표를 환불했다. 그런데 100% 환불해 준다는 것이다. 똑같은 경우고, 똑같은 항공회사의 표인데 어째서 하나는 되고 하나는 안 되는가? 다만 서울과 델리, 한국과 인도라는 차이만으로 납득이 되는가? 자리가 없어서 탑승일을 앞당기지 못하는 것은 이해할 수 있다. 그렇지만 이 점은 이해할 수 없다.

할 수 없이 포기하고, 파르간지에 있는 음식점 '메트로폴리스'에 가서 점심이나 먹고 다시 왕덴으로 돌아가기로 했다. 아내는 아무것도 먹지 않고 엉엉 울어댄다. 이런 나라에 단 하루라도 더 사는 것이 못 견디겠다는 울음이다.

정말 우리는, 나는 왜 인도를 와야 했는가? 인도철학을 공부하면서 인도를 체험하지 못한 내 자신에 대한 문제의식이나 자격지심이 정말 타당했던가?

1997년 2학기 대학원 수업시간의 일이었다. 상호가 수업시간에 "인도도 안 갔다 온 교수님이 인도철학을 연구한다는 것이 가능한가?"에 대해 문제를 제기했다. 이에 대해서 재관과 창희는 "인도철학을 연구한다고 해서 꼭 인도를 가야 하는가?" 하고 반론을 해서 왈가왈부한

적이 있었다.

이러한 문제에 대한 대답은 분야에 따라서 다를 수밖에 없다는 것이 내 입장이다. 예컨대 카스트 제도, 사회 윤리, 힌두이즘, 『바가바드기타』, 자이나교나 시크교의 신앙 현실 등에 대하여 연구하는 경우에는 반드시 '현장 연구'가 필요하다. 책(텍스트) 속에 들어있는 것만으로는 그 책이 전하는 바를 충분히 이해할 수 없다. 왜냐 하면 그러한 내용들은 당시의 사회적 경제적 종교적 상황이라는 맥락(컨텍스트)을 배경으로 하고 있기 때문이다. 즉 컨텍스트가 많이 반영된 분야를 연구하는 경우에는 오늘날 인도의 현장에 대한 답사가 필수불가결하다.

그렇지만 그 같은 컨텍스트에 대한 고려가 그렇게 긴요하지 않은 분야들, 정말로 순수하게 논리적인 철학들, 교리적인 철학들에 대한 연구만 한다면 오늘 인도의 현장에 대한 답사가 선행되어야 한다고 요청할 수는 없다. 그러나 나는 연구나 강의를 통해서 카스트, 힌두교, 사회 윤리 등 컨텍스트가 강하게 요구되는 분야까지 언급하는 일이 적지 않았다. 그러니 내게는 인도에 오는 것이 필요했던 것이다. 내가 인도를 경험하기 전에 그러한 분야에 대해서 내게 강의를 들은 학생들에게 나는 계속 미안한 생각을 가질 수밖에 없었다. 요컨대 텍스트만으로 연구가 가능한 경우에는 인도를 못 가 보았다고 해서 '인도 컴플렉스'에 빠질 까닭은 없다. 그들은 경제적 시간적 여유가 있을 때 와도 늦지 않다. 그렇지만 컨텍스트에 대한 이해가 필요한 경우에는 가능한 빨리 와 보는 것이 좋으리라.

8월 23일

아내의 꿈은 오늘 새벽 1시 30분, 아시아나를 타고 서울로 가는 것이었다. 어제는 스스로 너무 싫어서, 절망 속에 울고불고 하였다. 정말 다음에는 함께 못 올 것 같다. 이렇게 하여 '인도에서의 삶'에 대한 우리의 실험은 불가능한 것으로 드러났다.

그보다 더 큰 이유는 이 사회가 우리보다도 더 비합리적인 사회라는 데 있다. '되는 일도 없고, 안 되는 일도 없다'는 인도. 무엇보다도 빽과 돈이 있어야 하는 나라 인도. 결코 우리의 귀의처도 유토피아도 '섬'도 될 수 없음이 극명해졌다. 자, 그러니 어쩔 것인가?

레드 포트를 다시 가 보았다. 가끔 시원한 바람이 불고, 건축도 정원도 나름대로 볼 만했다. 무굴제국의 그림들을 모아놓은 박물관이 있었다. 그림은 좋았는데, 어두워서 제대로 볼 수가 없었다.(아내와 아들의 말에 따르면 내가 실내에서 선글라스를 끼고 있었단다.) 어느 나무 밑에서, 아내와 나는 '인도를 중국과 비교해 보기 위해' 중국행이 필요하다는데 공감하였다. 거대한 대지, 무지막지한 인구, 가난, 빈부 격차, 사회주의, 민족적 프라이드, 개방 실험, 이러한 문제들에 대하여 중국과 인도는 각기 어떻게 대응하고 있을까? 재미있는 테마가 될 것이다.

레드 포트 앞의 구(舊)시가지 '찬드니 초크'는 걷기가 힘이 든다. 자이나교, 힌두교, 시크교, 이슬람교 사원들이 집중하여 있고, 시장까지 끼고 있다. 사원 입장을 위하여 장사진을 이루고 있는 사람들, 사원에서 나오는 고성의 마이크 소리, 시끄러운 음악소리들로 힌두 사원 주변은 늘 시끄럽고 복잡하고 지저분하다. 시크교 관련 전문서점이 하나 있다는 것은 기억해 둘 만하다.

오랫동안 내가 가져왔던 의문 하나가 쉽게 풀렸다. '힌두교는 왜 참회를 말하지 않는가?' 똑같이 업을 이야기하는 불교에서는 그 업의 소멸을 위한 참회를 줄기차게 요구하고 있는데 말이다. 그 대답은 의외로 간단하였다. 강가에 가서 목욕하면 되는데, 참회는 어디에 쓰는가?

정녕 그 정신 문명이 위대하다면, 그 위대한 정신 문명을 유산으로 갖고 있는 나라는 물질 문명 역시 발전해야 하는 것 아닐까. 정신과 물질이 둘이 아니라면 말이다. 하긴 힌두교 철학의 주류를 이루고 있는 샹카라(Saṅkara)의 불이일원론(不二一元論) 베단타학파에서는 정신과 물질을 둘로 본다. 그렇게 해놓고 물질은 허깨비(māyā, 幻)고 정신만이 참된 것(實在)이라고 말한다. 불교에서는 정신과 물질은 둘이 아니라고 보는데, 헛되다면 물질만이 헛된 것이 아니라 정신조차 헛된 것이라고 말하지 않는가. 헛된 것 속에서 참된 것이 나온다. 잘 모르는 사람들(일부 기독교 광신도들의 불교 선교 전략 중에 나오는 말이지만)은 오늘날 인도가 그렇게 가난한 이유는 불교를 믿어서라고 말한다. 그건 사실 판단의 잘못이다. 언제 인도가 불교를 믿었던가? 정신과 물질을 둘로 보지 않는 불교, 계급의 차별을 반대했던 불교를, 오늘날 인도가 믿었더라면 좀 달라지지 않았을까. 나는 그렇게 본다.

잊혀지는 마하트마 간디

8월 24일

라즈갓트(Rajghat)를 갔다. 마하트마 간디가 화장된 장소다. 역시 맨발을 요구했으나 경의를 표할 만하다는 의미에서 기꺼이 신발을 벗고 들어가서 아들과 함께 서서 삼배하였다. 고집쟁이 아내는 여전히 우리 신발을 지키고 있다. 라즈갓트는 검은 상석(床石)을 중심으로, 사방 푸른 잔디밭이다. 고요하고 시원하여 마음을 여유롭게 해 주었다.

라즈갓트 건너편에 있는 간디 기념관은 사진으로 보는 간디의 일생을 전시해 두었다. 그 건물 벽에 'My Life is My Message.(나의 삶이 곧 나의 가르침이다.)' 라는 글이 크게 붙어 있다. 그는 그의 메시지를 말로 하지 않고 그의 삶 속에서 보여 주었다. 그것만으로도 간디는 성인의 반열에 놓일 만하다. 아내가 공기 부족으로 어지러워 했으므로, 자세히 보지 못하고 대충대충 밖으로 나왔다.

그런데 이 넓은 간디 기념관에 관람객이 없다. 우리 들어오기 전에 한 미국인 부부가 왔다 가고, 현재는 우리가 전부다. 방명록을 쓸 때 보니, 하루 4~5팀이 고작이다. 그것도 거의 우리 같은 외국인이다. 마하트마 간디는 이제 지명 속에서, 동상 속에서, 의례화되고 있다. 그의 메시지가 현재 속에 살아 있다는 느낌을 받을 수 없다. 간디의 바람과는 달리 무슬림과 힌두는 하나되지 못하고, 파키스탄과 인도로 나뉘어진 채 전쟁을 하며, 핵무기를 개발하고 있는 나라가 바로 인도다. 그들은 간디를 오늘날 인도에서 활발발(活潑潑)하게 살리는 것이 아니라 박물관 속의 화석으로 모시고 있을 뿐이다. 간디의 소외, 그것이 인도의 비극으로만 끝나지는 않을 것 같다.

"자, 어디 가서 점심을 먹을까?"

인도에 와서, 한결같이 우리의 화두가 된 문제다. 아내는 그 답을 안내서 속의 '모티마할(Motimahal)'에서 찾아낸다. 사이클 릭샤를 타고 모티마할로 갔다. 요금은 10루피다. 우리 셋, 도합 162kg을 싣고 힘겹게 페달을 밟는 마른 체구의 왈라에게 2루피 정도는 팁으로 더 얹어주자고 우리는 의논했다. 그러나 도착지에 이르러서 그는 느닷없이 30루피를 요구한다. 1인당 10루피라는 것이다. 그들이 즐겨쓰는 고전적 수법 중의 하나다. 언제 그가 그렇게 말했던가? 우리는 오토 릭샤도 15

루피를 요구해서 안 탔는데 말이다. 결국 그가 우리에게 받아간 것은 10루피뿐이다. 여행 안내서의 가르침 대로, 우리는 10루피를 사이클 릭샤 위에 얹어놓고 우리 길을 가 버렸다. 왜 그들은 그렇게밖에 할 수 없는가? 2루피를 더 벌 수 있었는데….

 그런데 나도 잘못한 것 같다. 그가 어떻게 우리의 믿음을 배신했든지 상관없이, 처음 우리가 마음 먹은 대로 나는 12루피를 릭샤 위에 얹어놓아야 했다. 그가 우리를 바가지 씌우려 했다는 이유로 애시당초의 자비심을 거두어 버렸으니, 조건반사적 행동(相에 머무른 행동)을 한 셈이 되었다. 『금강경』에서 '어디에고 머무는 바 없이 마음을 내라'고 했는데, 릭샤 왈라의 행동에 마음을 머물게 했으니 내 잘못이다. 그 릭샤 왈라가 나를 시험했는데, 수행이 부족한 나는 보기좋게 거꾸러지고 말았다. 또 12루피를 주고 우리 길을 갔더라면, 그 릭샤 왈라의 기분도 조금은 덜 나빴을는지 모른다.

8월 26일

 오늘은 체크 아웃을 하고, 공항 가는 날이다. 아침을 먹은 뒤 그 동안 우리가 머물고 있었던 티벳탄 캠프에 있는 티베트 절을 방문하였다. 법당에는, 만다라 식으로 중앙에 부처님을 모시고 그 좌우로 몇 층을 만들어서 역대 달라이 라마의 상(像)이 수십여 개 모셔져 있다. 그리고 부처님과 달라이 라마 상들 위로는 경전들(티베트 대장경)이 모셔져 있다.

 티베트 난민촌을 보면서 옛날 상해의 임시정부가 있던 곳, 혹은 용정 어디 우리 동포들의 나라없는 살림살이가 이랬을까 싶다. 'FREE TIBET' 그들의 꿈이 이루어지길 기대해 본다.

이 골목에는 티베트 경전이나 티베트 불교에 관한 책들을 파는 서점이 두 개나 되고, 자수로 짠 탱화, 티베트 불교의 여러 가지 용품들을 파는 상점도 있다.

테마가 있는 인도

1. 옷

'옷이 날개'라는 속담은 옷이 단순히 개인적인 의복 개념에 머무는 것이 아님을 보여준다. 옷은 사회적 기호(sign)인데, 그 같은 특징을 인도만큼 극명하게 보여 주는 사회도 없을 것이다.

우선 옷은 그 옷을 입은 사람의 종교를 말해 준다. 이슬람교도는 남자의 경우 반드시 머리에 모자를 쓴다. 영화 '별이 날다'의 포스터에 나오는 남자가 쓰는 것 같은 모자인데 흰색이다.(TV에 이슬람 내지 중동 관련 뉴스가 나올 때 확인해 볼 수 있을 것이다.) 이슬람을 믿는 여자는 머리끝에서부터 발끝까지 새까만 천으로 뒤집어쓴다. 그녀들에게는 미안한 소리인지 모르겠으나, 처음으로 이슬람교를 믿는 여자들을 보았을 때 나는 '이슬람교를 믿는 여자가 여자로서는 제일 불쌍한 여자가 아닐까? 여자로서의 자신을 표현할 수 없다니' 하는 생각을 했다. 내가 너무 세속적인가?

이슬람교라는 도전에 응전하려는 힌두교의 개혁운동으로부터 출발한 종교가 시크교인데, 시크교를 믿는 성인 남자들은 모두 머리에 터번을 두른다. 어린이나 총각들 중에 상투를 틀어올리고 그것을 천으로 묶어 주는 경우를 보게 되는데, 이는 결혼하지 않은 시크교도임을 나타낸다. 힌두교도는 남자는 도티·룽기라고 하는 하의를 입은 데에서 힌두임이 표나고, 여자는 사리를 입은 데에서 표난다.(사리를 입은 여자를 보면, 왼쪽 어깨를 뒤덮고 오른쪽 어깨를 드러낸 폼이다. 바로 불교의 가사 입는 법, 즉 편단우견(偏袒右肩)과 같은 형식임을 알 수 있다.)

다시 옷은 세속과 출가를 가르는 표시가 되기도 한다. 힌두의 사두(sadhu, 수행자)는 하의는 어떻게 입든지 상관없이 상의는 황색 옷을 입는다. 옷이 황색이 아니라면 황색의 스카프라도 하나 두른다. 황색의 티셔츠를 맞춰 입은 젊은 사두들이 주문인지, 찬가인지를 외우면서 행진하는 것을 바라나시 갓트 인근의 바자르(시장, 여기서는 곧 사원촌)에서 보기도 했으며, 어느 역에선가는 아침인데 황색 상의를 입은 사두 5~6인이 모여 앉아 악기를 두드리면서 노래 부르는 모습을 보기도 했다.

부처님이 입으시던 가사를 어떤 영어로 된 불교책에서는 'yellow robe'라고 옮기고 있었던 것을 본 기억이 있다. 부처님께서도 황색 가사를 입고 있었다는 뜻이다. 부처님 역시 그들과 같은 순례자 중의 하나였으나 너무나 위대한 깨달음으로 인하여 그들 부류와는 구분되어 독립하게 된 대웅(大雄)이었을지도 모른다.(육사외도와 같은 사문들의 의상은 어떠했을까.)

자이나교의 성직자는 무소유를 철저히 지키기 위해서 모든 옷을 벗어버리고 나체가 되었지만(자이나교의 나체 수행자들은 현재까지도 존재한다고 들었으나 직접 보지는 못하였다.), 그런 경우 역시 인도에서는 옷이 하나의 기호임을 나타낸다. 무소유라고 해서 옷까지 입지 않는 것은 너무나 극단적인 계율 해석이 아닐까? 자이나교의 역사 속에서도 그렇게 생각하는 무리들이 출현하는데, 그들은 하얀 옷쯤은 입어도 되는 것 아닌가 하는 주장을 제기하였다. 교단 분열의 계기가 되는 것은 언제나 계율 문제가 아니던가. 자이나교에서도 이 문제로 인하여 교단이 양분된다. 옷을 벗자는 주장을 한 사람들은 공의파(空衣派, Dighambara)가 되고, 흰 옷 정도는 입자고 주장한 사람들은 백의파(白衣派, Svetambara)가 된다. 오늘 우리의 스님들 의복을 생각하면 일상 생활에 있어서나 종교 생활에 있어서나 '저 분은 스님이다' 라는 사실이 의복에서 그대로 드러나게 되어 있는데, 이 같은 전통 역시 옷에서 스스로 출가 수행자임을 표방하는 인도의 전통과 궤를 같이하는 것이다.

인도를 여행하면서 놀랍고 부럽게 생각된 것은 그들의 전통 의상을 많은 사람들이 여전히 입고 있다는 사실이다. 우리의 경우 이미 '양복'이 '서양옷'의 외래성(外來性)을 탈각시킨 지 오래지만, 인도의 경우는 전혀 그렇지 않다. 여전히 '양복'은 '서양옷'이다. 우리가 이따르시에서 만난 은행원 아저씨는 하의는 양복 바지, 상의는 남방 셔츠를 입고 있었는데 그의 직업이 은행원이었기에 가능한 일이었다. 상류층이라고 해서 모두 양복을 입는 것은 아니다. TV에 나오는 인도 수상, '바지파이'의 옷 차림새를 보라. 미국 대통령이 불러도 가지 않는다는 고집과 배짱을 그의 옷차림에서도 읽을 수 있다.

여자들의 옷차림은 거의가 사리다. 사리를 입지 않고 있는 여자는 델리의 윔피나 맥도널드 같은 서양식 패스트푸드점에서 만날 수 있는

10대 후반에서 20대 초반의 학생들 정도일까. 사리를 입지 않고 있는 인도의 여자애들은 내 눈에는 '노는 아이들'로 보인다. 양장을 입는 여자애들에게서 우리는 인도의 개방화 서구화를 볼 수도 있지만, 그것이 터무니없이 낮은 비율이라는 데서 그 개방화의 속도를 볼 수도 있다. 서양옷이 맥을 못추고 전통적 민족 의상을 그들이 아직은 고수하고 있다는 점이야말로 그들이 21세기에 세계대국을 꿈꿀 수 있는 밑바탕이 된다. 세계가 모두 '양복'으로 '세계화' 된다고 하더라도 마지막까지 거기에 저항하면서 '옷의 세계화'를 거부할 인도를 보면서 우리는 너무 쉽게 주저앉은 것은 아닐까 하는 생각을 지울 수 없었다.(언제 중국을 가게 되면 그들은 어느 정도 전통 의상을 고집하고 있는지 눈여겨 볼 일이다.)

이렇게 인도가 그들의 옷을 지켜낸 배경에는 간디의 절대적 공헌이 있다. 누군가 말했듯이 정치에서 상징을 본격적으로 활용했던 인물이 간디다. 그는 변호사로서 입던 양복을 벗어던지고 농촌에 사는 사람들이 입는 옷을 입었다. 상체는 아예 벗은 상태다. 그런 폼으로 영국제국주의의 황실을 방문했을 때, 인도가 그렇게 간단하게 영국 속으로 용해될 수 없음을 나타내는 상징이 되고도 남았을 것이다. 이미 영국의 방적공장이 들어서고 있을 때, 그는 손수 물레를 찾아내서 자기 옷은 자기가 물레를 자아서 만들어 입자는 운동을 펼치고, 대성공을 거두게 된다.

마지막으로 똑같은 옷이지만, 계급에 따라서 당연히 다름을 지적해야 하겠다.(이때 '계급'에는 경제력까지 그 한 요소로서 포함된다.) 같은 사리지만 상층 계급의 여자가 입는 사리와 하층 계급의 여자가 입는 사리는 다르다. 한 눈에 표가 난다. 하층 계급의 여자가 입는 사리는 낡았다. 아마 처음부터도 헐값의 천이었겠으나, 여러 벌의 사리가 있는 형편이 아니므로 금새 닳았을 것이다. '후마윤의 묘'에서 만난 여학생들이 입은 사리는 얼마나 화려했던가!

2. 음식

수많은 음식들이 있지만, 인도의 음식은 크게 둘로 분류된다. 채식(veg.)과 육식(non-veg.)이 그것이다. 기차를 타면 식사를 주문 받으러 오는 사람이 있는데, 그들이 우리에게 묻는 질문 또한 "베지냐 논베지냐?"이다.

우리는 채식을 극히 예외적인 현상이라 여긴다. 그러니까 채식주의라는 말이 성립하게 된다. 그러나 인도에서 채식은 '주의'가 아니라 '생활'이다. 그렇게 채식을 생활로 받아들이는 사람들이 너무 많은 것이다. 모든 음식을 반으로 나눌 만큼 말이다.

『간디 자서전』에 의하면, 채식 즉 불식육(不食肉)에는 세 단계가 있다. 첫째는 고기만 먹지 않는 단계이며, 둘째는 계란까지 먹지 않는 단계이고, 셋째는 우유까지 먹지 않는 단계이다. 부처님에게 반기를 들었던 데바닷타는 우유까지 먹지 말자고 부처님에게 제안하였다. 그러나 부처님께서는 그렇게까지 하는 것은 지나치게 극단적이라고 판단하여 거부하였다. 실제로 이 같은 데바닷타의 주장을 따르는 교도들이 후대에까지 상당히 있었던 것으로 학자들은 말한다. 흔히 불교를 굉장한 금욕주의(고행주의)라고 생각하지만 상대적으로 온건한 것으로 평가할 수 있다.

그 같은 점을 우리는 불식육의 계율에서도 찾아볼 수 있다. 원시불교 교단에서 말하는 불식육계는 삼정육(三淨肉)이니 오정육(五淨肉)이니 하는 예외조항을 설정해서 '고기를 먹어도 되는 경우'를 열어놓고 있는 것이다. 『간디 자서전』에 의하면, 간디와 그의 가족들은 병이 들어서 생명이 위기에 처한 순간까지 극단적으로 고기는 물론, 계란과 우유까지 거부하고 있음을 알게 된다.

불교의 경우에도 대승불교가 되면 이 불식육계는 더욱 강화된다. 삼정육이니 오정육이니 하는 예외조항을 모두 닫는다. 흔히 생각하면, 대승은 내면 중시의 계율을 주장하고 소승은 형식 중시의 계율을 말하는 것이므로 '불식육계에 있어서도 대승이 되면 더 완화되어야 할 것 아닌가' 하고 생각할 수 있다. 그런데 더욱 강화된다. 그 까닭을 우리는 어디에서 찾을 수 있을까? 그 이유는 너무나 명확하다. 대승의 정신은 뭇생명을 존중하고 사랑하는 정신에 있어서 더욱 강화되는 불교였기 때문이다. 이제 불식육계는 뭇생명들은 불성을 가진 존재라고 하는 철학적 기반까지 얻게 된다. 과자의 원료 중에 계란이나 우유가 들어 있다고 해서 그 과자를 먹지 않고 건준에게 준 건준의 주인집 아주머니는 『능가경』이나 『열반경』의 불식육계를 훨씬 더 철저하고 극단적으로 지키고 있음을 알 수 있는 것이다.

또 하나 채식과 관련해서 생각해 보아야 할 것이 있다. 채식의 정신을 정치, 경제, 사회, 문화 등 인간의 모든 영역으로 확대 적용시킨 것이 간디의 아힘사이다. 아힘사는 단순히 정치적인 사상이 아니며, 간디가 여러 가지 텍스트들을 읽으면서 찾아낸 것도 아니다. 채식의 정신을 깊이해 가면서, 그것을 확대해 가는 과정에서 그의 아힘사사상이 형성된 것임을 나는 『간디 자서전』을 통해서 읽을 수 있었다. 오늘날 활발하게 논의되고 있는 환경윤리, 페미니즘 등을 생각할 때 다시금 새롭게 연구되어야 할 것이 채식이며, 그로부터 기원(起源)한 것이 간디의 아힘사임을 느낀다. 미련하게도(?) 우유까지 거부하는 인도 사람들이 이 시대, 생명 경시의 이 시대를 향해서 보내오고 있는 메시지일 것이다. 이 메시지의 수용 여부는 실제로 우리가 식육을 하느냐 않느냐 하는 문제와는 무관하다.

이제 논베지들의 식육 문제로 넘어가 보자. 논베지들에게 먹히는 고기는 어떤 고기인가? 힌두교에서는 소를 먹지 않는다. 소를 숭배하기까지 한다. 반대로 이슬람교에서는 돼지를 먹지 않는다. 그러니 힌두교와 이슬람교의 뿌리깊은 갈등은 이 같은 문제 역시 한 요인으로 작용하고 있는 것이다. 힌두교 논베지들은 이슬람교도들이 먹지 않는 돼지고기를 먹고, 이슬람교도들은 힌두교가 숭배하는 소를 먹는데 어떻게 서로간에 평화가 있을 수 있겠는가? 누구인지 정확하게 기억나지 않으나, 무굴제국의 한 황제는 그 대안으로 닭을 많이 먹자고 제안했단다. 그러한 시도는 어느 정도 성공을 거둔 것으로 보인다. 우리가 기차에서 사 먹은 논베지에는 모두 닭고기 요리가 들어 있었는데 거기에는 이 같은 역사적 배경이 있는 것이다.

날씨가 더워서인지 실제 여행중에 고기 생각이 별로 나지 않는다. 우리가 머물던 티베트 난민촌의 왕덴 하우스 식당에서 쇠고기가 들어간 요리를 사 먹어 보았는데, 별로 맛이 없었다. 건준은 더운 날씨에 쇠고기를 먹으면 피부병이 생긴다고 말한다. 그것이 옳다면, 불식육의 한 이유가 되었음직도 하다.

3. TV

우리의 일상 생활에 깊숙이 자리하여 떼어놓을 수 없는 것이 TV다. 아무리 가난하더라도 TV없이 사는 집을 이제는 찾아보기 어려울 정도로 TV는 보편화되어 있다. 그런데 인도는 그렇지 않다. 그 이유는 TV가 비싸기 때문이다. 가전 제품의 경우에는 우리 만큼의 가격을 주어야 한다니, 우리와 인도의 물가 차이를 생각하면 엄청난 고가(高價)임을 짐작할 수 있다. 그런 까닭에 그럴 듯한 집을 갖고 있는 정도의 수준이 아니라면 TV가 없다고 보아서 크게 틀리지 않을 것이다. 올드 델리의 수많은 서민의 집, 움막, 천막 등에 사는 사람들이 TV를 볼 수 없음은 너무나 당연한 것이다. 호텔에서도 TV가 있는 방과 없는 방의 가격 차이는 엄청나다. TV가 있으면 '디럭스 룸(Deluxe Room)'이라는 것이다.

그런데 내가 여기서 TV를 이야기하는 이유는 인도 TV의 방영 내용 때문이다. 힌디어를 모르니까 그 내용을 정확하게 파악할 수는 없지만, '인도 TV에 인도의 현실은 없다'는 강한 인상을 받기에 충분하였다. 뉴스를 제외하고 드라마의 경우 우선 출연자는 모두가 미남미녀다. 인물과는 상관없이 개성적인 연기만으로 탤런트를 할 수 있는 형편은 아닌 것같이 보인다. 특히 여자의 경우에는 미스 인도, 미스 월드 등에 버금갈 정도로 예쁜 여자들만 등장한다. 드라마의 경우, 그 내용은 잘 생긴 남자와 잘 생긴 여자 사이의 사랑놀이다. 잘 생긴 여자가 '나 잡아 봐라' 하고 뛰어가면, 남자는 뛰어가서 잡다가 둘이 같이 넘어지고 뭐 그런 식이다. 여러 사람들이 나와서 함께 춤추고 노래한다. 우리의 TV 역시 그 같은 측면이 전혀 없는 것은 아니지만, 천편일률 그런 것은 아니다. IMF 실직자들의 노숙현장, 체험 삶의 현장, 추적 60분, 시사 매거진 2580, 전원일기 등 크든 적든 현실을 끌어와서 다루고 있는 프로그램 역시 적잖이 존재한다. 인도의 TV에서 그 같은 현실에 대한 고민을 보는 것은 쉬운 일이 아니다.

우리는 한 번도 못 보았지만, 인도 영화 역시 그렇다고 한다. 현실을 반영하거나 고민하지 않고 현실을 떠난 환상만을 심어준다는 뜻에서 인도 영화를 '맛살라 무비(masala movie, 맛살라는 향신료)'라고 말하는데, 그 같은 영화적 특성은 그대로 TV에서도 확인된다. TV 드라마 역시 맛살라 드라마라고 볼 수 있는 것이다.

그렇다면 왜 이렇게 인도의 영화나 TV는 현실을 외면하고 있는가? 누군가 말한 것처럼, 현실이 너무나 고통스럽기에 영화나 TV드라마를 보면서까지 고통스런 현실을 직시하고 싶지 않기 때문인지도 모르겠다. 물론 그럴 수 있겠다. 그러나 문제는 어떻게 현실을 개선시켜갈 수 있느냐 하는 점이리라. 현실을 직시하고 분석, 고민하는 것이 옳은 길이냐 아니면 현실을 망각하고 외면하며 위안하는 것이 옳은 길이냐 하는 것이다. 나는 전자가 옳다고 본다. 인도 TV의 드라마를 보면서 구역질이 나고 화가 났던 것도 그 같은 이유에서이다.

또 하나의 이유는 TV 소유자가 상층 계급에 국한되어 있다는 점에서도 찾을 수 있을 것 같다. 프로그램을 제작하는 입장에서는 시청자들을 의식하지 않을 수 없을 것이고, TV를 소유하고 있는 상층 계급의 시청자들이 하층 계급의 삶을 들여다 보려 할 것인가는 의문이다.

TV를 흔히 바보상자라고 비판한다. 그러나 한편으로 TV의 대중화는 민중의 의식을 각성시키는 사회교육(평생교육)을 가능하게 했을 뿐만 아니라 정보를 공유함으로써 사회 변화에 적지 않은 역할을 하고 있는 것도 사실이다.(인도 TV에서도 여러 개의 유선방송이 나오고 있는데, 홍콩의 스타 스포츠 등 외국의 채널도 있다. 이들은 상층 계급의 사람들에게 영향을 끼치리라 본다.) 그런 점에서 인도에서 TV 소유가 보편화되지 못하고 있다는 점이야말로 우려할 만한 일이라고 생각된다. 기차역같이 집없는 사람들이 모여드는 장소만이라도 우선적으로

TV를 설치하는 일이 시급하다. 무엇인가 변화를 위한 첫걸음이 될 수 있으리라. 문제는 기차역에 그 비싼 TV를 무슨 돈으로 어떻게 사다 놓느냐 하는 것이다. TV를 볼 수 없는 사람들은 오늘도 밤이면 영화관으로 달려간다. 그리고 거기서 그들은 현실을 잊게 만드는 환상의 맛살라에 취하게 된다.

    (4차 여행에서 우리는 TV가 설치된 기차역 플랫폼을 훨씬 더 많이 만날 수 있었다.)

이런 일 저런 일(如是我聞)

― 올드 델리의 한 시장에서는 길에 체중계 하나만 놓아두고 몸무게를 달아주고 1루피를 받는 아이들이 있었다.

― 은행이나 기차역에서 돈을 묶지 않고 호치키스로 찍어, 맨 윗장에 액수를 써두는 것을 보았다. 그래서 구멍난 돈을 보는 것은 어렵지 않다. 다만 중간부분 접는 곳이 찢어진 돈은 받지 않는다.

― 팁을 주면 그저 고개를 좌우로 갸웃거리는, 표정없는 릭샤 왈라를 보는 것은 전혀 어렵지 않다. 알고 보니 그것이 고맙다는 인사다.

― 백미러가 아예 없거나 하나만 있는 자동차도 있다. 그리고 운전사는 방향 지시등을 거의 쓰지 않고, 다만 손을 창 밖으로 내어서 신호하는 모습을 뿌네에서도 델리에서도 보았다. 그런데도 사고 장면은 한 번도 목격하지 못했다. '수신호에 대해서 양보해 주는 미덕' 때문이 아닐까.

― 델리의 코넛 플레이스에서 단속 나온 공무원을 피하여 이리저리

도망치는 노점상들을 보았다. 차를 가지고 와서는 의자 등의 집기를 다 실어가고, 무자비하게 부수고, 사람을 때리는 공무원들을 보았다. 어디서나 같은 일이 벌어지고 있다.

― 코넛 플레이스의 깨끗한 아스팔트 위에 종이컵을 낼름 버리는, 고급 사리를 입은 여대생 무리를 만났다. "쓰레기를 버리지 마라. 여기는 너희 나라 아니냐." 내 힐책에 "미안하다"고 하면서도 결코 쓰레기를 다시 줍지는 않았다. 그 쓰레기를 치우는 카스트가 따로 있어서인지, 아니면 미안하다는 소리가 건성이었는지 알 수 없다.

― 1991년인가, 프랑스의 한 청년이 인도로 와서 마리화나 같은 마약을 길에서 하다가 경찰에 붙잡혔다. 인도 경찰은 7년 동안이나 그를 유치장 속에 넣어둔 채, 아무런 재판 절차도 밟지 않아서 그 청년은 정신이 돌아버렸다. 그 때서야 인도 경찰은 프랑스 대사관에 이 청년을 인계하여, 프랑스와 인도 사이에 외교 문제가 된 일이 있었다는 이야기를 정채성 선생으로부터 들었다. 인도를 여행하는 학생들, 행여라도 호기심으로 환각제에 손을 대서는 안 된다. 호기심에도 한계가 있는 법, 그것은 결코 '무용담'일 수 없다. 주의할 일이다.

― 내가 델리대학교에서 세미나를 하고 있을 동안 열한 살 짜리 우리 아들은 바로 옆 강의실에서 키스를 하고 있는 인도의 대학생 커플을 보고, 얼굴이 붉어진 일이 있다고 한다.

― 인도 경찰이 잘못된 정보에 의하여 마피아 두목을 잡는다고 엉뚱한 차에 집중 사격을 하여 몇 사람이 죽은 사건이 있었다. 마침 구사일생 살아남은 청년의 아버지가 힘있는 지위에 있는 사람이어서 관련 경찰을 징계토록 했는데, 이 일로 경찰들이 데모를 했다고 한다. 그래서 인도 경찰은 아무도 못 건드린다고 한다. 인도에서는 경찰서에 가는

일이 없어야 편안하다.

— 아잔타 동굴을 지키면서 청소하는 할아버지는 학교에 다니는 아들 이야기를 하면서 볼펜을 주지 않을 수 없게 하였다. 대견한 생각이 들어서 볼펜을 주었다. 나중에 그것이 볼펜을 얻는 전형적인 수법이라는 이야기를 들었지만, 나는 그 할아버지의 진실을 믿고 싶다.

— 기차 역에서 리어카 한 대 놓고 음식을 만들어 파는 경우에도 그 '관계자'가 여러 사람이다. 인구가 많아서이리라.

— 기차역 대합실에 의자가 별로 없다. 바라나시 역의 그 넓은 대합실에도 의자는 하나 없었다. 의자가 없어서 사람들이 그냥 바닥에 눕게 되었는지, 사람들이 그냥 바닥에 누워 자니까 의자를 놓지 않았는지 알 수 없다.

— 아우랑가바드의 한 고층 아파트 바로 옆에 움막촌이 있다. 우리 나라 같으면 고층 아파트의 주민들이 움막촌의 설치를 결코 용납하지 않았을 것이다. 없는 사람들에 대해서 인도의 있는 사람들이 우리보다 훨씬 관대하다고 해석할 수도 있다. 그러나 다른 한편으로는 이 같은 관용성이 원천적인 불평등을 유지시켜 주는 하나의 요인으로 작용하는 것은 아닌가 싶기도 하다.

— 성지를 찾아서 순례하는 사람들을 만나는 것은 어렵지 않다. 황색의 상의를 입고 작은 지팡이 하나 들고, 손잡이 있는 도시락(2~3단으로 된 스텐 도시락)을 들고 그들은 힌두교의 성지를 순례한다.

— 성지 순례는 지역의 광활함, 언어의 차이 등으로부터 올 수 있는 사회 분화를 막고 다시금 통합할 수 있는 역할을 한다. 그렇게 말하는 학자가 있다. 그럴 것 같다.

— 아무리 거지 아이들이라 하더라도 여자라면 장식은 다 하나 둘

하고 있다. 그만큼 장식을 좋아한다. 부처님께서도 『선생경』에서 아내에 대한 남편의 의무 중 하나로서 '보석을 사 주라'고 말씀하셨다. 보살상에 보배 영락이 치렁치렁 늘여져 있는 것 역시 액세서리를 좋아하는 인도 문화를 그 배경으로 갖고 있다. 달마 대사가 처음 중국에 왔을 때, 그의 왼쪽 귀에는 귀고리가 달려 있었다. 그런 '달마도(達摩圖)'를 본 적이 있다.

― 부처님의 발자취와 관련한 불교 성지는 웃따르프라데쉬 주와 비하르 주에 집중되어 있다. 그런데 인도에서 제일 가난한 주가 이 두 주라고 한다. 특히 비하르 주는 가난한데, 주 정부가 오랫동안 장기집권하고 있으며, 부정부패가 많기로도 유명하단다. 농촌에서의 지주 계급과 농민 계급간의 무력 충돌이 가장 치열하게 행해지고 있는 것도 비하르이다. 지주들은 사병(私兵)을 거느리고 있으며, 농민들은 비합법적인 공산당 조직으로서 서로 죽이고 죽이는 보복 테러를 일삼고 있다는 것이다.

이에 대해서는 정채성 선생으로부터 들은 이야기인데, 실제로 그는 이에 대한 논문을 발표한 바 있다. '경찰과 군인은 무엇을 하고 있는가?' 하는 질문에 지주 계층은 지방 정부나 중앙 정부의 정치적 거물과 연계되어 있어서, 군인과 경찰로서도 어쩔 수 없다는 것이다. 인도에서도 가장 여행하기 무서운 곳이 비하르 주이다. 옛날에는 관광객들은 잘 안 노렸으나, 요즘에는 그것도 아니라서 얼마 전에도 일본 관광객 한 사람이 죽었다 한다. 부처님의 활동 무대가 되었던 땅, 가장 은혜로워야 할 땅이 가장 그렇지 못한 땅이 되어 버린 현실이 답답하다.

― 비하르 주에서는 홍수가 났다 하면 100명, 150명이 죽는 것은 예사다. 우리가 인도로 가기 직전에도 외신을 통해서 '100명 죽었다, 150

명 죽었다'는 소식을 들었던 적이 있었다. 우리가 인도에 있을 때에도 비하르 주에는 비가 많이 와서 계속 사람들이 죽었다는 뉴스가 신문에 보도되었다. 왜 그렇게 많이 죽는가? 기차를 타고 가다 보니까 들판에 여기저기 움막촌과 천막촌이 모여 있었다. 비가 많이 내리면 그들이 제일 먼저 피해자가 될 것임은 불을 보듯 뻔한 일이었다. 모든 위험으로부터 그대로 노출되어 있는 것이다.

— 델리대학교 교실에 놓여 있는 책걸상은 60년대 우리 나라 국민학교(초등학교) 수준이다. 교수 연구실 역시 지금 내 연구실의 1/3정도 된다. 거기서 수업을 하고 연구도 한다. 그런데 문제는 연구실의 넓이나 책걸상의 노후만으로 그 학문적 수준을 평가할 수 없다는 점이다. 우리 학생들이 자주 들고나오는 '공간 문제', 정녕 문제는 공간이 아니라 공부다.

— 델리대학교 대학원 불교학과에도 공무원이 되려고 학교를 다니는 인도 학생들이 부지기수라고 한다. 공무원이 되기만 하면 보장된 미래가 기다리고 있기 때문이다. 그런 학생들과 순수하게 불교학을 연구하는 우리 유학생들 사이에는 전혀 대화가 통하지 않는다고 한다.

— 기차 화장실은 '서양식'과 '인도식'이 있는데, 나중에 보면 더욱 더러워진 것은 서양식이었다.

— 인도에 처음 가서 릭샤 왈라에게 '고맙다'고 인사를 하자, 하지 않아도 된다는 말을 들었다. 그리고 요금은 그저 한 손(오른손)으로만 주라고 했다. 한국인이 인도에서 사는 것은 적어도 중산층 이상 혹은 상층 계급으로 사는 일이 된다. 한국적 가치관으로 보면 '고맙다'고 인사를 해야 하지만, 낮추어 보이지 않으려고 우리는 점차 돈을 한 손으로 주고 인사는 하지 않게 되었음을 고백한다.

― 델리 시내에서는 아직도 거의 대부분의 간판이 데바나가리 문자로 쓰여져 있다. 뿌네에 가니까 영어 간판이 훨씬 많이 눈에 띈다. 뿌네가 델리보다는 서양화되어 있는 셈이다.

― 도시에서는 한여름에도 마스크를 쓰고 오토바이를 타고 가는 인도인을 쉽게 볼 수 있다. 인도인에게도 도시의 공해는 심각한 수준이다. 목이 따갑다. 그 이유의 큰 부분을 차지하는 것이 오토 릭샤가 내뿜는 매연이다. 반드시 마스크를 휴대하고, 목캔디도 가지고 가야 한다. 죽염으로 헹구는 것도 괜찮다.

― 티베트 사람들은 너무나 너무나 한국사람 같다. 놀라운 일이다. 우리가 머문 티벳탄 캠프의 골목길을 오가면서 만나는 그들은 꼭 고향 마을 사람들 얼굴이다.

― 티벳탄 캠프에서는 이른 아침부터 밤 늦게까지 골목 여기저기서 '손당구'(정확한 이름은 알 수 없다) 놀이를 하는 티베트인들이 삼삼오오 모여 있다. 주로 남자들이고, 그 놀이패 중에서 티베트 스님들을 보는 것은 전혀 어렵지 않다. 물론 돈을 걸고 하는 도박은 아닌 것 같으나, 그래도 보기에 좋지 않다. 나라를 빼앗긴 사람들이 너무 하는 것 아닌가 하는 생각도 든다.

― 티벳탄 캠프의 골목길에 앉아서 티베트 경전을 넘기면서 읽고 있는 티베트 스님도 보았다. 가게를 보는 할머니가 왼손에 염주, 오른손에 윤장대(輪藏臺, 정확한 티베트 이름은 안 물었다.)를 돌리면서 염불하는 모습도 여러 번 보았다.

― 델리의 코넛 플레이스에 있는 기념품 가게에서 한국에서 온 부부를 만났다. 남편이 근무하는 어느 출판 단체에서 출장나온 길이라고 하는데, 그들은 공금으로 하루 요금이 130달러나 하는 '임페리얼 호

텔'(이 호텔은 비행기에서 쓴 입국 카드에 우리도 머물 것이라, 거짓말 했던 그 호텔이다)에 1주일째 머물고 있다고 했다. 우리가 머물고 있는 방보다 17~8배 비싼 곳이며, 그 돈(단 하룻밤의 방값)이면 유학생들의 한달 생활비의 25%에 해당한다. 엄청난 격차가 아닐 수 없다. 그래서인지 아내는 그 아주머니하고 별로 대화를 하지 않는다.

— 언제나 '오픈 토일렛(인도식 화장실)'에 실례를 해도 되는 것은 아니었다. 뿌네의 내셔널 호텔에서 이미 체크 아웃을 한 뒤인데 아들이 소변을 보고 싶단다. 이국적인 야자수 등 여러 종류의 수목이 울창한 정원이 자랑인 호텔이었는데, 나는 그 정원에 '거름'을 주려고 했다. 그 때 주인 아주머니가 보고서는 방금 나온 방에 다시 들어가서 볼 일을 보게 하라고 말했다. 미안하고 부끄러웠다.

— 산도 드문 넓은 땅 인도는 화장(火葬) 문화로 인해 더욱 드넓고, 좁은 땅 우리 국토는 매장(埋葬) 문화로 인해 나날이 더 좁아지는 느낌이다.

— 인도 남자들은 콧수염을 깎지 않는데, 그 이유는 수염을 깎는 것은 부모가 없다는 표시기 때문이라고 한다. 이를 생각하면 출가한 스님들의 '삭발' 속에는 콧수염 깎기까지 포함됨을 알 수 있다. 그러니 힌두교 입장에서는 삭발하고 출가하는 것이 '불효'라고 비난하지 않았겠는가.

— 유학생들의 한 달 생활비는 부부가 살 경우에는 약 400달러 내지 500달러가 소요된다. 혼자일 경우에는 약 250달러 내지 300달러 정도. 학교에 내는 돈은 일년에 한 500달러 정도 드는 모양이다. 우리 나라에서 대학원을 다닐 경우와 비교하면 정말 아무것도 아니다. 그래서 한국에서 돈 없어서 공부하기 어려운 학생들은 인도로 유학 오면 되겠

다고 했더니, 그것은 아니란다.

"한국에서는 돈이 없으면 아르바이트라도 할 수 있지만 여기서는 전혀 그렇지 못합니다. 집에서 학비를 보내줄 수 있는 경우가 아니라면 오히려 더욱 힘듭니다."

그 말이 옳았다. 외부로부터의 보급이 없다면, 어떻게 할 수 없는 나라가 인도다.

— 아그라의 호스트 호텔 식당에서는 맨발의 종업원이 주문을 받아 적는데, 데바나가리(산스크리트어 문자)로 음사(音寫)해서 받아 적는 것을 보았다. 맨발이라도 그들이 글을 배운다 함은 데바나가리를 배우는 것이었다. 힌디어, 마라티어 등 약 4~5개의 언어가 문자로서는 산스크리트어 문자인 데바나가리를 채택하고 있었다. 다만 문법 체계가 달라지는 것이다.

— 한 학기 동안 수업을 다 듣고 나서 "교수님 말을 도저히 알아들을 수 없다. 힌디어를 정말 공부해야겠다."고 말한 영국에서 유학 온 여학생이 있었다. 지금까지 그녀가 들은 것은 힌디어가 아니라 영어였는데도 말이다. 인도 사람들의 발음이 그렇다. 우리에게 '콩글리쉬'가 있는 것처럼 인도에도 '인글리쉬(Inglish)'가 있다. 영국식 발음에 다시 인도식 발음이 겹친다.

— 경전에서는 맛의 깊이를 오미, 즉 유미(乳味) → 낙미(酪味) → 생소미(生蘇味) → 숙소미(熟蘇味) → 제호미(醍醐味)에 의지하여 말하였다. 다시 이 오미에 가르침의 깊이를 비유하였다. 그런데 오늘날 어떤 유제품이 이들 오미의 어느 것에 해당하는지는 알 수 없지만 우유가 원료인 음식이 굉장히 발달해 있음은 사실이다. 우유, 다히, 랏씨, 빠니르 등.

― 소에는 세 종류가 있다. Cow, Ox, Buffalo. 이 중 숭배받는 소는 Cow이고, 식용되는 소는 Buffalo이다.

― 바라나시의 투어리스트 방갈로에서는 주인은 침대에 앉아서 일을 시키고, 하인은 그 지시에 따라서 일을 하였다. 그런데 그 하인에게 당연히(?) 침대는 주어지지 않는다. 맨 바닥에 무엇인가 깔고 자는 모양이다. 주인들은 운동 부족인가 모두 뚱뚱하다.(그 원인으로 유제품의 일종인 '기' 때문이라는 설이 있긴 하다.)

두번째 여행
불교 성지 순례
(2000. 1. 16. ~ 2. 14.)

영화에서 6·25때의 피난 열차를 본 기억이 있다. 지붕 위에까지 가득 사람들이 올라있는 기차 말이다. 그런 열차를 여기 인도에 와서 본다. 우리가 타고 갈 기차다. 사람들이 지붕 위에까지 올라타는 형편이니, 기차 속은 어떻겠는가.

놀라운 일은 인도 사람들의 '고통 분담'이다. 우리는 입으로만 고통 분담을 외칠 뿐 정작 고통 분담은 잘 하지 않는데, 인도 사람들은 그렇지 않다. 그 좁은 자리를 나누고 또 나누어 앉는다. 우리에게도 자리를 권한다. 틈새에 잠깐 앉아 있다가, 내리는 사람 덕에 온전히 자리를 잡게 되었다. 진정한 나누기(보시 바라밀)는 즐거움과 쾌락을 나누는 데 있는 게 아니라 고통과 불편을 함께 나누는 데 있음을 배운다.

— 1월 26일 일기 중에서

방콕을 거쳐서 델리로

1월 16일

두번째 인도 여행을 떠나는 날이다. 이번에는 ANA(全日本航空)로 서울 → 오사카 → 방콕(하룻밤 자고) → 델리로 가서, 뭄바이 → 오사카 → 서울로 돌아오기로 했다. 지난번에는 아시아나를 타고 서울에서 델리로 직행했는데, 그보다 요금이 훨씬 더 싸다는 이유 외에도, 비행기를 갈아타는 공부도 하고 싶었기 때문이다.

방콕에서는 배낭족 집결지인 '카오산 로드(Khaosan Road)'를 가기로 했다. 공항 앞 시내버스 정류장으로 들어서는데 저만치 버스가 들어오고 오사카에서부터 같은 비행기를 타고 온 한국인 여학생들이 승차한다. 급한 마음에 아들 손을 잡고 뛰다가 아들이 넘어지고 말았다. 왼쪽 무릎을 하수구 덮개에 찧은 것이다. 이내 일어나 절뚝절뚝 걷는 아들을 보면서 '접질렀으면 어쩌나?' 하는 생각이 스친다. 아들을 등에 들쳐업고 출발하고 있는 버스에 겨우 올라타니 태국 청년 두 사람이 동시에 일어나 자리를 양보해 준다. 고맙다. 그런데, "이 차, 안 간대요." 하는 소리와 함께 우리의 일행들이 우르르 내리는 것 아닌가. 우리 목적지인 카오산 로드행이 아니란다. 아들 무릎까지 깨 가면서 뛰어탔는데, 다행히 아들은 다리를 접지르지는 않았다. 바지가 찢어져 피가 흐르고 무릎 찰과상이 조금 생겼다.

카오산 로드로 가는 시내버스 59번은 우리를 하염없이 기다리게 했다. 기다리는 40여분 동안, 아내는 일행의 요금을 우리가 부담하여 택시를 타자고 했다. 다 같은 처지일 수밖에 없는 다른 배낭 여행객들이 사양한다. 겨우 잡아탄 시내버스에서 무뚝뚝한 인상의 차장이 1인당

18바트의 요금(우리는 잔돈 부족으로 어느 아가씨로부터 10바트를 빌렸다. 그녀가 '10바트 아가씨'라는 별명으로 우리 가슴에 기억되는 까닭이다.)을 받고 있을 때, 아내는 이 승객 저 승객에게 "이 차가 카오산로드로 가느냐."고 물어댔다. 덕분에 차장으로부터는 자신을 불신한 혐의로 극심한 눈총을 받게 되었다.

내 옆자리에 앉은 '집(Jiv)'이라는 이름의 여대생에게 '승전 기념탑'을 지나면서 물었다.

"태국이 전쟁 같은 것을 하지 않은 것으로 아는데 어느 나라와 전쟁해서 이긴 기념탑인가?"

출라롱콤(Chulalongkom) 대학에서 생물학을 전공한다는 그녀는 내 질문에 모른다고, 미안해 하면서 앞에 서 있던 자기 남자친구에게 묻는다. 그러나 그 역시 모른다.

서울과 방콕의 기온차는 무려 40도다. 겨울에서 한여름으로 건너뛴 셈이다. 계절이 같은 여름에는 ANA로 방콕을 경유해서 인도로 가는 것도 좋으나 겨울에는 감기 걸리기 십상이겠다. 벌써 나는 콧물을 훌쩍거리기 시작한다.

오늘은 아내의 생일이었다.

1월 17일

에어컨을 켜고 잤는데 착착이는 감기도 안 들고, 아내도 기운을 차리고 일찍 일어나 이것저것 챙기고 있다.

아침을 먹고, 툭툭이(인도의 오토 릭샤보다 넓고 깨끗하다)를 타고 차오 프라야 강의 선착장으로 갔다. 2바트 하는 통근배를 타고, 건너편의 왓 랑칸 사원으로 갔다. 왓(wat)은 절(寺)이다. 인도의 타즈마할에서 보는 듯한 대리석으로 본당을 짓고 보석을 많이 써서 화려하다. 인도의 소박한 불교가 태국에서는 화려함의 극치를 달리고 있는 것 같다. 법당의 부처님 역시 금빛으로 장엄한데, 육계(肉髻)와 나발(螺髮) 모두 갖추고 있으나 그 위에 첨탑 같은 고깔(花冠)이 있어서 하늘을 찌르고 있는 것이 우리 불상과 다르다. 부처님 앞에 부처님의 설법을 듣는 세 명의 제자들이 우리에게 등을 보인 채 앉아 있다.

참배를 마치고 밖으로 나와서 경내를 둘러보았다. 기왓장에 이름을 쓰는 것이 시주의 한 방편인 것은 어디서나 같은 것일까? 특이한 것은 탑이나 담벽에 사진과 이름, 약력 등을 적은 네모의 칸들(14인치 모니터 화면 만할까?)이 연이어져 있다. 그 앞에 꽃을 달아두기도 해서 아마도 납골(納骨)의 형식이 아닌가 싶다. 경내에는 노란색 가사를 입은 비구 스님과 흰색의 가사를 입은 비구니 스님의 모습이 함께 보인다. 공주(共住)하는 것인지, 서로 역할이 분담되어 있는 듯하다. 어젯밤 만난 '집'에게 그녀의 남자친구 역시 (의무적인) 스님 생활을 마쳤는지 물어볼 걸, 그 때 미처 생각이 떠오르지 않았었다.

델리 공항까지 동행한 한국인 여학생 그룹(6명, 그 중 '10바트 아가씨'에게는 인도 돈 10루피로 갚았다.)과는 헤어지고, 공항에 마중나온 건준, 용주와 함께 왕덴 하우스로 왔다.(용주가 다른 유학생으로부터 빌려서 나온 승용차를 타고.) 체크 인 후에 건준네로 가서 건준의 아내 조명림이 맛있게 준비해 둔 저녁밥을 얻어먹었다.

큰 새우(한국에서는 못 본 크기)가 들어간 국물이 시원하고 맛있었다. 과일을 먹는데 잠이 쏟아져 택시를 불러 타고(100루피) 숙소로 돌아왔다.

건준에게 수덕사 주지 법장(法長) 스님이 주신 장학금 100만 원(870

달러)을 전달했다. 870달러면 여기 유학생들의 2개월 생활비다. 여간 고마운 일이 아닐 수 없다. 사람을 아끼고 기르는 일, 그 외에 다시 한국 불교를 중흥시킬 길이 또 있겠는가. 나는 그렇게 확신한다.

비말리 교수 댁에 초대받다

1월 18일

우리가 머무는 왕덴 하우스는 지난 여름에 열흘 동안 머문 곳이다. 무의식중에 '집'으로 표기될 정도로 정들었던 곳이다. 변한 것은 종업원들이 보다 깨끗하고 핸섬해졌다는 점, 그리고 식당의 그 꾀죄죄 때묻은 메뉴판이 뽀얀 새 메뉴판으로 바뀌었다(음식값이 3~5루피씩 인상돼 있다)는 점이다. 그 외에는 그냥 그대로다. 왕덴 옆에 짓는 집은 아직도 공사중이고, 골목길의 풍경도 그냥 그대로다. 심지어 리어카에서 과일 파는 아저씨도 그대로다.

티베트 난민촌(Tibetan Colony) 안에 있는 티베트 절과 학교(Tibet Day School)를 방문했다. 학교 마당에서는 스님 두 분 포함, 십여 명의 티베트인들이 자그마한 트럭에 깃발 등 시위 용품들을 싣고 있다.

"단식투쟁(hungry strike) 3일째다. 뉴델리로 시위하러 간다. FREE TIBET을 위해서다."

티베트 청년의 설명에 내 가슴이 묵직해 왔다.(얼마 전 티베트를 탈출한 링포체의 인도 거주를 허락받기 위해서란다.)

학교는 지난번 왔을 때는 방학이었는데, 오늘은 교실에서 수업중이다. 한 반에 10여 명의 어린이들이 녹색 교복을 입고 앉아서 얘기꽃을 피우고 있다. 그러나 무엇보다 인상적인 것은 그림들이 게시된 학교 현관의 솜씨자랑 코너 위에 씌어진 표어다.

"School is the Temple of Learning(학교는 배움의 사원이다)."

학교마저 사원이라는 그 표어에는 단지 은유의 차원을 넘어선 불교 중심의 티베트적 가치관이 스며 있다.

보경과 함께 뉴델리 역으로 기차표를 예약하러 갔다. 향산장학회(이사장: 尹用淑)에서 주는 장학금 100만 원(861달러)을 전했다. 옥탑방에 사는 보경을 위하여 에어컨을 하나 사 주었으면 좋겠다는 나의 기도를 들어주신 것이다.

보경을 그의 집 앞에서 내려주고, 우리 가족과 건준네 가족은 비말리(Om Nath Vimali) 교수 댁으로 갔다. 우리가 온다는 소식에 교수님이 초청한 것이다. 처음엔 나만 가려고 했는데, 교수 부인이 다시 전화해서 가족 모두를 초대했단다.

물, 차(茶), 저녁 순으로 대접 받았다. 난방 안 되는 집이어서 실내가 상그랗다. 저녁 먹기 전에 실컷 이 얘기 저 얘기 나누다가 저녁을 먹자마자 일어서서 나왔다. 그게 예의란다. 시차 탓인지 졸음이 쏟아져서 그 정성스럽고 맛있게 차려내 온 음식을 많이 먹지 못해서 미안했다. '뿌리(puri)'는 차파티보다 작고 속에 무슨 야채 같은 게 섞인 빈대떡(튀긴 것)이다. 제일 귀한 손님이 오면 뿌리를 내 온단다. 그래서 그 같은 손님을 '뿌리지(Puriji)'라 부른다며 우리더러 '뿌리지'라 한다.(ji는 존칭이다. 간디를 '간디지'라고 칭하는 것처럼.)

공부하는 사람이 만났으니 내가 먼저 질문을 했다.

"산스크리트를 가르치는 데 가장 역점을 두는 것은 무엇인가?"

"명사의 격과 복합어다."

"동사의 활용이 중요하지 않은가?"

"그렇다. 그러나 동사 활용은 너무나 넓고 광범위하므로 기본이라 보기에는 무리가 있다."

"가르치는 방법은 무엇인가?"

"한 단어가 나오면 그 어근은 무엇이고, 접두어의 쓰임, 접미사의 쓰임 등을 두루 체크해서 가르친다."

"내 생각에는 먼저 원리를 이해시키고 나서 외우게 하는 것이 중요하다고 본다."

"지금 대학에서는 그렇게 가르친다. 그러나 아쉬람(범어 서당)에서는 전통적 방법인 암송을 먼저 시킨다. 나는 열 살 때부터 그렇게 외우기 시작했다."

그는 빠니니 문법과 그 주석서들을 모두 외운다고 한다. 건준의 청으로 우리에게 몇 분 동안 외워 보였다. 현재 델리대학교 단과대학의 범어 교수인 그는, 언어학과 석사과정에 다시 학생으로 등록해서 공부도 하고 있다.

"언어학과 학생으로서 공부하는 것이, 교수로서 가르치는 일에 도움이 되는데 대학 당국이 반대할 리가 없지 않은가?"

그래도 되는 게 인도 대학이다. 비말리 교수는 건준에게 과외 수업료를 안 받는다고 한다.(대부분의 교수들이 과외를 하고 있고 그 수업료를 받는다). 이유는 스승들이 돈 안 받고 자신을 가르쳐 주었기 때문이란다. 그렇게 자기도 보은(報恩)을 하는 것이라고. 하여튼 고마운 분이다. 그는 네팔 사람으로 고향을 아끼는 마음이 대단하고, 부인도 산스크리트학과 석사과정(M.A.) 학생으로 공부중이다.

우리에게 『삼국유사』와 한국 선불교의 특징에 대해 물어왔다.

델리의 국립 박물관

1월 19일

델리의 국립 박물관을 갔다. 입장료는 내국인 10루피, 외국인 150루피다. 좋은 점은 어린이는 무료라는 사실인데, 인도는 어디나 그렇다. 그런데 카메라를 들고 들어가는데도 돈을 내라고 한다. 한 대당 300루피씩이나 내라고 해서 사진 찍는 것은 포기하고 말았다.

들어서자마자, 한 신사분이 말을 건넸다.

"어느 학교 계시오?"

"아니, 제가 학교에 있는 걸 어떻게 아십니까?"

놀란 내가 되물었다.

"학교에 있지 않으면 이렇게 못 오지요."

"동국대학교 인도철학과에 있습니다."

"이상보올시다."

"아, 선생님이십니까? 『불교가사전집』도 펴내셨지요?"

이상보 교수(현 국민대 명예교수)는 「회심곡」 등 불교가사를 모두 모아서 펴내고 연구하신 분이다. 내가 여러 해 전 불교가사를 공부할 때 그분의 책을 읽었는데, 여기 델리의 국립 박물관에서 인연이 되었다.

불교 유물은 중앙아시아실에 있는 돈황 출토 유물을 제외하고는 10여점 정도가 될까 싶다.(혹시 우리가 못 본 1층 전시실 중에 불교 유물이 소장되어 있을 가능성은 있다.) 우리가 본 불교 유물에 대해서 간략히 소개하자면,

1. Lokeśvara(世自在) : 팔라(Pala) 왕조, 11세기, 날란다(Nalanda) 출토, 석재.

관세음보살. 손과 발에 모두 법륜(法輪)이 있다. 광배(光背)에 다섯 분의 화불(化佛)이 있다.

2. Crowned Buddha(왕관 쓴 부처님):팔라 왕조, 11세기, 동인도 출토. 왕관을 쓴 채 설법인(說法印)을 하고 있다. 이런 상은 처음 본다.

3. pilaster-Buddha standing(부조 입불상):쿠샨 왕조, 2세기, 간다라 출토. 맨발이며 옷이 두껍다. 사방불(四方佛) 스타일의 석벽인데 두 면에만 부조가 되어 있다. 통의(通衣). 그리스 풍의 얼굴이 확연하다.

4. 마당에 놓여 있는 석불

5. Avalokiteśvara Padmapani:관세음보살, 10~11세기, 벵갈 출토, 석재.

6. 항마촉지인(降魔觸地印)의 불상:팔라 왕조, 11세기, 벵갈 출토, 석재.

이외에 돈황 유물에서는 천수관음(千手觀音)이 둘이나 있었다. 하나는 9세기, 다른 하나는 10세기 회화 작품이다. 서기 6~7세기의 목각으로 '불상과 관음'이 있다. 부처님은 앉고, 관음은 서서 모시고 있는 모습이다.

웜피에 가서 점심을 먹었다. '어린이에게 교육을(Educate to Child)'이라는 어린이 복지단체의 모금함이 있었다. 쇠줄로 튼튼히 묶여져 있고, 팸플릿도 비치되어 있었다. 우리는 지난번 여행에서 거지들에게 한 푼도 보시하지 않은 것을 만회(?)하려고 인도에서는 거금인 500루피짜리 지폐 1장을 넣었다. 그렇게 하자는 우리의 의논을 들은 한국 남학생은 다들 놀랄 거라고 했지만, 남의 반응에 상관없이 우리가 마음먹은 대로 보시하고 나니까 기분이 좋았다.

유학생들 점심 공양은 만수목재 전영수 사장님의 시주 덕분이다. 유학생들 이야기를 듣고서 내가 인도로 오기 전, 유학생들 사기 좀 돋워주라고 금일봉을 주셨다. 부처님께서 보내주신 것을 내가 대신 전한 것뿐이다. 그 덕에 우리 부담도 줄어들었다. 고마운 일이다.

중구난방(衆口難防) 사건

1월 20일

오늘은 왕덴 하우스에서 체크 아웃하고, 비하르를 향하여 떠나는 날이다. 낮에 보경이 집으로 갔다가 건준네로 와서 쉬었다.

저녁을 잘 얻어먹고 올드 델리 역으로 가는데 건준과 만식이 따라나섰다. 무거운 짐은 포터에게 40루피를 주고 운반을 부탁했다. 비싼 만큼 우리는 편했다. 그런데 9시 15분에 출발하는 샤히드 익스프레스(Shaheed Exp.)는 2시간 연착이란다. 그러면 그렇지, 조금 더 있으니 2시간 30분 연착이란다. 차는 오지 않고 피곤과 졸음에 못 겨운 아들이 배낭 위에 엎드려서 자려고 애쓰지만, 자리가 불편한 탓에 이리 뒤척 저리 뒤척 고역이다. 이 무자비한 아버지는 "요즘 아이들은 고생을 모른다. 여행을 통해서라도 고생을 해 봐야 한다"며 또 데리고 왔던 터였다.

승객들이 술렁인다. 기차가 온다는 조짐이다. 기차가 들어오고, 사람들이 이리 뛰고 저리 뛰기 시작했다. 짐 하나를 들고 건준이 앞서 뛰었다. 그 뒤로 배낭 1개를 짊어진 아내가 따르고, 그 뒤로 아들 손을 잡은 나와 만식이 따랐다. 우리가 타야 할 기차는 'S3'다. 마침내 건준이 찾아준 'S3'는 암흑 천지다. 암흑의 터널을 뚫고 우리 자리로 데려다 주고 간다. 기차가 연착돼 그냥 들어가라고 해도 가지 않던 그들이 끝까지 도와주었다. 고맙다.

손전등을 찾아 불을 켜고 잃어버릴까 봐 배낭을 서로서로 묶은 다음, 침대를 펴고 침낭을 꺼내서 우선 아들부터 들어가게 했다. 그러는데 그제야 불이 들어오고, 어디선가 물밀듯이 사람들이 들어왔다. 우리 짐도 만만찮은데, 엄청난 짐을 들고 우리의 자리까지 쳐들어와 말했다.

"여기는 우리 자리다."

"표를 보여달라."

그들의 표를 보니 'S4'이다.

"여기가 S4인가?"

"그렇다. 여긴 우리 자리다."

도무지 모를 힌디어로 계속 자리를 비켜달라 떠들었다. 그 와중에도 플랫폼의 남자들은 창을 두드리면서 창을 열라고 야단이다. 창으로 타려는 것일까?

"알았다. 조금만 기다려 달라. S3가 어디 있는지 알아보고 옮겨가겠다."

아내는 연신 내 호주머니를 조심하라고 소리치고, 돗떼기 시장도 그런 돗떼기 시장이 없다. 내가 한 사람에게 말했다.

"S3가 어디 있는지 안내를 해달라."

그를 혼자 따라가니 객차끼리는 연결되지 않고 플랫폼으로 내려서 저 뒤로 가 보란다. 그런데 아내와 아들을 두고 떨어져서는 안 된다는 생각이 들어서 그가 가리킨 뒷 차(나중에 알고 보니 그 칸은 똑같은 2등칸 S5였다.)로 가지 않고, 다시 자리로 돌아왔다. 처음에는 버티고 보자던 아내도 그들의 뭇 입(衆口)을 당하지 못하겠는지(難防), 묶어두었던 배낭을 풀고 아들을 일으켜 세우더니 일단 짐을 가지고 나가자고 했다. 다시 통로의 인도인에게 물었다.

"S3가 어디인가?"

어떤 사람은 앞을 가리키고, 어떤 사람은 뒤를 가리킨다. 앞 아니면 뒤겠지만, 언제 차가 출발할지 모르는 우리로서는 플랫폼에 내려서 우왕좌왕 차를 놓칠까 봐 두려웠던 것이다. 할 수 없이 플랫폼으로 내려서 앞으로 가 보기로 했다. 거기에 하얀 명단이 붙어 있으나, 객차 번호는 없다. 그 때 카키색의 경찰 남자를 발견하고 'S3'를 물으니 우리의 짐작대로 그 앞차가 맞단다. 그의 손에 긴 몽둥이가 들려 있어도, 그 순간 내게 그것은 '폭력의 무기'가 아니라 '민중의 지팡이'임에 틀림없었다. 얼른 10루피 지폐를 그의 손에 쥐어주니 사양한다.

"당신의 친절이 고마워서다."

웃으면서 받는다.

이런 난리굿을 겪고 겨우 우리 자리를 찾아오니, 아내는 식은 땀을 팥죽같이 흘린다. 나도 열차 밖의 플랫폼에서 손들을 들이밀며 창문을 심하게 두드려댈 때는 위압감을 느꼈지만, 침착하게 대응하려 애썼다. 두번째 여행이어서 좀 나았던 것 같다. 첫번째 여행중 이런 일을 당했더라면 더 당황했을 것이다. 사실 아내는 건준의 뒤를 따르면서 'S3' 칸을 올바로 지적해 냈다. 그러나 우린 '인도인이 다 된 건준'을 더욱 신뢰할 수밖에 없었던 것이다.

우리는 지금 고락푸르(Gorakpur)로 가는 길이다. 거기서 우리는 쿠시나가르를 순례하고, 카필라바스투까지 갔다가 네팔로 들어가서 룸비니를 참배해야 한다. 힌두교에서 순례를 정규 수행 과목의 하나로 선택한 이유가 무엇일까? 그것이 편안한 탄탄대로라면, 어찌 수행일 수 있겠는가. 고행이므로 수행이 아닐까. 그런 의미에서 인도 여행은 그 자체가 고행이고 수행이다. 더욱이 우리는 지금 부처님의 발자취를 찾아가는 길이므로, 그 정도 고행은 감내해야 한다.

쿠시나가르의 태국 절과 한국 절

1월 22일

아침은 땅콩, 견과(堅果), 호박엿, 차 등으로 때웠다. 불평 한 마디 없는 착착이 고맙다. 오히려 제 엄마에게 (숙소 잘못 잡았다고) 심하게 당하는 아빠가 불쌍한지, 잔소리 좀 그만 하라며 나를 도와주었다. "잔소리가 엄마 힘의 원동력이죠?" 하고 이해하면서도 말이다.

호텔 보비나에서 쿠시나가르행 버스정류장(바라나시행 버스정류장은 따로 있다.)까지는 사이클 릭샤로 20루피인데, 팁으로 5루피 더 주었다.

쿠시나가르 유적지는 버스에서 내려서 오른쪽으로 꺾어들어가서 약 1km 정도 가면 된다. 아는 스님의 편지(추천서)를 받아주면서 건준은 태국 불교도 경험할 겸 태국 절에 묵어보라고 했었다. 태국 말로 쓰인 편지가 없다면 태국 절에서는 순례객을 받지 않는단다. 그 전에 있었던 한 불미스러운 사건 이후로 그렇게 되었다고 한다. 더욱이 추천서를 써준 얼굴도 모르는 태국 스님은, 우리를 부탁하는 전화까지 하셨단다.

길 왼쪽으로 열반당과 열반탑이 있다. 열반당에는 황금빛 열반상이 누워 계신다. 오른쪽 옆구리(右脇)를 땅에 대고 누워 계신 부처님 앞에 아들과 나는 삼배를 드렸다. 부처님께서 열반에 드셨는가 안 드셨는가 하는 문제는 그의 가르침이 살아 있느냐 그렇지 못한가에 달려 있으리란 생각을 해본다. 그의 삶이 그의 몸에 있는 것이 아니고, 그의 생명이 그의 호흡에 있는 것이 아니라면 말이다. 법신(法身)의 생명, 그것을 살리느냐, 죽이느냐 하는 문제는 부처님의 소관사는 아닌 것이다. 우리가, 부처님의 제자들이 어떻게 살고 그의 법을 어떻게 전하느냐에 달린 문제이리라.

열반당 가기 약 3백미터 전, 오른쪽에 작은 집이 하나 있다. 이 곳은 부처님께서 마지막으로 설법을 하신 장소다. 열반당에서 약 1km 더 가면 다비터가 나온다. 거기에 '람바나 스투파'라는 탑이 있다. 부처님의 다비터는 몽고 스님 한 분이 지키고 있었다. 다비는 육신을 불에 태우는 것이다. 태우든지 그렇게 하지 않든지, 결국 우리의 죽음 뒤에 남는 것은 없어질 그 무엇이다. 그것이 어떻게 처리되든 그게 무슨 상관이란 말인가. 그것이 상관있다고 여기면 여길수록 삶에 대한 우리의 애착도 질기게 되고, 동시에 비례하여 죽음에 대한 공포는 더욱 커질 것이다. 어딘가 '춘다의 집'이 있다. 하지만 찾을 수가 없어 가 보지 못하였다. 가이드가 없어서이다.

쿠시나가르 박물관(열반당 옆에 있다)에 가 보았다. 사진실과 조각실이 있었다. 사진실은 물론이고, 조각실 역시 실망스럽다. 모두들 마투라에서, 또 어디 다른 데서 가지고 온 것들 뿐이다. 마투라 불상과 간다라 불상을 한 자리에서 보니까 양자의 차이가 분명해진다. 이 곳 쿠시나가르에서 출토된 것은 불상 1구를 비롯해서 소품 10점이 전부다. A.D. 7세기의 불상(불두가 없어진 불상, 항마촉지인)이 가장 늦게 만들어진 것이다. 이는 무엇을 말할까. 산치, 녹야원, 마투라의 박물관은 그곳 출토 유물을 풍부하게 소장하고 있었는데, 아마도 이 지역에 불교가 융성하지 못했거나 아니면 이 지역이 더욱 철저히 파괴되었거나 둘 중 하나일 것이다. 후대의 기록들을 살펴볼 일이다.

태국 절은 마치 왕궁 같다. 십자(十)의 탑(塔)형으로 된 본당에는 화관(花冠)을 쓴 불상이 있고, 그 옆에는 누군지 알 수 없는 고승의 상이 있다. 우리와의 차이는 탱화가 없다는 점이다. 불상 뒤는 그냥 하얀 벽이다. 탱화는 티베트어로 탕카(tanka)이다. 그러고 보니, 탱화는 대승불교만의 특징인가. 다른 남방불교국을 조사해 보아야 할 것 같다. 예불은 크게 독경, 좌선, 그리고 독경의 순으로 약 40분 간 진행된다. 팔리어로 독경을 하는데 리듬이 훨씬 좋다. 고저의 울림소리 말이다. 음악성이 우리의 한문 독송이나 범어 독송(비말리 교수의 경우에 '노래'가 아니라 '읽기'에 가까웠다)보다 더 높은 언어가 팔리어인 것 같다. "스리랑카 스님은 팔리어 문법도 음악적으로 가르친다"고 한 명림의 말이 생각난다. 절하는 방식도 우리와 다르다. 우리는 일어났다 앉았다 세 번 하는데 태국은 꿇어앉은 자리에서 이마에 손을 댔다가 땅에 손을 대면서 정수리를 갖다대는 식으로 삼배한다. 티베트는 야구선수의 슬라이딩에 가깝게 절을 하는데, 절 하나도 나라마다 제각각이다.

저녁에 프랏차 이낭(태국인, 고락푸르 대학 박사과정, 심리학 전공)을 식탁에서 만났다. 그와 여러 가지 대화를 나누었는데 친절하게 이것저것 도와준다. 이 태국 절 '왓 타이 쿠시나가르 마하비하르'는 태국 왕실의 후원으로 지었다고 하는데, 우리 돈으로 약 100억 이상이 소요되었다고 대한사 주지 스님이 말씀하셨다. 100억 이상이 소요되었다 해도, 태국인이라면 누구나 왕실과 조국에 대한 자부심과 애국심이 일어날 정도이다. 옥에 티는 우리가 머무는 방의 욕실에서 온수 조절이 잘 안 되었다는 점이다.

태국 절에 머물면서 태국 불교를 체험하고 있으나, 우리 절 '대한사'를 참배하지 않을 수 없는 일이다. 주지 스님은 순례왔다가 우리 나라 절이 없어서 미얀마 절에 방 하나 얻어서 2년 동안 살다가, 8년째 절을 지으려고 애를 쓰고 계신다. 아직 법당은 짓지 못하고, 요사채 겸해서 쓰는 집채에 부처님을 모시고 있다. 수십 명의 인도인 인부들이 절 마당의 흙을 퍼내고 연못 만드는 일에 열중이다. 흙값이 워낙 비싸서 그런 아이디어를 냈단다. 부지는 바라나시 사르나트의 녹야원 반 정도나 될까? 땅을 좀더 사야 한단다. 법당 지을 준비 중에 'IMF'와 '조계종 사태'라는 두 가지 악재를 만나 우선 순례자 숙소부터 짓게 되었다고 한다. 순례자를 위한 요사채에는 공동 화장실과 공동 목욕탕, 그리고 도미토리가 몇 개 있다. 태국 절에 비하면 하늘과 땅 차이지만, 고군분투하시는 스님의 정진이 그래서 더욱 값지게 보인다.

인도의 불교 성지에 있는 한국 절 그 곳에는 태극기, 우리의 언어, 우리의 음식이 있다. 그것만으로도 소중하지 않은가. '문화 대사관'인 셈인데 혹시 불교를 믿지 않는 여행객이라 하더라도, 다만 몇 루피만이라도 기부를 해주었으면 하는 생각이 드는 것도 이 때문이다. 우리는 겨우 20달러를 보시했다. 스님께서 저녁은 와서 먹으라고 하셨지만, 부득이하게 된장찌개 먹을 기회를 사양해야만 했다. 태국 절의 친절한 스님께서 자신들은 오후불식(午後不食)이면서도 우리에게 6시에 와서 저녁 먹으라고, 미리 식당에 준비시켜 두었기 때문이다.

쿠시나가르 태국 절에서 룸비니 우리 절로

1월 23일

아침 공양은 라면과 뿌리(크림, 설탕 발라 먹는 것)가 나왔다. 라면은 면 따로, 국물 따로 준비되어 있다. 스프는 본인 마음대로 넣든지 말든지. 어제 먹은 음식 중에 기억에 남는 것은 '쌈'이다. 배추와 유채꽃 쌈인데, 쌈장이 우리와 꼭 같다. 맛있게 먹었다.

태국은 부처님 당시의 계율을 묵수하는 주의, 상좌부불교(소승불교)이기에 고기와 생선을 먹는다. 우리는 대승불교이므로 생명 존중의 계율을 동물에게까지 확대 적용하여, 불식육(不食肉)의 전통을 따르고 있다. 또 그들은 부처님이 오후에는 공양을 드시지 않았다고 해서 오후불식한다. 고기를 먹는 대신 저녁을 안 먹는 것이 더 고행인가, 아니면 저녁은 먹지만 고기를 먹지 않는 것이 더 큰 고행인가. 이런 어리석은 물음도 떠오른다.

또 하나 태국이 우리와 다른 점은 같은 사원 안에서 비구, 비구니가 함께 생활한다는 것이다. 물론 머무는 처소는 다르다. 하지만 우리는 큰 절과 암자 식으로 아예 절이 달라야 한다. 그런데 이낭의 말에 의하면, 태국의 여승은 '비구니'가 아니라 '넌(nun)'일 뿐이라 한다. 부처님 당시에도 비구니가 없었기 때문에 태국에는 비구니가 없고 오직 넌이 있을 뿐이라는 것이다. 이건 틀린 말이다. 하지만 이낭은 태국에서 정식으로 3년 간 출가하여 스님 생활을 한 친구다. 그러니 그 같은 관점은 그의 것이 아니라 태국 불교의 견해인 것으로 보아야 옳으리라.

그래서인지, 이 절의 여승들은 모두 부엌에서 일만 한다. 얼마나 자비심 깊은 눈으로 우리를 쳐다보며 챙겨 주시는지, 착착이 라면에 계란을 손수 깨뜨려 넣어 주시기도 하고, 오늘 우리가 룸비니로 간다니까 청하지 않았음에도 도시락을 싸 주기까지 했다.

"태국의 할머니 스님들, 고맙습니다."

9세기 당나라를 순례한 일본 원인(圓仁) 스님의 『입당구법순례행기』를 보면, '어느 절 주지가 친절했다', '어느 암자의 원주가 불친절했다'는 이야기로 가히 점철되다시피 함을 볼 수 있다. 정말 여행자의 입장이 되어보니, 친절의 유무가 얼마나 큰 일로 다가오는지 알 수 있다.

나는 이 이야기를 보조 스님의 『계초심학인문』을 강의하면서 인용한 바 있다. 그런데 보조 스님 역시 '어려서 출가하여 선방을 두루 찾아다 녔다(知訥, 自妙年, 投身祖域, 遍參禪肆)'고 하므로, 여행자의 입장이 되어 보았던 터라 "모름지기 손님을 맞이할 때는 흔연히 맞이하여 대접하라"(見賓客, 須欣然迎接)고 말씀하셨던 것이리라.

여행자가 되어서, 나는 그 같은 사실을 다시금 깨닫는다. 쿠시나가르 태국 절의 친절은 여기서 끝나지 않는다. 떠나는 우리를 위하여 차로 버스 정류장까지 태워주게 하였다. 언제 태국을 방문하여 그 나라 불교의 저력을 탐색해 보고 싶은 생각이 든다.

도시락 포함 네 끼 공양과 편안하고 쾌적한 잠자리, 잊지 못할 여러 친절에 대하여 우리가 한 일은 겨우 1,000루피를 드리는 것이었다. 그런데 '태국 절의 불사를 위해서 1,000루피를 시주했다'는 영수증을 준다. 나는 다만 '숙식'에 대한 성의일 뿐이었는데, 그렇게 그 의미를 승화시켜 주었다. 배울 일이다.

어젯밤 예불 이후, 쿠시나가르는 온통 안개로 '오리무중(五里霧中)'이 아니라 '오미터무중(五M霧中)'이었다. 그렇게 지독한 안개는 내 평생 처음이다. 오늘 아침 고락푸르 오는 길 역시 그랬다. 나 같으면 차를 세울 수밖에 없을 것 같은데도, 운전사는 어떻게 헤쳐가는지 잘도 달린다. 거의 정시에 도착했다. 아내는 "부처님께서는 아마도 폐렴으로 열반하신 것 같다. 이렇게 안개가 짙으니…." 하며 새로운 설(說)을 내세운다. 그렇게까지 생각하는 데는 이유가 있다. 고락푸르는 매우 덥고 모기도 많다. 그런데 53km 떨어진 쿠시나가르는 춥고 — 어젯밤에 외풍이 심해서 추웠다. 태국 사람들에게는 외풍 개념이 없는지도 모르겠지만 — 일교차가 심하다. 안개가 많을 수밖에 없는 기상 조건이다.

고락푸르에서 소나울리로 오는 사이에 멀미 기운을 두 번이나 느낀 아내. 토하면 차라리 좀 나으련만 토하지는 않고 애써 참더니, 울기 시작한다. 돈 아낀다고, 아까 500루피에 간다던 승용차를 타지 않고, 이렇게 앞뒤없이 가득찬 인도 사람들, 먼지, 냄새, 시커먼 얼굴, 남루한 입성 속의 버스에 태워서 고생시킨다는 원망이 담겨 있는 것처럼 느껴진다. 나중에 물어보았더니, 내가 왜 또 따라왔나 후회되어서 울었단다. 그게 그거 아닌가. 8일 만에 처음 울었으니, 여름보다는 여행하기가 편하다는 얘긴가?

오늘 나는 국경을 넘었다. 내 두 발로 긴장된 체험을 한 것이다. 캘리포니아에서 멕시코로 넘어가는 것 같은 국경 넘기는 영화에서나 간접 체험할 수밖에 없는 일이었다. 분단된 우리 현실에서는 그 같은 국경 넘기는 불가능했기에, 오늘 인도에서 네팔로의 국경 넘기는 기억될 만한 체험이었다. 지키는 군인도 경찰도 없다. 우린 네팔 비자 발급(2개월 관광비자, 1인 30달러, 사진 1장)을 위해서 '입국 사무소(Immigration Office)'에 들렀지만, 인도와 네팔 사람들은 무비자로 그냥 다닌다. 오고 가는 사람들로 완전히 시장통이다.

룸비니 오는 길:쿠시나가르 → 고락푸르(버스, 1시간 30분) → 소나울리(국경 마을, 버스 3시간) → 네팔의 벨라히야(도보, 비자 발급) → 바이라흐와(버스, 10분) → 룸비니(버스, 1시간 10분) → 대성석가사(사이클 릭샤)

(1달러가 네팔 루피로는 68루피 조금 더 된다. 우린 170달러를 환전했다. 수수료 2%를 떼고 11,395 네팔 루피를 받았다. 여권도 필요없고, 환전 증명서도 주지 않는다. 나중에 다시 달러로 환전할 때도 필요없다고 한다.)

(일타 큰스님의 문집 『일타화상수월록(日陀和尙水月銘)』에 '서천행각기(西

天行脚記)'라는 글이 있다. 그에 따르면, 삭발 오계를 받은 여자 신도, 즉 매치니가 공양을 담당하는 절이 있다고 한다.(pp.204-205))

룸비니, 티베트 깃발에 뒤덮이다

1월 24일

부처님께서 태어나신 룸비니를 참배하는 날이다. 사이클 릭샤 한 대를 200루피에 대절했다. 대성석가사 가까이에 '부처님 나신 곳(Buddha's birth place)'이 있다. 부처님 탄생지임을 증명하는 아쇼카 왕의 석주(石柱)가 있다. 흔히 '룸비니 동산'이라 하는데, 아무리 보아도 동산은 아니다. 그저 평지다. 이 지역은 끝없이 펼쳐지는 광활한 평지지대다.

'아, 여기서 부처님이 태어나셨구나.' 하는 감흥이 일어나기도 전에 나는 짜증과 분노부터 느껴야 했다. 바로, 티벳탄 깃발들 때문이다. 티베트인이 사는 마을이나 사원의 어디에서나 볼 수 있는 그 깃발들이 룸비니의 탄생지, 그 곳을 온통 뒤덮고 있었다. 하늘이 안 보일 정도다. 티베트의 깃발은 모두 티베트의 대장경을 판화로 찍은 것으로 색색깔이다. 바람에 그것이 날리면서 부처님 말씀이 널리 퍼지길 기원한다는 의미라고 한다. 룽다(룽:風 다:馬)는 나쁜 것이 아니므로, 좋은 것 아닌가? 그렇게 생각하는 것은 티베트인들의 독선과 오만에 지나지 않는다. 온갖 나라의 불교도들이 모두 그 같은 장엄물(莊嚴物)을 경쟁적으로 내다 건다면 성지는 어떻게 되겠는가? 그들은 스스로 그 같은 허물을 깊이 뉘우치고, 자진해서 '룽다'를 철거해야 한다. 부처님 성지가 곧 그들만의 사원이 아니기 때문이다. 여기 찾아오는 모든 사람들은 부처님이라는 대성현이 태어날 수밖에 없는, 자연 그 자체의 아름다움을 느끼고 싶어할 것이다.(이것도 나의 독선일까.) 그것을 그들이 무슨 근거로 방해할 수 있단 말인가?

이 점에 대해서 네팔 정부 역시 큰 책임이 있다. 그들은 1956년 이래, 룸비니 개발을 해왔다고 한다(사실 그들 스스로의 의지보다는 당시 유엔 사무총장 우탄트의 발원과 국제적 모금에 의지했다). 그러나 국제 사원들을 위해 터를 허가해 준 것 외에 네팔 정부가 한 일은 전혀 없는 것 같다. 심지어 부처님과 마야 부인이 목욕했다는 연못의 물조차 깨끗이 관리하지 못하고 있다. 물은 이미 썩어버렸다. 그럼에도 그들은 룸비니 입구에서 '기부금'을 요구했고, 나 같은 순진한 사람은 '룸비니 개발을 위한 성금'으로 거금 100루피를 기부했다. 40년이 넘는 세월 동안 룸비니의 진입로는 여전히 비포장의 15차로에 지나지 않고, 국경에서 룸비니까지 직행 버스 하나 없고, 룸비니 주변에서는 물 한 병 사 먹을 데도 마땅치 않다. 누가 '네팔이 여행하기 편하다'고 했던가?

실망한 우리는 이른 점심을 먹은 뒤, 박물관으로 갔다. 박물관도 볼 게 없다. 제대로 된 유물 하나 없이 사진들과 아쇼카 석주의 파편 몇 조각뿐이다. 박물관은 역사를 보존하고 복원하는 곳 아닌가. 그 같은 역할이 전혀 없다. 건물은 좋으나 알맹이가 없는 것이다. 더욱 가관인 것은 1층 바닥 여기저기에 현대 태국의 불상들이 놓여 있는데, 그 불상들의 자리는 법당이어야 제격이리라. 자존심도 없고 안목도 없는 네팔에 실망을 금할 수 없다.

박물관 맞은편 도서관에는 우리의 마음을 달래줄 도서들이 더러 있었다. 각국의 언어로 된 대장경들이 그것이다. 그러나 그 책들은 모두 기증본이고 스스로 구매력을 갖추지는 못하고 있었다. 그 건물 역시 일본의 영우회(靈友會)에서 기증한 것으로, 'Lumbini International Research Institute'란 이름을 갖고 있다. 네팔은 스스로의 힘으로 아무 것도 하지 않는 것 같다.

대절한 사이클 릭샤 왈라가 말썽을 부린다. 프랑스 절과 독일 절을 가자고 했더니, 뭐라뭐라 말이 많다. 우린 하루를 온전히 대절했고 겨우 4시간이 지났을 뿐이다. 결국 우리는 대성석가사로 돌아오고 말았다. 네팔인 사무장을 시켜서 무엇이 문제인지 이야기해 보라 했더니, 아무 문제 없다고 한다. 프랑스 절, 독일 절에 갈 수 있다는 것이다. 그럼 왜 그렇게 말이 많았단 말인가? 그런 왈라와 함께 다시 어디로 가기에는 우린 너무 지쳐 있었다. 애초에 약속했던 200루피를 주고 그와의 거래를 끝내고 말았다.

석가사 공사장에 네팔인 인부가 80여 명 있다. 잡부의 하루 임금이 1달러(68루피), 기능공 1.5달러, 그리고 도목수가 2달러다. 그런데 그는 거의 3달러를 4시간만에 챙긴 것이다. 그것도 실제 우리의 이동 거리는 얼마 되지 않았고, 그는 박물관과 도서관 앞에서 우리를 기다리며 다른 왈라와 놀았는데도 말이다. 그의 버릇이 나빠질는지 모른다. 또 자신의 작전이 성공했다고, 좋아할는지도 모른다. 그러나 그가 모르는 게 하나 있다. 그렇게 산다면 그는 결코 그의 명(命)을 옮길[運] 수 없다는 사실이다. 이제 아내도 너그러워졌는지 아니면 지쳤는지 돈 주고 끝내라고 한다.

주지 스님과 상의하여 룸비니 인근의 불교 유적지들을 순례했다. 택시를 1,250루피에 빌렸다. 총 6시간이 걸린 순례길이 아무런 느낌도 탄

성도 나오지 않을 정도로 고생스럽기만 했다.

'쿠단'은 싯다르타 태자가 출가 후, 부처님이 되어 아버지 정반왕과 다시 만난 곳이다. 그리고 이모(마하파자파티)가 부처님께 가사를 바친 곳이기도 하고, 라홀라가 출가한 곳이기도 하다. 폐허의 절터지만 벽돌의 문양이 아직은 선명하다.

'고티하와'는 과거 제1불 구류손불의 탄생지다. 두부(頭部)가 손상된 아쇼카 석주가 있다.

네팔의 카필라 성은 인도의 카필라바스투와 서로 '진짜'라고 내세우는 곳이다. 터가 상상 속의 카필라 성보다 좁다. 여기 어디에 삼시전(三時殿)이 있었을까? 동문, 서문의 흔적은 있어도 남문, 북문의 흔적은 없다. 남문 밖에 아버지 스투파의 기단부가 남아 있고, 어머니 스투파는 기단부마저 거의 사라진 채 남아 있다.

'사그리하와'는 사카족이 멸망한 땅이다. 벽돌 조각 몇 개가 절터였음을 알려줄 뿐, 아무것도 없는 허허벌판이다.

'리그리하와'는 과거 제2불 구나함모니불의 탄생지다. 명문(銘文) 없는 아쇼카 석주가 누워 있다. 부지런한 티베트인들이 새겼음직한 티베트 문자들만 보인다.

대성석가사로 돌아오는 밤길, 가도가도 끝이 없다. 비포장의 신작로에서 우리는 지평선을 볼 수 있었다. 신작로 끝에서 지평선을 보는 것은 여기가 처음이다. 길도 나쁘고 차도 고물이라 모두들 녹초가 되었다. 여기보다 더 멀다는 부처님 외가 '데비다하'와 '람그람'(진신사리탑)의 순례를 포기해야겠다. 하루 푹 쉬다가 쉬라바스티로 가자. 인도의 카필라바스투도 포기다. 부처님의 속세 인연이 우리에게 무슨 의미가 있단 말인가?

그런데 이 고생길(비포장 도로의 먼지를 우리는 모두 마셔버렸다)을 통해서 그래도 얻은 게 있다면, 유적지를 통해서가 아니라 네팔의 농촌을 통해서이다. 우리네 농촌과 많이 닮았는데, 우선 논이 많다. 쌀이 주식이기 때문이다. 정반왕(淨飯王) 형제들의 이름에 모두 반(飯)이 들어가 있음이 이해된다. 벼농사를 지으니까 볏짚으로 지은 초가집이 있는 것은 당연하다. 인도의 중부 이하와는 달리, 쿠시나가르 같은 데서도 움막의 이엉으로는 짚이 보이기 시작했다. 여기서는 모두들 초가집이다. 집의 외벽에 붙여 놓은 '소똥'들, 연료를 만드는 아낙들은 어김없이 지푸라기를 소똥 속에 넣고 반죽하여, 세워서 말린다. 소똥 외에도 연료로 삭정이가 쓰이는지 삭정이를 주워 이고 가는 사람들이 많았다. 소는 인도에도 많지만 인도의 농촌에 비해서 확연히 많다. 들판 여기저기서 죽은 소의 해골을 보는 것도 그리 어렵지 않다. 우유를 주고, 연료를 주고, 일까지 하는 소들, 고마운 소들! '고타마'라는 부처님의 속성(俗姓)은 '제일 가는 소(go:소, tama:best)'라는 뜻이다. 카필라 왕국이 철저한 농경 사회였음을 말한다.

밤 8시가 다 되어서야 석가사로 돌아와 늦은 저녁을 먹었다.

여행자의 어머니, 석가사

1월 25일

내일은 쉬라바스티(舍衛城)를 갈 예정이다. 한국을 떠나기 전 인사드리러 은사 스님을 찾아뵈었을 때, 스님께서는 몇 해 전 인도 성지 순례의 경험을 말씀하시면서 기원정사가 제일 좋았다고 하셨다.

그런데 기원정사 가는 길이 쉽지 않다. 몇 번이나 갈아타야 한다. 그래서 식구들과 가능한 편하게 가고 싶어서 다른 여행팀(한국의 K사 성지 순례팀) 스님께 동승을 부탁했고, 또 여기 주지 스님의 정보에 따라 인도 운전사에게도 팁을 좀 주겠다며 부탁을 했다. 그러나 이 팀에는 여행사에서 온 가이드가 있었는데, 자기에게 먼저 얘기하지 않았다고 무척 언짢아했다. 결국 얻어타지 못할 것으로 판단해서 포기하고 말았다. 다만 나를 btn에서 보았다는 대학생만이 안타까워했다. 가이드나 인솔자라고 하더라도 한 사람 한 사람의 동의를 얻어야 하고, 오늘 밤 늦게 도착해서 그들이야 예약된 호텔에 가면 되지만 우리로서는 그때서야 숙소를, 그것도 매우 싼 데를 찾아야 할 것이었다. 그래서 주지 스님도 더 이상 주선하지 않았다고 한다.

배낭 여행객은 '무소의 뿔처럼 혼자서 가는' 순례객이어야 아름다울 수 있다. 오늘 일은 내가 반성해야 한다. 또 여행이란 인생과 마찬가지, 아무나 하고 선뜻 길벗이 되기도 어려운 일이다. 우리를 위해 아무도 애써 주지 않은 그들의 입장에서 본다면, 전혀 이해 못 할 바도 아니다. 잠시 동안의 망상이었다.

다시 찾아간 룸비니 동산(우리에게 동산은 야트막한 산의 일종이나, 그런 뜻이라면 룸비니 동산은 '동산'이 아니다. 오히려 서양식 의미의 정원(garden)에 가깝다)에는, 티베트 사원 밖에 진치고 있는 최소 6~70여명의 티베트 승려들이 있었다. 비구 스님, 비구니 스님, 동자 스님들. 티베트 절 안으로 다 수용되지 못한 그들은 여기저기 앉아서 씻고, 먹고, 마시며 생활한다.

일찍 절에 돌아와서 자전거 타느라 흘린 땀을 씻었다. 빨래도 널고, 말리고 하면서 주지 스님과 잠깐 얘기를 나누었다. 대성석가사의 땅은

2만 5천평인데, 옛날에 짓다가 그만둔 한국 절 '도래사' 땅도 사야 한 단다. '도래사'는 현재 집만 남아 있다. 법당 불사는 인부 80명이 계속 일해도 2~3년은 더 걸린다고 한다. 3층으로 지을 예정이다. 불사금의 출처를 묻자, 작년에 계산해 보니까 78%는 도문 큰스님이, 22%는 여기서 조달된 것이라고 한다. 22% 중 2%가 외국 여행객들이 자고 가면서 낸 기부금(donation)이며, 20%는 한국인 신도들이 성지 순례 왔다가 낸 보시금이라고 한다. 솔직히 말해서 나는 여기 와서 도문 큰스님의 원력에 다시 놀라게 되었다. 대단한 일이 아닐 수 없다.

대성석가사는 룸비니를 찾는 배낭 여행객에게 '어머니' 같은 존재다. '아무나 오라'는 개방성, 기본적 계율(술, 마약, 카드 놀이의 금지)의 준수만 있으면 No touch하는 불간섭주의, 얼마를 내도 좋은 기부금제 등으로 인기가 높다. 얼마나 고마운 일인지 모른다. 대성석가사가 있어 한국 불교, 한국의 위상이 높이높이 치솟고 있다.

아내가 내일 국경까지 가는 차비만 두고 네팔 루피는 모두 스님께 드리자고 한다. '불사금'이라 하기에는 부끄러운, 우리의 '밥값'이나 될는지 모르겠지만 모두 드렸다(6,402루피=약 93달러).

주지 스님께서 가르쳐주신 새로운 사실이 있다. 네팔은 아직 씨족사회라 동성동본의 족내혼(族內婚)을 하는데 이를 어기면 '짐승' 취급을 당한다고 한다. 부처님 당시부터 내려오는 전통이다. 둘째는 인도 루피가 네팔에서도 통용된다는 점. 굳이 환전 안 해도 될 일이다.

기원정사 가는 길

1월 26일

아내는 여기 와서 부처님 은덕에 감흥이 있었던지 새벽 4시 예불에 동참했다. 그러나 이내 '체했는지 감기인지 모르겠다'며 쓰러진다. 과연 오늘 떠날 수 있을까? 여행을 다니면서 가장 어려운 일은 가족이 아플 때이다. 그러면서도 길을 떠나야 할 때, 과연 여정을 강행해야 하나, 하루 더 쉬어야 하나, 쉽게 '하루 더 쉬었다 가지' 말할 수는 있어도 실제로는 그렇게 간단하지 않다.

무엇보다 어려운 일은 떠나기로 한 그 마음을 다시 거두어 들이는 일이다. 계획한 일정을 고치는 일 역시 쉽지 않다. 전체 여행 일정에 시간을 맞춰가야 하기 때문이다. 아침도 거른(고맙게도 주지 스님이 손수 죽을 끓이시려는데, '못 먹는다' 해서 사양하였다.) 아내가 다행히도 짐을 짊어지고, 지프를 탄다. 지난번 여행에서는 다 죽어가는 아들을 바라나시행 기차에 태웠었다.

국경으로 달리는 문 없는 지프 안은 추웠다. 나는 운전석 옆에, 뒤에는 아내와 아들 외에 한국인 여행객(여대생) 세 사람과 청년 한 사람이 탔다. 국경으로 오는 도중 나는 희한한 일을 목격하였다. '하룻강아지 범 무서운 줄 모른다'는 속담이 있지만, 정말 그 '하룻강아지'를 본 것이다. 달리는 우리 차 앞에 강아지 한 마리가 서 있었는데, 차가 질주해도 피하지 않았다. 그냥 바보같이 그 자리에 서 있다. 운전사는 그 놈을 양 바퀴 사이에 두고 그냥 달린다. 그런데 차가 지난 그 자리, 아스팔트 위에 강아지는 그대로 서 있다. 정말 감탄사가 절로 나온다. 만약 범 무서운 줄 알았다면, 차에 대해서 공포를 느끼고 이리저리 뛰었다면, 그 강아지는 차에 치어 죽었을 것이다. 강아지의 무심(無心), 그것이 선(禪)이리라. 선은 그렇게 바보처럼, 무심한 하룻강아지로 돌아가자는 것이 아닐까.

소나울리에서 콜호히까지 가는 개인 버스를 탔는데, 마을마다 다 선다. 마음만 급하다. 그래도 콜호히까지는 나은 편이다. 콜호히에서 나우가르로 가는 버스는 아예 빈 차로 기다리고 있다. 언제 가느냐고 물어도 대답도 없이, 빙긋빙긋 웃기만 한다. 지프를 수소문해도 없다. 할 수 없이 기다릴 수밖에 없었다. 그렇게 차 타고 기다리길 1시간 10분여가 지났다. 끝내 손님이 꽉 차오면서 아내는 멀미를 느낀다. 벌써 3~40분째 계속되는 시동 소리와 연기 냄새 때문에 출발도 전에 멀미를 느낀 것이다. 왜 출발도 않으면서 시동은 켜두는지 모르겠다.

드디어 나는 폭발하고 말았다. 차에서 내려 관계자들(누가 누군지 모르지만)이 모여 있는 곳으로 가서 화를 냈다. 화가 나니 편한 우리말이 나오고, 욕을 퍼부어댔다. 내 뒷자리의 영어가 통하는 남자가 따라 내려서 그들에게 나의 뜻을 힌디어로 전했다. 그러나 변한 것은 아무 것도 없었다. 내가 그렇게 성질을 부려대면, 그들도 똑같이 반응해야 싸움이 되질 않겠는가? 그런데 그들은 모두 '不與萬法爲侶者(만 가지 대상과 대립되지 않는 자)'들인지 '但自無心於萬物(스스로 만 가지 대상에 무심하기만)' 하니 '何妨萬物常圍繞(만 가지 대상이 포위한들 어찌 방해될쏘냐)'라는 경지인지, 빙그레 웃고 만다. 성질 낸 사람이 성질 안 낸 사람을 어찌 이기겠는가?

나우가르는 조그만 소읍이다. 아내가 모처럼 전공을 살려서, 시를 지었다.

시골 간이역인

나우가르 역에 이방인 가족이 나타났다.

안경 낀 남자아이와

남녀 구분이 어려운 키 작은 아줌마와

굉장히 키 큰 남자 어른

그들은 가족이었다.

사람들이 몰려들었다.

멀리 있던 사람들은 몰려든 사람들이

왜 몰려들었는지 궁금해서 또 몰려들었다.

이방인들은 오렌지와 바나나를 샀다.

그리고는 엄청나게 큰 배낭을 진

남자 어른과 여자 어른이 짐을 내려 놓고

껍질은 벗기고

벗긴 껍질을 철길 위에 돌아 다니는

염소와 양들에게 내던졌다.

세상에

저들도 우리처럼 먹다니!

과일을 껍질째 안 먹고

속만 먹다니!

아무 신기할 것 없는 것이

구경거리가 되었다.

나우가르의 기차역은 작다. 완행 열차가 지나가는 것 같다. 예매도 필요없고 컴퓨터 발매도 아니다. 마치 우리네 비둘기호 열차와 같은

불교 성지 순례 119

티켓을 준다.

"발람푸르 가는 기차가 언제 오느냐?"

"이번에 오는 기차를 타면 된다."

그래서 첫번째로 들어오는 기차를 타려는데 누군가 붙잡는다.

"그것은 고락푸르 가는 기차다."

과연 고락푸르라 쓰여 있다.(전해진 말보다 직접 지각에 의지하라는 불교논리학의 대원칙이 이렇게 해서 타당함을 깨닫는다.) 그렇게 잡아준 손길(내게 말을 붙여왔던 이 남자를 나는 계속 경계의 눈초리로 응했던 터였다, 미안하게도.)이 없었다면, 우리는 쉬라바스티로 오지 못했을 것이다. 우리가 인도를 헤매고 다니는 동안, 아까 낮에처럼 우리의 분통을 터뜨리게 하는 사람들도 있지만, 이렇게 은혜와 친절을 베풀어 주는 사람들이 있기에 여행이 가능한 것임을 새삼 느낀다.

영화에서 6·25때의 피난 열차를 본 기억이 있다. 지붕 위에까지 가득 사람들이 올라있는 기차 말이다. 그런 열차를 여기 인도에 와서 본다. 우리가 타고 갈 기차다. 사람들이 지붕 위에까지 올라타는 형편이니, 기차 속은 어떻겠는가. 그 인구 밀도는 상상하기 어려운 일이다. 아들, 아내 그리고 나 순으로 우리도 디밀고 올라탔다. 무거운 배낭을 짊어진 채. 못 오를 나무는 애시당초 없었던지, 그래도 우리가 들어갈 공간이 있다. 이 기차는 객차 전체가 3등칸으로 서로 마주 보는 좌석이 2단으로 설치되어 있는데 총 15명(8명 정원)이 앉아 있다. 아들은 2층 침대(이미 많은 짐이 올려져 있다)에 올려놓았더니, 짐 더미 위에 쓰러져 잠든다.

놀라운 일은 인도 사람들의 '고통 분담'이다. 우리는 입으로만 고통 분담을 외칠 뿐 정작 고통 분담은 잘 하지 않는데, 인도 사람들은 그렇지 않다. 그 좁은 자리를 나누고 또 나누어 앉는다. 우리에게도 자리를 권한다. 틈새에 잠깐 앉아 있다가, 내리는 사람 덕에 온전히 자리를 잡게 되었다. 진정한 나누기(보시 바라밀)는 즐거움과 쾌락을 나누는 데 있는 게 아니라 고통과 불편을 함께 나누는 데 있음을 배운다.

지금 우리는 쉬라바스티로 가고 있다. 부처님께서 24년이나 머무셨고, 『금강경』의 무대가 된 곳이다. 우리는 3등 열차를 탄 덕분에 한 편의 예술 작품을 관람하게 되었다. 창가에 앉아 창밖을 바라보니, 서쪽으로 넘어가는 햇빛이 만드는 그림자들이 있었다. 우리가 앉은 기차의 몸체는 그저 검은 통으로 보일 수밖에 없었지만, 그 위에 판화처럼, 혹은 그림처럼 새겨지는 '지붕 위의 사람들', 아! 예술이다. 더욱이 이 지붕 위의 사람들이 움직이고, 이리 뛰고 저리 뛰기까지 하는데 그대로 잡아내는 그림자의 동영상을 보게 된 것이다. 지붕 위의 사람들, 그림자로 남은 그들. 그들만 그럴 것인가? 지붕 아래 사람들인 우리 역시 그렇게 그림자에 지나지 않는 것 아닐까? 그림자의 예술, 그것이 곧 우리 삶일지도 모른다. 그 같은 깨침이야말로 바로 『금강경』의 가르침 아니겠는가.

一切有爲法　지어진 그 모두는
如夢幻泡影　꿈, 허깨비, 물거품, 그림자며
如露亦如電　이슬이며, 번갯불일지니
應作如是觀　그렇게 관찰할지라.

'그림자' 역시 여섯 가지 비유의 하나로 등장하고 있는 것이다. 불가의 전통놀이 중에 '만석중놀이' 는 일종의 그림자극인데, 그 내용(記意,

signifie) 만이 아니라 그 형식(記表, signifiant)을 통해서도 중요한 메시지를 함축하고 있는 것으로 생각된다.

대성석가사 스님은 '발람푸르 다음 역 자르칸디'라고 하셨는데, 와서 보니 '발람푸르 시의 자르칸디 역'이다. 지프를 잡으러 이리저리 뛰어다니는데, 어떤 전화 가게 주인이 손짓한다. 쉬라바스티 가는 지프가 있다는 것이다. 300루피를 요구하길래, 250루피에 흥정을 했다. 그런데 인도 사람들 장사 버릇이 고약하다. 기름 넣고 가야 하니 선불을 달라고 한다. 자기들이 먼저 기름을 넣고, 고객의 요금은 나중에 서비스가 종료되면 받아야 하는 것 아닌가. 나는 그들의 버릇을 고치기로 한다. 내 고집에 그들이 지고, 이미 7시가 가까워서 칠흑같이 어두운 길을 달린다. 그런데 투어리스트 방갈로는 불이 다 꺼져 있다. 역시 인도다. 우리는 아까 그냥 돌아나왔던 스리랑카 절로 다시 갔다. 아까는 티베트 스님과 사람들을 잔뜩 태운 버스가 도착해 있기에 방 얻기를 지레 포기하고 지나쳐 갔던 것이다. 방이 없다면 법당에서라도 머물기를 청할 수밖에 없다. 법당에 계신 주지 스님에게 머물기를 청하자, 고맙게도 쉽게 허락하신다.

정이 살아있는 한국 불교

1월 27일

인도의 하층 서민들과 함께 기차를 타고, 버스를 탔다. 이를 통하여 우리는 인도 사람들에 대한 두려움으로부터 벗어날 수 있었다. 오히려 지나치게 자신있게 된 탓인지 화도 내고 큰소리를 치기도 한다.

스리랑카 스님들은 친절하고 서민적이다. 서민적이라는 데서, 같은 남방 불교지만 태국과는 차이가 난다. 태국 스님은 보다 엄격하고 권위적이다. 아마도 '왕'이 있는 나라이기 때문이 아닐까 싶다.

어제 오늘, 저녁 예불에 참례하였다. 경문(經文)을 앉아서 읽는 게 예불의 전부인데, 교리적인 내용으로 짐작된다. 운율의 음악성은, 같은 팔리(Pali)문을 외고 있으나 태국의 그것보다 떨어진다. 예불을 하면서 중간쯤에 이르면, 하얀 실패뭉치를 가지고 와서 실을 풀어서 참례자들이 모두 들고 염불을 외운다. 그 의미를 물었더니 '가르침이 서로 전해지길 원해서'라며 마치 전화와 같다고 비유한다. 전교(傳敎)의 상징물이다. 예불을 마치면 젊은 스님들이 차례로, 뭔가를 외면서 주지 스님께 절을 세 번 드린다. 남방 불교(태국, 스리랑카)의 예불 의식은 우리보다는 의례의 연행성(演行性)이 훨씬 떨어진다.

티베트 스님들은 어떤 면에서건 참으로 대단하다. 고난을 감내하는 인욕행, 수그러들지 않는 신심 말이다. 어제, 우리보다 먼저 온 그들 중 스리랑카 절에 머무는 사람은 몇 안 되고, 대부분 절 마당에 노숙했다고 한다. 거기서 버너를 걸고, 공양도 직접 만들어 드신다. 끊임없는 이동과 노숙이 보통이 아닌데도 그들은 성지를 끊임없이 순례하고 있다. 그러면서도 절대로 '돈 드는 잠'은 안 잔다고 한다. 어제 타고 온 버스로 다시 그들은 '이삿짐'을 모두 싣고 떠나갔다. 그들의 행로에 평안이 따르길 기도해 본다.

기원정사의 정문은 스리랑카 절 맞은편이다. 역시 들어가보니, 은사 스님이 제일 좋았다고 하실 만하다. 성지 중에서도 가장 좋은 여건인 듯싶다. 수다타 장자가 기타 태자의 숲을 사서 기원정사를 지어 드렸다. 기타 태자의 숲 그 자체와 얼마나 차이가 있는지 알 수 없으나, 그런대로 잘 보존된 느낌이다.

여기저기 승원과 스투파의 기단들이 남아 있다. 지금의 기단이 부처님 당시의 것인지는 알 수 없다. 하지만, 이 기원정사가 매우 큰 규모의 대도량이었음은 틀림없다. 급고독장자는 '보시를 잘 한 사람(su-datta)'이다. 그리고 이 곳에서 이 곳을 무대로 『금강경』의 무주상보시가 설해졌으니, 그 인연이 딱딱 맞아든 것으로 믿어진다.

여유로운 마음으로 이곳저곳 거닐고 다녔다. 녹야원의 숲 역시 좋은 숲이었음에 틀림없으나, 현재는 그 숲과 국제 사원들이 혼재되어 있어 숲이 주는 평화가 반감되었으나 여기 기원정사는 그렇지 않다. 룸비니처럼 티벳탄 깃발의 '점령'도 없다. 여긴 인도니까 그럴 수는 없는 모양이다.

승원의 기단터에 앉아서 상념들을 기록하는데 귀에 익은 목탁 소리, 염불 소리가 들린다. 우리 나라 순례단이 메인 템플에서 법회를 보고 있다. 우리도 그 법회에 동참했다. 도피안사 보현도량의 송암 스님이 인솔하는 순례단이다. 나중에 보니 김재영 법사도 함께 계셨다. 지금부터 이십 수년 전 『룸비니에서 쿠시나가르까지』를 쓰시고, 청소년 포교를 개척하신 어른이시다. 와 보지도 않고 책을 썼는데 이제야 와 보게 되었다고 감회를 털어놓으신다. 함께 버스에 동승하여 '앙굴리마라의 스투파 터'와 '수다타 장자의 집터'를 다녀왔다. 보시를 즐기는 자의 집터답게 자그마하다. 우리네 국민주택 규모쯤이라 할 수 있을까. 스스로 가난하게 산 여력으로 '고독한 이에게 무언가를 공급해 주시는 어른(給孤獨長者)'이 되셨던 것이다.

메인 템플에서 법회가 끝난 뒤, 송암 스님과 반갑게 인사를 나누었다.
"여기에 한국 절이 세워집니다. 어제 스님께서 이사했답니다. 저희는 오후에 가 볼 생각입니다만, 시간이 허락하시면 함께 가 보시는 게 어떨는지요?"

하고 말씀드렸다. 나중에 버스에서

"시간상 가 보기는 어렵지만, 여기 성지에 한국 절이 생긴다 합니다. 십시일반으로 동참 성금을 모아서 김호성 법사 인편으로 전달했으면 합니다."

하고 권선(勸善)의 말씀을 해주셨다. 얼마나 고마운 말씀인지! 여기에 호응한 보현도량의 보현행자들이 100달러와 100루피의 동참금을 모아 주셨다.

'금강정사'

『금강경』을 설하신 인연터에 『금강경』으로 항복기심(降伏其心)하시고, 응무소주(應無所住)하시는 대인 스님께서 건립하는 한국 절 이름이다. 미얀마 절에 방을 얻어서 살다가 초가집으로 임시 법당(?)과 요사채(?)를 짓고, 어제 이사하셨다. 우리가 그 첫번째 신도려니 생각했는데, 벌써 어제 '원각사' 순례단이 어떻게 알았는지 다녀갔단다. 참, 불사(佛事)는 불사(不思)로구나, 하는 생각이 든다.

가다가 길을 묻는데, 인도 사람들이 이미 'Korean Temple'을 다 알고 있다. 간판도 아직 내다 걸지 않았는데 말이다. 그 이유는 2층으로 지은 초가 임시 법당 때문이란다. 여기는 초가는 있어도 원두막 형식의 2층 초가는 없기 때문에 명물, 명소가 된 것이다. 스님께서는 '온돌'을 놓으시겠단다. 내가 성지 내의 한국 절을 '문화 대사관'이라 부르는 까닭이 여기에 있다. 옛날 신라·백제·고구려 스님들이 일본에 불교를 전할 때에 불교만 전한 것이 아니다. 문자와 학문, 각종 기술을 함께 전하지 않았던가. 여름 위주의 가옥 구조가 초래하는 난방의 어려움과 그에 따른 고통이, 스님이 전하는 온돌 기술에 의해서 개선되길 기대해 본다. 다행히 온돌을 놓을 수 있는 돌은 많다고 한다.

보현도량 순례단의 성금과 우리의 성금을 전달하고, 스리랑카 절로 돌아와 쉬기로 했다. 그런데 여기서 탄경 스님을 만났다. 반갑게 내 손을 붙잡는다. 진해 대광사 주지 도성 스님의 상좌로 스님을 모시고 신도들과 함께 순례왔던 것이다. 반갑게 인사를 나눈 뒤, 또 내가 '금강정사' 이야기를 주지 스님께 말씀드렸다. 흔쾌히 가시는 길에 들르시겠단다. 아까 보현도량 식구들은 행로가 '카필라바스투 → 소나울리(국경 넘기) → 룸비니'까지이니, 여간 빡빡한 것이 아니다. 그에 비하여 대광사 식구들은 발람푸르에서 오늘 밤을 지낸다 하니 시간에 다소 여유가 있는 셈이다. 그래도 고마움은 크다. 내가 따라나서 금강정사로 안내했다. 2층 원두막의 임시 법당에서 서로 인사를 나누고, 두 분 스님 사이에 격려와 감사의 말씀이 오고 갔다.

"자, 이제 우리 갈 길이 있으니, 일어납시다. 부처님께 불전을 좀 드려야겠습니다."

주지 스님과 신도들이 앞다투어 보시금을 법당 건립 불사에 보태라고 내놓는다. 고마운 일이다. 그런데, 내가 마음 속 깊이 감동한 것은 진해 대광사 순례단 버스로부터 헌 옷가지 박스들이 배달된 것이다. 그것은 현금 이상으로 요긴한 성품(誠品)들이다. 가난하고 헐벗고 있는 인도 민중들에 대한 헤아림이 없이는 어려운 일이고, 그것을 비행기로 운반해서 버스로 싣고 오기는 여간한 정성이 아니면 더욱 어려운 일이다.

금강정사 앞 도로에서 대광사 순례단과 헤어졌다. 차가 출발하려는데, 닫힌 버스 문을 열고서 뛰어내린 한 보살님이 우리 착착에게 한국

과자를 한아름 안기신다. 사람과 사람의 정, 그것이 살아 있는 한국 불교다. 우리 불교의 진정한 힘이 아니겠는가.

1월 28일

아침 일찍 금강정사 스님께서 택시를 한 대 가지고 오셨다. 미얀마 절에서 빌려 오신 거라고는 하지만, 세상에 공짜는 없는 법이다.(틀림없이 사례금을 주고 빌리셨으리라고 아내는 안쓰러워하고 나는 감사하는 마음이다.) 더구나 여기는 인도다. 우리에게 곤다(Gonda)까지 타고 가라는 것이다. 뿐만 아니라 스님을 시봉하고 있는 인도 청년 '수실'(전직 여행 안내원)까지 동행시켜서 '티켓팅'을 당부하신다. 뿐만 아니라 인삼차, 설탕, 휴지 등 이것저것 챙겨 오셨다. 그것들은 모두 있기에 사양하고, 다만 「방명록」의 제일 앞장에 서명을 부탁하기에 '권선문'을 써 드렸다.

아침마저, 라면 물 올려 놓았다고 금강정사로 가자신다. 아, 나는 또 받는 것을 좋아하는 사람이라 그냥 따라가서 폐를 끼치고 말았다. 극구 사양하는 아내를 타일러 가며 말이다.

우린 스님에게 완전히 빚을 지고 만 셈이다. 이럴 줄 알았더라면 우리 여비를 더 아끼더라도 어제 성금을 좀더 드릴 걸 후회가 된다. 지금이라도 더 드릴까 하다가 모양새가 우습게 될 것 같아 그만두었다. '그래, 곤다에 가서 수실에게 차비라도 주어서 보내자.' 생각하고 있는데, 스님께서는 그야말로 '말세 중생의 약간종심(若干種心)을 실지시인(悉知是人)하시고 실견시인(悉見是人)하시는지' 내가 화장실 간 사이에 애들 버릇 나빠지니 절대로 돈 주지 말라고 두 번 세 번 아내에게 다짐하셨단다. 스님의 '교육 불사'를 위해서라도 따르지 않을 수 없게 된 것이다. 아, 이번 쉬라바스티 길은 완전히 적자를 보고 말았다. 복을 지어야 할 길에 빚을 늘렸으니 말이다.

곤다에서 무갈사라이로 가는 기차는 없단다. 할 수 없이 고락푸르로 가기로 했다. 거기서 자고, 내일 하지푸르(Hajipur)로 가서 바이샬리로 가기로 계획을 변경할 수밖에 없었다. 애시당초 보드가야를 먼저 참배하고, 바이샬리를 나중에 가려고 했는데 이제 그 계획이 수정된 것이다. 아무래도 좋긴 하다.

최대 2시간 거리라는 곤다에서 고락푸르까지 3시간 50분 걸려서 도착했다. 그 '최대'라는 것이 최대한의 속력을 냈을 때라는 뜻인지 모르겠다.

'호텔 스탠다드'에 짐을 풀고, 오랜만에 인도 음식을 먹으러 갔다. 그 동안 사찰에서 머무느라 인도에서 인도 음식이 그리웠던 우리 가족이다. 돌아오는 길에 포도 1kg(40루피)을 사 와서 아내가 씻으려는데, 검은 비닐 안에서 낱개로 흩어진 포도알들이 쏟아져 나온다. 그것도 대부분 곪고 상한 것들이다. 가만 있을 아내가 아니다. 당장 뛰어가서 포도를 들어보이며 환불을 요구한다. 그 장사꾼은 우리를 보자마자, 우리가 왜 왔는지 안다. 계속 환불을 요구하는 흥분한 아내를 말려서, 새로운 포도와 바꾸어 오는 것으로 결말지었다. 손님들에게 정직하게 판매하라고 일러 주었으나, 그가 과연 반성할까? 구입한 물건은 그 자리에서 확인하라는 교훈을 남긴 '포도 사건'이었다.

호텔 스탠다드는 더블 룸에 200루피로 싼 편이지만, 쓰레기통 하나 없고, 온수는 당연히 안 나오고, 모기는 매우 많아서 살생의 업을 요구한다. 가능하면 고락푸르에서 머물지 않아야 한다. 그러려면 '쉬라바스티(기원정사) → 곤다(지프) → 고락푸르(기차) → 쿠시나가르(버스, 1

박) → 룸비니' 코스가 제일 좋을 것 같다. 델리에서 오는 경우에는 '룸비니 → 소나울리 → 고락푸르' 이후 비하르 주의 성지로 가는 것이 좋겠다. 그러나 이 경우에는 비하르 방면으로 가는 기차편이 여의치 못하므로 고락푸르에서 1박 하는 것이 불가피하다. 부처님 성지 순례는 적당한 고행의 코스가 아닐 수 없다. 절묘하게 말이다.

『유마경』의 무대 바이샬리

1월 29일

'고락푸르 → 하지푸르 → 랄 간즈 → 바이샬리'로 가야 한다. 고락푸르에서 하지푸르까지는 지난번 델리에서 올 때 표가 없어서 타지 못했던 '바이샬리 익스프레스'를 탔다. 그렇게 좋다는 기차가 약 30분 늦게 도착하더니, 1시간을 정차했다가 출발한다. 왜 그랬을까. 인도인은 알았을까?

인도인들의 높은 자존심, 문화적 긍지 모두 다 좋다. 그러나 그들은 거지들이 넘쳐나고 있는 절대적 빈곤 상황(상대적 빈부 격차가 있더라도 일단 인간 이하의 삶을 사는 계층은 없애 놓고 보아야 하는 것 아닐까.)과 대소변을 화장실에서 처리하지 못하는 생활 문화를 개선하지 않고서는, 참으로 웃기는 이야기다. 어떠한 고매한 철학이나 사상, 문화도 아이러니일 수밖에 없는 것이다. 그러니 우리가 책을 통해서, 경전을 통해서 배운 인도는 '상상의 인도(Imaginative India)'일 뿐이고, 지금 여기 인도 땅에는 '현실의 인도'가 있을 뿐이다. '상상의 인도'에 치우쳐서 '현실의 인도'를 보지 못하는 일이나, '현실의 인도'에 치우쳐서 '상상의 인도'를 보지 못하는 일 모두 중도가 아니라 하나의 극단일 뿐이다.

하지푸르에서 랄 간즈, 랄 간즈에서 바이샬리 오는 데 탄 개인 버스는 네팔 버스보다도 작다. 그런데 사람은 똑같이 50~60명을 태우고, 버스 지붕 위에까지 짐과 사람을 태운다. 지금까지 우리는 반드시 배낭을 우리가 안고 탔으나 이번에는 그 고집을 꺾어야 했다. 내 배낭은 버스 지붕 위에 올려졌고, 나도 버스 지붕에 타고 싶었으나 아내가 말렸다. 비좁은 버스 안으로 비집고 들어가긴 했는데, 문제는 내 185cm의 키보다 버스 천장의 높이가 한참은 더 낮다는 점이다. 고개와 허리를 다 수그리고 있으니, 여간 불편하지 않다. 다행히 운전사가 옆 자리에 앉은 인도인이 내리자 그 자리를 나에게 주었다. 이제 운전사의 기어는 내 두 다리 사이에 놓인 형국이다. 네팔보다 인도가 그래도 형편이 좋은 편인데, 여기는 인도에서도 제일 가난한 비하르(Bihar) 주라는 게 과연 실감난다.

어둠이 조금씩 깔리기 시작할 무렵, 바이샬리에 도착했다. 일본 절을 찾아가는 길이 아마도 족히 2km는 넘는 것 같다. 아내의 무거운 배낭이 여간 마음 쓰이지 않는다. 길 초입에서부터 웬 아이들이 그리도 많은지, 길가에서 놀다가 해맑게 웃어대면서 '랄라, 랄라' 하면서 손을 흔든다. 얼마나 이쁜지! 그들은 아무도 따라오지 않았고, 뭘 달라고도 하지 않았다. 소박하다.

마침 지나가는 자전거 탄 아저씨가 있어 일본 절까지 배낭을 좀 실어달라고 도움을 요청했다. 여긴 사이클 릭샤 하나 보이지 않는 시골이다. 친절한 아저씨에게 고마워서 25루피라는 큰 돈을 드리니, 몇 번의 사양 끝에 겨우 받는다. 그런데 일본 절에 스님이 없다는 것이다.

어쩐지 문도 잠겨 있고 어둡다. 날은 이미 어두워졌고, 어디로 가야 할지 난감해 하고 있는데, 인도인들이 연못 맞은편으로 가라고 안내해 준다. 자전거 한 대를 더 빌려서 배낭 2개를 다 싣고(아까 아저씨가 한 번 더 수고해 주신다) 왔다. 다행히 방은 있었다. 저녁은 라면에 야채를 썰어넣어서 만들어 준다. 맛있게 먹고 고마운 마음으로 하룻밤을 머물게 되었다.

주인 아저씨가 갖고 있는 「방명록」에 여러 사람의 한국인이 메시지를 남겨두었다. 우리가 오기 바로 직전에 다녀간 한국인은 '무관(無觀) 스님 외 3인'이다. 그런데 주인 아저씨가,

"마을에 앞 못 보는 여자아이가 있는데, 그 아이의 눈 수술을 위해서 500달러를 보시해 주셨습니다. 다음 달에 네팔의 카트만두에 있는 큰 안과병원에 수술받으러 갑니다."

어느 무관 스님인지도 모르고 주인 아저씨의 이야기가 진실인지 아닌지도 확인할 수 없지만 나는 진실로 믿고 있다. 이렇게 한국 스님들은 곳곳마다 좋은 일을 하신다. 존경하는 마음이 새로이 샘솟는다.

오늘로 우리 여행 일정도 반이나 지났다. 랄 간즈에서 바이샬리로 오는 그 '콩나물 버스' 안에서 아내는 두번째로 눈물을 흘리고 말았다.

1월 30일

바이샬리 유적지는 아쇼카 왕의 석주와 승원터(重閣講堂), 그리고 리차비족이 세운 부처님 진신사리탑의 기단 등이 있다. 아쇼카 왕의 석주는 다른 곳과 달리 온전히 두부(頭部)의 사자상까지 남아 있다. 그러나 명문(銘文) 부분은 누군가 떼어갔는지 없다. 부처님의 진신사리는 파트나 박물관 어디에서 잠자고 있다 한다. 바이샬리 박물관은 볼

것도 없고, 관리도 제대로 안 되고 있다.

점심도 먹지 않고 12시 30분에 출발하는 파트나행 직행버스를 탔다. 그러나 랄간즈(Lalganj), 하지푸르(Hajipur), 파트나(Patna)의 코스로 가는 게 아닌가? 배는 고프고, 오후 3시 25분이나 돼서야 겨우 도착했다.

투어리스트 방갈로(BSTDC)에 짐을 풀고, 점심 겸 저녁을 부속 식당에서 인도 음식으로 해결했다. 우린 모두 인도에서 인도 음식을 못 먹어서 인도 음식이 먹고 싶었다. 이 호텔은 큰 길가에 있어서 밤새 시끄러웠지만 피곤 앞에서는 소음도 무력하다는 걸 다시금 깨닫는다.

혼돈의 도시와 최악의 버스

1월 31일

파트나는 옛날 아쇼카 왕의 도읍지로, 파탈리푸트라(Pataliputra, 化連弗城)라고 불리던 곳이다. 그러나 지금은 인도에서 가장 가난하고 문제 많은 비하르(Bihar←Vihar, 僧院) 주의 수도로 최악의 도시다. 내가 체험한 인도의 도시들 — 델리, 뭄바이, 뿌네, 바라나시 등을 통틀어 보더라도 가장 '혼돈의 도시'였다. 한 마디로 북새통이다. 그 극심한 혼돈 자체가 정신을 산란케 하고 우리에게서 차분함을 앗아가 버렸다. 당연히 스트레스가 쌓일 수밖에 없다. 그 원인은 길이 따로 없다는 데서 찾을 수 있다. 차(버스, 택시), 릭샤(사이클, 오토), 자전거, 통가, 지프에다가 보행자들까지, 거지들도 한몫을 하고 있다.

우린 뜻하지 않게 이 도시를 떠나게 되었다. 박물관에 갔다가 '월요일 휴관'이라는 통보를 받고서 더 이상 파트나에 머물 이유가 없어져

라즈기르로 가기로 한 것이다. 정말 파트나는 다시 가고 싶지 않은 곳이다. 부처님 재세시의 인도가 아닌 이상, 인도는 우리가 태어나서는 안 될 땅이다. 정토부 경전에서 말하는 '정생중국원(正生中國願)'의 그 '중국'은 이제 인도가 아니다.

라즈기르로 가기 위해서는 중간에 비하르샤리프에서 버스를 갈아타야 했다. 이번 성지 순례 중에서 우리는 최악의 버스를 타게 되었다. 파트나에서 비하르샤리프로 가는 버스였는데 아내가 앉은 자리는 아예 의자의 쿠션 커버가 떨어져 나가고 흉물스레 중앙의 쇠뭉치만 드러나 있었다. 도로가 안 보여서 알 수 없지만 1.5~2차로의 길은 포장, 비포장을 불문하고 이리 패이고 저리 패여 있다. 그러니 제일 뒷자리의 우리는 종종 공중부양을 하지 않을 수 없었다. 한 번 뛰게 되면 '낮은 도' 음에서 '높은 도' 음까지 한 옥타브는 뛰어오른다. 급기야 아내는 멀미에 호흡 곤란까지 일으켰다. 옆자리 남자에게 소리쳐 창문을 열게 하고 지압으로 기를 통하게 하였다.

그런데 우리 바로 앞, 통로에 놓인 의자(?)에 앉은 인도 할아버지가 아까부터 계속해서 우리를 쳐다본다. 여간 거슬리는 게 아니다. 그러지 말라고 말해도 계속 그러다가, 급기야 아내의 짜증 섞인 핀잔에 그 버릇이 고쳐진다. 악의야 없었겠지만 왜 그래야 했는지 알 수 없다. 나중에 아내는 영 늘어져서 우리가 '높은 도' 음을 내고 내려올 때에도 몸이 무거워졌는지 그냥 쳐져 있다.

그러기를 3시간 20분(79km), 마침내 비하르샤리프에 도착했다. 다시 라즈기르(王舍城) 가는 버스로 갈아타야 하는데, 릭샤 왈라가 접근해서 '라즈기르 버스 스탠드'로 데려다 주겠단다. 짐이 무거울 뿐만 아니라, 맡기면 길을 쉽게 알 수 있겠다 싶어서 타고 갔는데 거긴 '합승 지프'

타는 곳이다. 당연히 우린 다시 버스 정류장으로 돌아올 수밖에 없었다. 이건 완전히 지난 여름 델리의 '푸라나 킬라' 가기의 재판(再版)인데, 아내의 화가 폭발하고 말았다. 영어로 10루피도 줄 수 없다고 하면서(내가 왈라에게 건네주려던 10루피 지폐를 아내가 뺏어 들고) 왈라를 향해서 화를 내다가 릭샤를 발로 차기까지 했다. 그러면서도 아내는 우리말로 10루피를 수레꾼에게 주라고 한다. 그 왈라에게 딴 생각이 있었는지, 언어 소통이 제대로 안 되어선지 몰라도 그는 애쓰고 욕만 먹은 꼴이 되었다. 고객의 요구사항을 정확히 이해해야 할 일이다.

다행히 라즈기르 가는 버스는 좋은 차다. 앞의 세번째 자리가 비어 있어 우리 세 사람이 앉았다. 짐을 버스 지붕에 올리란 소리도 하지 않아서 편하게 가지고 탔다. 그런데 내 배낭은 통로의 폭 2/3 정도를 차지하게 되어서 인도인들의 통행에 여간 불편을 주는 게 아니었다. 그러나 불편이 곧 생활인지, 외국인이라고 봐주는 건지, 그들은 아무도 우리에게 배낭을 치우라고 하지 않았다. 우리는 조그만 불편에도 그들에게 불평하고 화를 내고 욕했는데, 그들은 그렇게 하지 않았음을 깨닫는다. 그들보다 오히려 아내가 더, '배낭에 의한 그들의 불편'에 신경쓰고 미안해 한다.

날란다 대학과 영축산

2월 1일

택시를 대절해서 타고 '날란다(Nalanda)'로 갔다. 날란다는 대평원 속에 자리잡고 있는데 산치 이후에 처음이다. 산치는 대평원 중앙에 있으나, 대탑지(大塔地)의 평수는 사실 얼마 되지 않는다. 하지만 여기 날란다 불교대학 터는 광대한 건물이 들어섰던 곳이다. 법당, 승당, 강당터 등 다 둘러보려면 다리가 아플 정도로 다녀야 한다.

"날란다는 왕국이다!"

아내의 탄성이다. 룸비니에서 만난 한 대학생이 내게 물었었다.

"교수님도 성지에 와 보니 눈물이 막 나오고 그랬어요?"

"아니."

그런데 오늘 나는 날란다와 라즈기르에서 각기 한 번씩 눈시울이 뜨거워지면서 눈물이 났다. 날란다행 택시 속에서는 온몸에 전율마저 일어났다. 날란다, 그 웅장한 모습은 인도 불교의 영광을 집약해서 나타내고 있는데, 그 곳이 부숴졌으니 그 안타까움을 어떻게 표현할 수 있을까. 아직도 부서지고 깨진 석물들이 여기저기 뒹굴고 있다. 두번째 눈물은 여기 왕사성(王舍城)과 저 서북방의 사위성(舍衛城)이 부처님 교화의 양대 축인데, 부처님께서는 그 먼 길을 평생 걸어다니시면서 중생을 위한 삶의 말씀을 남겨주셨구나, 하는 생각에서였다.

날란다 박물관은 아들과 나만 겨우 들어갔다. 5루피 동전을 주고 2루피 표 두 장을 요구했는데, 거스름돈 1루피가 없다는 것이다. 거스름돈이 1루피든지 75루피든지 인도인들은 늘상 '거스름돈이 없다'고 하면서 거스름돈을 포기하기를 기다린다. 만약 포기하면 그 거스름돈은 어떻게 처리되는지 모르겠다. 2루피 동전만 내고 표를 사는 사람도 있는데, 그렇게 모은 잔돈이 없지는 않을 텐데. 또 미리 적정한 양의 잔돈은 준비해 놓아야 하는 것 아닌가. 하여튼 이 못된 버릇은 고쳐가면서 여행하기로 했다.

날란다 박물관 앞뜰에는 목 잘린 보살상이 우릴 맞는다. 삼배를 드리고 박물관으로 입장했다. 박물관 건물의 크기에 비하여 수장품은 알차서, 오밀조밀 전시와 설명도 적절하다. 대개가 불교 조각이고 힌두 조각이 약간 섞여 있다. 불교 조각 중에는 9~10세기 작품이 많다. 그때가 날란다의 전성기였던 모양이다. 관음, 미륵 등 다양한 불보살상이 있다. 미륵보살상을 볼 수 있는 데에서 유가유식불교의 교학이 왕성했던 날란다의 신앙 경향을 짐작할 수 있는 것일까. 알 수 없다.

특기할 만한 것은 '반야바라밀(Prajnaparamita)像'이다. 경전에 의하면, 반야바라밀은 모든 부처님의 어머니다. 즉 반야바라밀은 불모(佛母)이다. 따라서 반야바라밀을 염하는 것이 부처님을 염하는 것이 된다. 광덕 스님께서 '마하반야바라밀 염송'을 제창한 까닭 역시 여기에 있으리라. 모든 염송 중 가장 근본이 되는 염송이 마하반야바라밀 염송이다. 이유는 그것이 모든 상(相)을 떠나 있기에. 상(相)은 상(像)을 포함한다. 그러므로 본래 마하반야바라밀은 상(像)이 없는 것이다. 그런데 날란다 박물관에는 신격화된 반야바라밀 보살상이 있다. 여러 구(軀)가 있었는데 손이 2,4,12개 등으로 다양하고 여신의 모습이다. '반야바라밀'이라는 명사의 성은 여성이다. 아마도 인도 불교의 말기, 힌두교의 영향으로 제작된 것이 아닌가 추정된다.

오후에 통가를 타고 영취산으로 갔다. 리프트가 있어서 영취산 정상으로 올라갔는데, 일본산 묘법사(日本山 妙法寺)에서 세운 평화탑(santi stupa, 사면에 네 가지 상의 불상을 모셨다)이 있다. 이는 바이샬리에서도 볼 수 있었는데, 거기나 여기나 모두 주변 경관보다 더욱 크게, 위압적으로 지어져 있다. '남묘호렌겟교'에서 세운 것인데, 리프트 역시 이들의 작품이 아닐까 싶다. 인도인 소풍객들로 사람이 많다. 한국의 산에 비하면 아무것도 아니지만 인도에도 어떻게 이런 산이 있나 싶을 정도다. 산의 높이가 높지는 않으나 옆으로 길게 누워서, 이 일대를 두루두루 감싸면서 뻗쳐 있다. 척박한 돌산으로 편안히 머물기는 어렵다. 불교 최초의 절인 죽림정사(竹林精舍)가 영취산 위에 세워지지 않고 바로 그 아래 평지인 죽림에 세워진 것도 영취산이 돌과 바위 투성이의 산이기 때문이었으리라 생각된다.

돌아오는 길에 들른 죽림정사 터에는 어떠한 승원의 흔적(기단 같은 것)도 없고 다만 죽림일 뿐이었다. 큰 대나무들이 곳곳에 무리지어 촘촘히 있었다.

깨침의 땅에서 나를 다시 생각하다

2월 2일

컵라면 하나로 세 식구가 아침을 때우고 가야행 버스를 탔다. 비하르 주에 오기 전에 비하르의 악명을 익히 들었으나, 그것은 대개 치안과 연관된 것이었다. 그러나 그것 이상의 악명은 도로 사정에 있다. 아스팔트라 해도 그 굴곡(凹凸)이 이만저만이 아니다. 여기저기 움푹움푹 패인 길을 차가 지나가면 좌우로 요동치는 것이 각기 45°정도는 오르락 내리락 한다. 비하르의 현실이 이러하건만 유독 다른 어떤 주에서보다도, 이 곳에서 무슨 정당이나 단체의 깃발을 단 차량, 오토바이 등을 자주 만나고 그들의 선전, 선동, 방송 등을 자주 만난다. 구역질나는 일이다. 홍보 이전에 진정으로 주민을 위하는 일에, 제발 진력했으면 좋겠다.

가야에서 보드가야까지는 오토 릭샤를 탔다. 떼강도가 출몰한다는 그 길을 무사히 통과한 것이다. 이정표도 없는 고려사를 물어물어서 찾았다. 스님들이 여러 분 계신다. 인사를 드리고 짐을 풀었는데 착착이 자꾸만 토한다. 어제 리프트가 중간에 멈춰 선 탓에 놀란 것 같다. 청심환을 하나 가지고 올 걸 그랬다. 건준네가 준 설사약을 먹이고 뜸과 지압을 해 주었다. 밤에는 동관(東觀) 스님께서 손을 바늘로 따주었다. 그리고 밤늦게까지 우리 방에서 이런 얘기 저런 얘기를 해 주셨는데, 내게는 '정말로 굶어서, 배가 고파 죽을 것 같을 때 구걸해서 먹어 보라'는 숙제를 내주셨다.

 진정으로 근원적으로 감사해야 할 일은 첫째, 우리가 한국에서 태어났다는 사실이며, 둘째는 부처님 법을 만났다고 하는 사실이다. 정말, 나는 매사에 감사하는 생활이 부족하였다. 감사하는 마음이 저절로 하심(下心)케 할 것이고, 인욕케 할 것인데도 말이다.

2월 3일

 아침에 '마하보디 대탑'으로 가서 참배를 드렸다. 보리수 나무 아래서 부처님께서 마군(魔軍)을 항복 받고 도(道)를 이루신 곳이다. 그 나무는 그대로 있고, 그 나무 입구에 불족석(佛足石) 둘이 놓여 있다. 언제 조성되었는지 모를 대탑이 웅장하다. 대탑을 중심으로 우요삼잡(右繞三匝, 오른쪽으로 세 번 돌면서 예배하는 것) 할 수 있는 정사각의 길이 삼중으로 나 있다. 그 길로 수많은 인파가 돌면서 예배한다. 대탑 주변의 공간에는 티베트 스님들과 신도들(서양인도 있다)이 '티베트식 오체투지'를 한다. 아예 절판(절하는 널빤지)이 있다. 그러나 나는 우리식 예법으로 오체투지를 했다.

 대탑 예배를 하는데, 아들이 먹은 것도 없고 아직 몸이 안 좋은지,

어지럽고 힘없어 한다. '보드베가스'라는 한국 식당 간판을 어제 본 적이 있는데, 거기로 가서 식사를 하기로 했다. 옥상 식당에는 7~8명의 한국인 여행객이 모여서, 식후 한담중이다. 우리도 한켠에서 김치찌개와 흰죽을 시켜서 먹었다. 맛있었다. 우리 학교 대학원 미술사학과 다니는 여학생도 만났다. 반가워서 그 여학생의 밥값까지 내주었는데 내게 밥값 낼 기회를 준 그 여학생이, 실제로 우리에게 큰 보시를 베푼 셈이다. 오늘 보드가야를 떠난다고 한다.

'보드베가스' 식당에서, 우리는 이성규 PD를 만났다. '수자타 아카데미'에 가는데 택시가 있으니 같이 가자고 해서, 얼른 따라 나섰다. 사실 내일 가려고 계획했던 곳이다. 택시를 타고 가야 쪽으로 다시 나가서 다리를 건너야 한다. 그 강이 니련선하(尼連禪河, Neranjana)인데, 부처님께서 고행의 무의미함을 깨치고 목욕하신 그 강이다. 그 뒤 보리수 아래로 오셨던 것이다. 택시로도 한참을 돌아서, 길도 몇차례나 물어서 가야 했다. 우리끼리 오토 릭샤를 타고 왔더라면 엄청 고생했을 것이다.

수자타 아카데미는 1994년 법륜 스님 발기로 세워진 JTS(Join Together Society)에서 '기아·질병·문맹'의 삼독(三毒)을 퇴치코자 불가촉천민 마을 주변에 세운 학교이다. 우리의 예상과는 달리, 건물이 상당히 크다. 학교 건물(2층) 1동, 자원봉사자 숙소 겸 식당으로 쓰는 요사채 1동, 법당과 강당이 있는 건물(2층) 1동이 있다. 현재는 학생이 8학년까지 약 200명. 인근에 세운 분교(유치원)는 10개. 장차 10학년까지 설립해서, 졸업생 중에서 우수한 이를 교사로 쓸 계획이다. 현재도 교사는 모두 인도인이다. 학생들에게 모든 교재, 문구, 교복을 다 지급하고 점심 급식까지 지급한다. 텃밭에는 배추, 상추 등 농사를 짓고, 십여 명의 한국 대학생 자원 봉사자들이 있다. 국제적으로 자원봉사를 하는 대학생 단체 회원도 몇 명 있었다. 현재까지 모든 경비는 한국의 '정토회'를 비롯한 불자들의 지원, 그리고 모 신문사 자원 봉사 조직의 지원을 받고 있다. 병원 건립 기초 공사중인 현장에도 가 보았다.

인도는 땅 사려는 사람이 없어 주민들 중에 어려운 일이 있거나 큰 일이 있어서 돈이 필요한 사람이 우리 땅 사 달라고 가지고 오는 땅을 사기 때문에 인도값 그대로 해서 10,000평을 확보했다고 한다. 책임자는 키가 자그마한 여성불자 이선주 법사다. 존경심에서 엎드려 절하고 2,000루피를 보시했다.

사실 고려사나 수자타 아카데미의 불사는 우리 스님과 신도들로 이루어진 각 사원, 단체의 순례단이 잠깐씩 들러서 격려만 해준다면 훨씬 쉬운 일이 될 것이다. 그렇지만 고려사만 해도 보드가야 대탑에서 약 1.5km 정도 떨어져 있어서인지, 그 많고 많은 순례자들은 버스를 타고 와서 대탑만 참배하고 그냥 가 버린다고 한다.

'절이 없나? 한국에도 절이 많은데…'

그렇게 생각할는지도 모른다. 하지만 이제는 형상으로만 남은 인도 속에 불법의 싹을 다시 틔워가고, 우리 문화를 전하는 현장을 함께 지키고 가꾸어 주는 일은 참으로 값진 일이라 생각된다. 그래서 아예 일정을 짤 때, 한국 사찰 고려사와 수자타 아카데미를 순례 장소로 넣으면 좋을 것 같다.

수자타 아카데미 맞은편에 있는 전정각산(前正覺山)에 올라갔다. 전정각산은 부처님께서 6년 동안 고행하신 곳인데, '싯다르타 동굴'이 자그마하게 있었다. 현재는 티베트 절이 자리하고 있다. 하루에 거길 왕래하는 사람이 얼마나 될까? 그 산길에도 어김없이 여기저기 거지들이 누워 있다. 배가 고픈지 앉아서 구걸하기도 힘들어 보인다.

이성규 PD(38)는 방송생활 10년인데 마흔 전에 뭔가 작품을 만들어야겠다 싶어서, 작년 7월 인도로 왔단다. 처음에는 캘커타에서 2개월 동안 '마더 테레사의 집'에서 자원봉사를 하면서 작품화 가능성을 검토했으나, 부정적으로 결론내리고 이 곳 비하르에 오게 되었다. 죽어가는 한 노인에게서, 비하르에서 일어나고 있는 지주 대 불가촉천민(농민) 사이의 계급 갈등과 학살에 대한 이야기를 듣고, 그것을 찍으려고 이 곳으로 왔다는 것이다. 작년에만 비하르에서 그 같은 전쟁으로 죽은 사람이 약 200명이라고 한다.(94년 이후에 약 2,000명이 피살된 것으로 추정됨.)

수자타 사람들과 이성규 PD 덕분에 작은 깨침을 하나 얻게 되었다. 그것은 지금까지는 인도를 공부하고, 연구하고, 여행하고, 좋아하고, 미워하고 그랬을 뿐 한번도 진심으로 인도를 위해서 기도하지 않았다는 깨침이었다. 이제 인도를 위해서 기도하자.

또 내 인생관과 불교관, 특히 수행관에 대해서 깊이 재검토를 시작하였다.

여기는 부처님 정각의 땅이다. 그런데 나는 이 곳에 참배와서 정각을 얻는 것에 집착하지 않기로 정리한다. 깨달아야겠다는 생각이 있다면, 나는 깨쳤다는 생각이 있을 때도 있을 것이다. 그건 참으로 위대하다. 그러나 그러기 위해서는, 여기에 두 가지 조건이 요구된다. 첫째, 눈 밝은 스승이 필요하고 둘째, 전념해야 한다. 즉, 내 나머지 생애를 걸어야 한다. 지금까지의 내 삶 역시 부처님의 삶, 부처님을 시봉하는 삶이었다. 그것을 다 버리고서, 과연 금생에 얻어질지도 모를 그 어떤 깨달음을 위해서 집을 떠나야 할 것인가? 그렇지는 않다. 내게도 부처님의 부촉이 있다. 그럼 어떻게 할 것인가? 경전을 스승으로 모시고, 삶 속에서 수행을 다하자. 부처님께서도 경전의 말씀으로 스승을 삼으라고 하시지 않았던가. 항복기심(降伏其心)하고 광수공양(廣修供養)하자. 내 속의 부처님, 모든 존재 속의 부처님을 한결같이 확신하고 그들을 시봉하면서 불사를 지어가는 보현행 말이다. 이 때 『천수경』 『금강경』 『화엄경』 「보현행원품」이 특히 중요한 3대 경전이다. 수나라 삼계교의 신행(信行) 스님이 상구보리(上求菩提)를 버렸다 했는데, 나는 이제 확실히 버린다. 이 같은 교종(教宗)의 수행론과 성불론에 대한 깊은 사색이 필요하다. 그럼 『천수경』의 수행법, 대비주지송과 관음염송은 어떻게 되나? 업장 소재, 염불선적 활용(다라니=화두), 그리고 기도로써 기본 수행이 아니라 본수행이 된다. 관세음보살님과 부처님이 둘이 아니기에 말이다.

잠든 아내와 아들의 얼굴을 내려다 본다. 이들도 부처님이다. 이들에게도 잘 시봉키로 하자.

(이성규 PD는 2000년 가을 귀국하여, 다큐멘터리 '보이지 않는 전쟁'을 여러 영화제를 통하여 상연하였다. 또 수자타 아카데미의 '지바카 병원'은 완공되었다는 소식이다.)

정각도량에서 발원하다

2월 4일

보드가야의 한국 절, 고려사는 주지 월우 스님께서 10년 걸려서 이룬 도량이다. 오대산 적멸보궁에서 천일기도를 회향하시고 맨손으로 인도를 오셨다. 스님은 선방에서만 수행하시던 분으로, 한국에 특별히 반연(신도)이 많지 않으신 것 같다. 겨울에는 인도에서 사시고, 겨울이 지나면 다시 한국에 나가서 다른 절의 부전을 사시면서, 보시를 모아 불사를 하신단다. 그런 중에도 땅 3천평을 구입해 법당 건물(1층), 요사채 1동(1층), 순례자들 방(도미토리) 1개를 지으셨다. 수자타 아카데미와는 달리 땅 구입에 많은 고생을 하셨단다. 수자타 아카데미는 교육기관이니까 여기와는 다른 케이스다. 고려사는 절이니까 인근에서 인도인들이 땅값을 5배, 10배씩 올려서 고려사 입구의 레스토랑과는 아직도 사이가 좋지 않다. 도로변에 바로 붙어 있지 않고 약 50~60 미터 정도 들어가 있어서, 절 안에 들어오면 그렇게 아늑하고 한갓질 수가 없다. 마치 우리 어릴 적 살던 고향집에 와 있는 편안함을 준다. 우리가 태국 절과 스리랑카 절에 머물러 보았지만, 여기서 비로소 '우리 집'이라는 안식(安息)을 취한다.

내일은 설날이다. 부처님과 조상님과 부모님과 스님들께 세배를 드리고, 대탑에 가서 인사 드리고 성지 순례를 회향한 다음, 카주라호를 향해 떠나야 한다. 감사한 일이다. 부처님 가피가 안 계셨더라면 나는 오늘 어떻게 살고 있을까. 물질적인 것 외에도, 무엇보다 정신적인 고통을 많이 겪고 있을 것이다. 늘 그 가피를 받는 내쪽에서 문제가 있었음을 깨닫는다. 그런 내 불충과 허물을 덮어주시고 묻어주신 은사 스님과 여러 스님, 스승님들의 깊은 은혜가 새삼 뜨겁다.

대탑을 우요삼잡하는 예를 드리고, 부처님께 발원을 드렸다.

거룩하신 부처님
오늘 이 미욱한 불초 제자는

당신께서 깨침을 얻으신 보리수 금강보좌에
머리 숙여 예배하옵고 발원하옵니다.
여기서 부처님께서는 깨침을 얻으셨으나
저는 여기서 깨침에 대한 집착마저 내버리고
제 마음 속 부처님
이웃들의 부처님
온갖 중생 속의 부처님들을
모시고, 받드는 일에
전념코자 하나이다.
부처님, 당신의 크신 은혜를 그 속에서
갚고자 할 뿐
제가 깨치고 깨치지 못함은
모두 당신의 소관사일 것입니다.
거룩하신 부처님,
제게는 부처님께서 지워주신
많은 부촉사(咐囑事)가 있습니다.
학문과 연구를 통한 법의 선양과 호법(護法)
인재불사에 의한 등불의 상속
또 거기에 더하여 국내외의 갖가지 불사에
미력이나마 보태는 일
밝고 맑은 인연 공덕을 모으는 일
『천수경』 신행 운동 등 과거에
제가 인연이 되었던 불사들
거기 그 일들에 저의 힘을 바치겠나이다.

거룩하시고 은혜로운 부처님
제게는 당신의 말씀이 스승이십니다.
당신의 말씀 듣자옵고
행하는 일에 게으름이나 어긋남이 없는지
살펴주소서.
부처님, 제게 당신은 늘 함께 하시고
당신 속에서 저 역시도 늘 함께 하겠나이다.
나무 석가모니불

― 부처님 정각도량 보드가야 대탑에서

  햇살이 아까워서 서둘러 고려사로 돌아왔다. 아내는 그 동안 고려사 물 탱크가 고장나서 4~5일 밀린 빨래를 하고, 나는 온수를 받아서 면도하고 샤워까지 했다. '새사람' 된 기분이다. 온 가족이 모두 상쾌해 한다. 특히 여기 들어오자마자 싫다고 하던 아내가 너무나 편안해 한다. 선입견의 절대치가 얼마나 위험한지 깨닫는 계기가 되었으리라.
  이렇게 여행은 일상의 서울 생활(학교와 집의 왕복 운동)만으로는 깨칠 수 없는, 수많은 것들을 나에게 준다. 그러니 이 고생길을 오지 않을 수 없다.

카주라호 가는 길

2월 5일
오늘은 설날이다. 아침에 부처님께 예배 드리고, 조상님과 부모님, 스스님들께 드리는 세배를 부처님께 대신 드렸다. 그런 다음 우리는 주지 스님과 동관 스님께 세배를 드렸다. 우리 가족과 인도인 직원 3명이 함께 삼배하였다. 동관 스님께서는 "첫째는 복이 있어야 하고, 둘째는 덕이 있어야 하며, 셋째 지혜가 있어야 한다"고 덕담을 해 주셨다. 그리고 두 분 스님께서 착착에게 각기 세뱃돈을 100루피씩이나 주셨다.

9시경에 이성규 PD가 와서 우리 짐을 차에 싣고 대탑으로 갔다. 부처님께 세배 드리고 한국 스님들 뒤에서 함께 법회를 보았다. 약 11시경 이성규 PD의 택시를 얻어타고 가야 역으로 갔다. 보드가야로 들어갈 때의 길과는 판이하게 다른, 좋은 길이다. '멀다'는 이유로 그 길은 오토 릭샤들이 피하고 있어서 우리는 그토록 울퉁불퉁한 길을 가야 했던 것이다.

보드가야에서 사 먹은 생수가 오래 되어서인지(의외로 저렴한 10루피짜리 물들만 팔고 있었다), 아내와 아들은 설사를 했다. 아내는 가야에서의 점심도 거른 채, 건준이 준 설사약과 정로환 4알을 먹고 약에 취한 것인지 가야에서 알라하바드의 5시간 40분에 걸친 기차 여행을 힘들어 한다. 더욱이 오늘은 토요일이어선지, 자리가 없다. '웨이팅 리스트'를 갖고 기차를 타면, 대개 정규 자리를 받을 수 있었는데, 오늘 처음으로 끝까지 입석 신세를 면치 못하는 경험을 했다.

인도의 입석은 우리 나라와는 달리 낮(06:00~21:00)에는 좌석 소유자들의 '불편 나누기' 차원에서 조금씩 좁게 자리를 나누어 앉을 수 있다. 3층에 올라가서 누울 수도 있다. 나와 아들은 3층에 자리를 잡았는데, 아내는 '죽으려 해도 죽지도 않고 죽을 것만 같은' 고통 속에서도, 나의 권유를 뿌리치고 3층 침대에 오르려 하지 않는다. 그 고집불통이 보통 미운 게 아니다. 나중에 왜 그랬냐고 물어보니까, 자기가 앉은 좁고 불편한 자리를 내게 주지 않으려고 그랬단다. 젊을 땐 그 같은 사양지심의 태도가 좋았지만, 이제는 여간 불편한 게 아니다. 그냥 내 뜻에 따랐으면 싶다. 함께 온 것이 후회된다. 이번 여행에서 유난히 고생하는 것은, 아마도 오기 직전의 독감으로 몸이 약한 상태였기 때문이라는 자기 분석을 내놓았다. 알라하바드 다 와서 조금 나아졌다.

알라하바드 기차역 맞은편에 있는 호텔 프라야그(Hotel Prayag)로 숙소를 잡았다. 425루피를 요구해서 400루피로 깎았다. 고락푸르의 보비나 호텔이 550루피(세금 포함, 605루피)였는데, 그에 비할 수 없이 너무나 깨끗하고 좋다. 이번 인도 여행 중 최고 좋은 호텔이라고 아내는 만족해 한다.

아내와 아들 모두 설사중이므로 보리차를 끓여서, 건준이 준 한방생약제제 설사약 1개를 각기 1/3씩 먹고 저녁은 굶었다. 나 혼자 남은 라면 1/4개를 삶아서 저녁을 해결했다.

어젯밤 티베트 사람들의 축제 시작 전야제에서 터뜨린 폭죽소리를 저 유명한 '비하르의 총격전'으로 오인(아는 것이 병이다.)하여, '관세음보살' 기도를 하며 잠 못 이뤘다는 아내와 피곤한 아들은 일찍 잠자고 있다. 나를 깨우면 되었을 텐데, 혼자 왜 그렇게 떨고 있었을까? 그게 바로 그녀다.

2월 6일

아침에 일어나서도 아내는 아무것도 못 먹고, 내가 끓여준 옥수수 찻물만 몇 번 마신다. 아내는 아우랑가바드와 엘로라를 생략하고서 바로 뿌네로 가자고 한다. 그렇다면 카주라호에서 하루 더 머물면서 여유있게 볼 수 있다는 장점이 있다. 그래, 그렇게 하자. 혼자 기차역 예약 센터에 가서 사트나에서 뿌네까지의 기차표(약 24시간 소요 예정)를 끊었다.

사트나에서 버스를 타고 카주라호에서 10km 떨어진 바미타(Bhamitha)까지 오는 데 4시간 10분이나 걸렸다. 1시간에 약 25km도 못 달린 셈이다. 비하르보다는 다소 낫지만 여기저기 움푹움푹 패인 길은 막상막하다. 바미타에 도착했을 때는 이미 밤이 되어 버렸다. 버스를 함께 타고 온 인도인 가족과 택시를 타고 카주라호로 왔다. 분명히 함께 대절해서 타고 왔는데, 나중에 알고 보니 인도인 4명은 모두 무료였고, 우리에게만 100루피를 바가지 썩운 것이었다. 아내가 사실을 알고 흥분하였으나, 그 택시 기사가 우리를 데리고 호텔을 찾느라 여기저기 다닌 노고를 감안, 20루피를 더하여 120루피를 주었다. 우리가 택시기사에게 말했다.

"돈은 문제가 아니다. 알고 싶은 것은 진실이다."

겨우 시원치 않은 '락샨 게스트 하우스'에 들었다.(150루피) 이미 밤 9시가 넘었으므로, 할 수 없이 이 곳 식당에서 가능한 단일 메뉴 '탈리'를 시켰는데, 맛도 없고 돈(40루피×3=120루피)만 내버렸다. 의논도 하지 않고, 일방적으로 시켰다는 처자식의 항의에 할 말이 없었다.

신들도 사랑을 하네

2월 7일

한국 음식을 전문으로 한다는 '아씨식당'에 아침을 먹으러 갔다. 밥도 많이 주고, 감자국(30루피)도 그런대로 맛있다. 그러나 김치는 무료였는데 영 맛이 아니다. 무는 삶은 무 같았고, 무청은 쓴맛이 나서 뱉을 수밖에 없었다. 김치를 잘 만들 수 있느냐 없느냐 하는 것은, 외국에 있는 한국 식당의 수준을 좌우할 수 있는 시금석이 된다는 생각이 들었다.

락샨 게스트 하우스에서 체크 아웃하고, 호텔 요기롯지(Hotel Yogi Lodge)로 옮겼다. 평수는 좁아도 화장실 형편이 좋고, 더블 룸에 80루피다. 카주라호의 방값은 싼 편이다.

널찍한 정원 속에 띄엄띄엄 몇 개의 힌두교 사원이 서 있다. 서부 사원군(群)이다. 외형으로 봐서 잘 관리되고 있지 못함이 한눈에 역력하다. 시커멓게 때가 낀 것인지, 마치 불에 그을린 것 같다. 공기 오염이나 산성비 때문인가? 우린 왼편에서 오른편으로 돌면서 보았다. 신전 내부에는 대개 주신(主神)이 입상(立像)으로 되어 있는데, 좁은 평수의 예배 공간만 있다.

카주라호를 유명케 한 것은 그 내부가 아니라 외부의 조각들이다. 무슨 전체적 구도나 메시지가 있는지는 알 수 없다. 수많은 코끼리, 수많은 요정들이 있고, 여기저기 남신(男神)과 신비(神妃)들의 미투나(Mithuna)상들이 있다. 미투나는 원래 '짝'의 뜻이었으나, 남녀 교합상을 이르게 되었다. 1:1의 정상적인 관계의 조각만이 아니라, 4명이 벌이는 요상한 체위까지 묘사한 조각들도 있었다. 그 의미는 무엇일까? 남녀의 미투나상은 음양의 조화, 양성의 조화를 말하는 것인가? 그렇다면 혼음(混淫)의 의미는 뭘까. 성을 터부시하거나 금욕의 대상으로 삼지 않고, 긍정하면서 성의 힘(性力, sakti)을 신의 본질로 삼는 힌두교의 교리가 그 배경에 놓여 있으리라 짐작되지만, 정확히 그 전체를 정리하기는 쉽지 않다. 한편, 원시불교나 대승불교에서는 이 같은 태도와 관점을 가지지 않으나 후기 밀교에 오면 이러한 힌두교적 관점의 영향이 확인된다.

사원의 높은 꼭대기에까지 새겨진 조각들을 올려다 보느라 목도 아프고, 현기증마저 느껴진다. 영화 '인도로 가는 길'에서 여주인공이 느끼는 현기증과 충격이 이해된다. 여기저기 감실(龕室)이 있는데 거의 (90% 이상) 비어 있다. 완벽하게, 깨끗이 뜯겨나간 것으로 판단된다. 카주라호의 서부 사원군은 '세계문화유산(World Heritage Monument)'인데, 인도의 문화유산 보호에 대한 의지와 상식을 의심케 한다. 계단이나 기단(基壇) 등에서 보수의 흔적을 쉽게 볼 수 있는데, 그 사이사이에 참으로 어처구니없이, 부서진 신상이나 요정 등을 마구잡이로 조합하여, 얼굴이 없는 여신(또는 요정)이 옆으로 뉘어져서 구겨진 것도 있다. 참으로 인도의 문화 의식과 역량을 의심케 하는 일이다. 제자리에 꿰어 맞출 수 없는 것들이라면, 바로 박물관에 보존 전시하고, 그 계단이나 기단의 보수는 다른 돌로 메워야 하는 것 아닌가?

길 건너편에 있는 박물관(어른 5루피)에 가니, 광배(光背)까지 붙여진 채로 그대로 정연하게 떼어낸 것들이 있다. 거기 전시된 것들은 거의 감실에서 떼어낸 것으로 의심된다. 직원에게 물으니 '폐사(broken temple)'에서 가져온 것이라 말한다. 그럴지 모른다. 여기 카주라호에는 지금 존재하는 사원들보다 훨씬 많은 사원들이 있었을 것이 분명하기 때문이다. 그러나 그렇게 이해받기 위해서는 서부 사원군의 사원 감실의 상들이 어떻게 된 것인지에 대한 설명도 있어야 할 것이다. 얼굴 부분이 깨지긴 했지만, 카주라호에서 출토된 불상이 한 구(軀) 있었다. 여기에도 불교 사원이 있었던 것일까?

저녁에는 아그라왈 순 채식 식당(Agrawal Pure Vegetarian

Restaurant)에 가서, 아들과 아내만 밥을 먹었다. 아내는 배부르게 먹었다면서 너무나 행복해 한다.

2월 8일

오전에는 자전거를 빌려 타고(1대 20루피) 동부지역 사원군에 있는 자이나 사원에 갔다. 현재는 수행자들이 사는지 알 수 없으나 유명한 사원인 것 같다. 신발과 양말까지 벗으라고 해서 나 혼자 들어가 보니, '디감바라(空衣派)' 계통의 사원과 수행자들에 대한 사진들이 회랑에 전시되어 있다. 말로만 듣던 나체의 수행자 사진을 볼 수 있었다. 오른손에는 물주전자를, 왼손에는 빗자루를 하나씩 들고 있다. 그야말로 숨겨야 할 그 부분까지 그대로 노출되어 있다.(그들이 나체가 된 까닭은 무소유의 계율 때문이라고 한다. 그렇다면 물주전자나 빗자루는 소유가 아닌가. 탁발에 의해서든 보시에 의해서든 먹는 음식은 그들의 소유가 아닌가.) 앉아서 대화를 나누는 수행자들도 있었는데, 표정들은 모두가 평화롭다. 모든 옷을 벗어던질 때 진정 자유를 느낄지는 알 수 없다. 오늘날 그렇게 산다면 사회와의 관계는 어떻게 될까? 신도(信徒) 이외에도 종교가 관계 맺어야 할 사회는 또 있는 것 아닐까?

자이나 사원 옆에 자그마한 자이나 박물관이 있었다. 혼자 들어가 보니(2루피), 거기에는 자이나교에서 믿는 과거의 24분 티르탕카(Tirthanka)들 상이나, 마하비라 상 등 다양한 조각들이 있다. 힌두교의 신상 조각에서 볼 수 있는 것처럼 복잡다기한 면모도 확인된다. 다만, 티르탕카의 좌상들만은 선정상(禪定像)인데 불상과 비슷한 분위기다. 수인은 선정인(禪定印)인데, 엄지를 맞대지 않고 아래윗손을 포개놓은 형태이다.

자이나교와 불교는 여러 면에서 비슷하다. 그 중에 하나가 불교에서는 과거 7불 신앙이 있고 자이나교에서는 과거 24티르탕카 신앙이 있다. 과거 7불의 마지막 부처님이 곧 석가모니 부처님이고, 과거 24티르탕카의 마지막이 마하비라라고 말하는 것도 같다. 이러한 유사성은 자이나교와 불교 공히 비정통의 사문 종교(沙門宗敎)라는 공통성에 기반하고 있기 때문인지도 모른다.

오후에 서부 사원군에 다시 갔는데, 해가 넘어가면서 그 정취가 사뭇 다르다. 더욱 평화롭다. 정원을 거닐면서 나무들 사이로, 멀리서 바라본 사원들이 그림 같다. 왜 여기 힌두교 사원들은 모두 출입문이 하나밖에 없는 것일까? 캥거루 아기주머니처럼 문이 하나밖에 없는데, 속이 어두우니까 시커먼 암흑만이 보인다.

카주라호는 숙소가 싸고, 아그라왈 식당처럼 싸고 맛있는 곳도 있다. 또 낮에는 햇살도 따가울 정도여서 선글라스를 껴야 한다. 편안하게 쉴 수 있는 곳이다. 그런데 사람들이 지나칠 정도로 호객 행위를 해서 지치게 만들기도 한다. 전화가게(ISD) 관계자까지 길거리를 어슬렁대며 호객하는 곳은, 아직 인도에서도 여기밖에 못 보았다.

제발 좀 가만 놓아두라. 우린 자유가 그리워서, 간섭이 싫어서 여기 인도로 온 것이다.

이런 일 저런 일(如是我聞)

— 비행기에 올라 자리에 앉자마자 기도하는 시크교도들을 보았다. 그리고 일을 하다가 혹은 비행기 안에서, 뭄바이 공항 내에서도 기도하는 이슬람교도와 시크교도들을 많이 볼 수 있었다.

— 건준네 집과 비말리 교수 집이 있는 블록은 밤이면 철제 대문으로 봉쇄하며, 그 곳을 지키는 사람이 있었다. '쪼기다'라고 부른단다. 그런데 보경이 집 앞에는 나무 방망이를 들고 있는 군복 입은 사람이 있었다. 사람이 드나들 때 방문객의 신원을 확인하고 문단속을 하는데, 보경이 주인집과 그 옆집만을 경비하는 사설 경비원이라고 한다.

— "한국은 정말 깨끗한 나라더라. 심지어 철길마저 깨끗하더라."

한국을 다녀간 어느 인도 스님의 말이다. 사람은 물론이고, 온갖 동물의 분뇨와 갖은 쓰레기들로 그득한 인도의 기차역 플랫폼을 알고 있다면, 그 말에 웃을 수 있다.

— 기원정사에서, 한 인도 청년은 우리 나라 만원권 새 지폐 한 장을

들고 루피와 교환해 달라고 했다. 다른 한켠에서는, 또 다른 인도 청년이 한국 순례단을 집요하게 따라다니며, "한국 돈 있는가? 한국 돈을 달라."고 애걸하고 다녔다.

— 기원정사의 4~50대 쯤으로 보이는 한 걸인 남자는 너무도 한국말이 유창해 한국 관광객들을 놀라게 하고, 그는 그 대가로 인심 후한 한국 보살님들의 적선으로 주머니를 불렸다. 그가 목청 높여 떠드는 한국말들은, "거룩한 부처님께 귀의합니다. 나무석가모니불, 나무석가모니불" "자, 스님 가신다. 빨리 가자, 빨리!"

— 시골로 갈수록, 하층민일수록 '인도는 세상에서 가장 힘세고 잘 사는 나라'로 알고 있는 듯하다.

— 자주 만나게 되는 인도인들의 '안됨 말고' 식 태도가 몇 있다. 되면 좋고, 안 되면(거절 당하면) 그만인 것이다. 마음 약한 관광객은 그들에게 넘어간다.

1. 버스 지붕 위에 실어준 짐값을 요구해서 거절했더니, "안됨 말고."
2. 곳곳에서 오토 릭샤 운전석 옆자리에 다른 사람을 태우려고 해서 우리가 안 된다고 했더니, "안됨 말고."
3. 카주라호에서 자전거를 타다가 잘못 넘어져 앞에 있던 오토바이를 넘어뜨렸더니, 수리비를 물어달란다. "뭘 그러냐? 오토바이 멀쩡한데." 했더니, "안됨 말고."
4. 동네앞 길목에 긴 장대를 걸쳐두고 통행세를 내라기에 거절했더니, "안됨 말고."

— 사트나의 시외버스 정류장에는 드물게도 공중 화장실이 있었다. 우린 공짜인 줄 알고 갔는데 2루피를 달란다. 2루피를 받는 대신, 그들은 열심히 물청소를 하고 있었다. 또 뭄바이 공항 화장실에서는 사리

입은 아줌마 둘이 여자 화장실 문을 열어주고, 닫아주고, 휴지까지 떼 주면서 10루피를 달라고 했다. 화장실 안에는 두루마리 화장지가 비치되어 있는데도 말이다.

― 고락푸르와 보드가야의 물은, 받아서 10분 정도만 지나도 뿌옇게 가라앉는 이물질이 있다. 석회분 때문이라는데 '담석증 환자가 세계 1위'라는 인도답다.

― 인도 세탁 비누는 양잿물 성분이 많이 함유되어선지 좀 사용하고 나면 손바닥 피부가 다 벗겨졌다. 그래서 이번엔 고무 장갑을 가지고 갔는데, 고무 장갑을 인도 사람들은 너무나 신기하게 바라보았다. 카주라호에서는, 옆 건물 옥상으로 수십 명이 몰려들어 구경했다. 유학생의 얘기를 들어보니 델리에서도 고무 장갑을 구하기가 어렵다고 한다.

― 룸비니 동산 앞에 티베트 사원이 있고, 그 옆에 작은 집이 한 채 있다. '우탄트 기념관'(살림집 같은데, 문패만 하나 달려 있음)이다. 우탄트는 미얀마 출신으로 UN사무총장을 지냈는데, 룸비니를 와서 보고 '부처님 성지가 이래서는 안 되겠다' 하여 개발을 계획하고, 국제적인 모금을 통해서 많은 도움을 주었단다. 그 많은 돈은 다 어디 갔을까? 그 행방에 대해서는 『우·간·다』에서도 언급을 하고 있다. 우탄트는 기억되어야 할 이름이다.

― 쉬라바스티에 '금강정사'를 짓고 있는 대인 스님의 꿈은 두 가지다. 첫째는 기원정사 터에 각국어로 된 『금강경』을 조각해 모시는 것이고, 둘째는 인도의 상층 계급 출신자들 중에서 승려를 양성하고 교육시키는 학교를 만드는 것이라 한다.

현재는 인도 승려들이 낮은 계급 출신들이 대부분이어서 물질적인 데에만 얽매여 의식이 없다는 것이다. 그래서 브라만 출신들을 출가시켜야 진정으로 인도 불교의 부흥이 가능하다는 이야기였다. 몇 해 전에 공종원 선생이 「법보신문」에서 '하리잔(불가촉천민)을 불교 일꾼으로' 만들자고 했는데, 현지의 실정과는 다르다는 것이 판명되었다. 인도 스님들에 대한 비슷한 이야기는 고려사에서도 들었다.

— 라즈기르 인근에서 자이나교의 창시자 마하비라가 세상을 버렸기 때문에 라즈기르는 불교도에게만 성지가 아니라 자이나교의 성지이기도 하다. 그래서 순례자 숙소나 자이나 사원이 많다. 그 주변에는 '순채식 식당'이 자리잡고 영업을 한다. 시장 가는 골목에 자이나 사원 하나가 있었는데, 거기에는 '아힘사(불살생)가 최고의 종교'라고 씌어 있었다.

— 고려사에서 만난 동관 스님이 말씀하셨다. "티베트 사람의 신심은 세계에서 제일이다. 델리에서 보드가야까지 한 걸음 떼고 절 한 번 하면서 오는 사람도 있다. 그러나 그들은 대답을 너무 지저분하게 한다. 보드가야 국제사원협회 모임에 가서도 '지도자들이 각성해야 한다'고 이야기했다."

— 파트나에서 살고 있는 이성규 PD에 의하면, 인도에서 제일 가난한 비하르 주의 주지사가 딸을 시집보내는 데 우리 돈으로 6억을 썼다고 한다. 우리 돈 6억이면 인도에서는 가히 천문학적인 액수이다. 왜 비하르가 제일 가난한 주인지, 그 이유의 하나를 짐작할 수 있었다.

— 인도에서 활동하는 한국에서 파견된 기독교 선교사들은 약 1000명 정도 된다고 들었다. 대개 선교의 효과는 거두지 못하고 있다고 한다. 여러 가지 교육사업이나 복지사업도 많이 하는데, 선교를 내세우다 보니까 효과를 거두지 못하는 것 같다. 그런 점에서 '수자타 아카데미'가 관심을 끌고 있으며 바람직한 것으로 평가받고 있다. 불교를 앞세

우지 않는다는 이야기다. 선(善)조차 앞세우지 않을 수 있는 것, 불교의 최대 매력이다. 그러나 거의 대부분의 사람들이 이 관문(無住關) 앞에서 쓰러지게 된다.

― 바이샬리 갔다가 파트나로 가는 길에, 버스를 타고서 길이가 5km나 되는 '마하트마 간디교(Mahatma Gandhi Bridge)'를 건넜다. 말로만 듣던 다리인데, 건기(乾期)여서인지는 몰라도 강폭은 터무니없이 좁았다. 굳이 5km나 되는 다리가 필요했을까? 알 수 없는 일이다. 비가 많이 오는 우기(雨氣)에는 강 폭이 넓어질지.

― 카주라호에서 사트나 오는 길에 힌두교 사두(sadhu, 수행자) 한 사람이 우리가 탄 버스에 올랐다. 웃통은 벗고, 염주를 매고, 상투를 올리고, 이마와 상체에 흰색과 붉은색으로 기호(記號)를 찍고, 아래에도 천 하나로 가리기만 했을 뿐 바지 같은 것은 입지도 않았다. 차비를 받지도 내지도 않았다. 지팡이 하나를 짚고 있었는데 어디선가 내렸다. 우리가 본 사두 중에서 가장 남루하였다.(그에게서 성자의 이미지는 찾을 수 없었다.)

― 인도에서 돈을 세는 법은 우리와 다르다. 왼손에다 들고서, 오른손으로 하나하나 들어서 이동하는 식이다. 그렇게 하면서 돈을 반 접었을 때 접히는 부분이 찢어졌는지, 아니면 테이프로 붙여졌는지 확인해야 한다. 중간에 접는 부분이 찢어진 돈은 받지 않는다. 만약 그런 돈을 받게 되면 은행에 가서 바꿀 수밖에 없는데, 시간도 많이 걸리고 쉽지도 않다 한다. 신경 쓰지 않으면 우리식의 습관이 있어서 무심코 받게 된다. 조금만 찢어져도 받지 않고, 새 돈 달라고 했더니, 많은 인도 사람들은 그저 'No problem'만을 외치면서 안 바꿔주려 한다. 내가 "우리 한국 사람들은 No problem이지만, 당신네 인도 사람들이

problem이다." 했더니, 그때서야 웃으면서 바꿔준다.

― 인도 사람들은 표어를 멋지게 짓는 시적 능력이 대단한 것 같다. 그만큼 여기저기서 좋은 표어를 많이 읽을 수 있었다. 뿌네대학교 캠퍼스에서는 다음과 같은 표어가 적혀 있었다. '우리는 다른 어떤 대학보다도 더 훌륭하게 우리 조국을 위해서 봉사할 수 있다.'

― 새카만 얼굴의 인도 사람들에게서, 그 얼굴색과 대조적으로 뽀얀 치아를 보게 되는 것은 어렵지 않다. 그런 사람들이 칫솔질을 하지 않고(칫솔질 하는 사람들도 많지만) 치목(齒木)을 쓰고 있음을 보는 것 역시 어렵지 않다.

"치목을 할 수 있는 나무가 따로 있느냐?"

"아무 나무라도 좋다."

치목은 20~30cm 가량으로 길이는 다양한데, 아침에 기차역에서 한 무더기씩 단으로 묶어 팔고 있다.

― 인도 버스에는 차장이 두 사람이다. 한 사람은 출발과 정지를 알려주며 문을 여닫는 일을 하고, 다른 한 사람은 승객들의 표를 검사하며 요금을 계산해서 받는 역할을 담당한다.(모두 남자들이다)

― 보드가야의 고려사는 토지 구입에 많은 어려움이 있었다. 지금도 주변 토지 소유의 인도인(입구의 식당 주인)과 갈등이 완전히 해소되지 않고 있다. 한 번은 서로 측량을 하면서 시비가 있었는데, 고려사의 인도인 매니저가 고려사 입장을 편드는 것이 인도 사람들 눈에는 좋게 보이지 않았나 보다. 성난 인도 사람들이 매니저에게, "너는 왜 같은 인도 사람이면서 한국 절 고려사 편을 드느냐?" "밥 먹여주는 분이 내게는 신(神)이다." 매니저의 대답이다.

― 태국 사람들의 국왕에 대한 신심은 가히 절대적이다. 그런 황제

도 출가하여 수행 생활을 했다. 출가했을 때 찍은 승복 입은 사진이 쿠시나가르 태국 사원에 걸려 있었다. 국왕에 대한 국민들의 신앙심의 배경에는 그 같이 '출가 수행한 왕'에 대한 신심도 있는 것 같다.

— 쉬라바스티의 금강정사 대인 스님의 말씀이다. "인도 인부들은 한꺼번에 두 가지 일을 시키면 어쩔 줄 몰라한다. '방을 쓸고 나서 걸레질 해라'는 식으로 일을 시키면 우왕좌왕하는 모습만 볼 뿐이다. '방 쓸어라' 해놓고 지키고 있다가, 그 일이 끝나면 '걸레질 해라'고 시켜야 한다.

— 곤다에서였던가, 세 명의 꼬마 거지들이 있었다. 그 꼬마 거지들은 우리를 무던히도 괴롭혔다. 고함을 쳐서 쫓아보내면 도망갔다가 다시 다가와서 괴롭힌다. 우리 보기가 딱했던지, 한 인도 아저씨가 한눈을 팔면서 슬금슬금 다가오더니 한 아이를 붙잡아서 때려준다. 그러자 비로소 저 멀리 도망을 간다. 그런데 이 녀석들이 돈 달라면서 집요하게 하는 수작이 자기 손을 이마에 갖다 댔다가 그 손을 다시 내 발에 갖다댔다가 하는 식이다. 이는 정수리를 부처님 발에 갖다대는 것으로서 예를 삼았던 정례불족(頂禮佛足)의 타락이 아닌가 싶기도 했다.

세번째 여행
남의 아들 맹장 수술 시키기
(2000. 7. 20. ~ 8. 26.)

이제 캉카에게 수술을 한다고 말해야 한다.
"캉카야, 하느님 믿지?"
"네."
"커서 성공회 신부님 될 거지?"
"네."
"하느님은 훌륭한 재목을 단련시키기 위해서, 가끔 시련을 주시지? 예수님처럼."
"예."
"그래, 이제 아버지께서 맹장염 수술을 하라고 말씀하셨어."
"……"
"괜찮지? 아버지, 어머니께서 기도해 주실 거야. 들리지?"
"네."
"아저씨, 아줌마가 같이 있으니까 걱정마. 착착이도."
수술대 위에 캉카를 눕혔다.
"하느님께 기도해라. 지켜 주실 것이다."
나는 불교도이자 불교학자이지만 오늘 기독교적 믿음을 캉카에게 강조하고 있다.

— 8월 11일 일기 중에서

인도로 가는 길

우리 가족의 3차 여행은 5월 초에 준비를 시작하였다. 비행기표도 예약을 마쳤는데 갑자기 새로운 동행자가 생겼다. 파계사 대비암에서 은사 스님을 모시고 사는 사형 법준(法俊) 스님과 유발상좌 김재영 군(고2)이 이번 여행에 합류하기로 한 것이다. 여행사에 비행기표를 추가 예약하고 비자까지 받았다.

그런데 출발을 12일 남겨두고 일이 너무 많아서 여행을 갈 수 없다고 연락을 해왔다. 비행기표는 취소하면 되는데 문제는 아들이었다. 형제가 없는 착착은 내심 재영이 형과의 여행을 기대했던 모양이었다. 섭섭한 마음에 친구 캉카를 데리고 가자고 대안을 내놓을 정도였다. 거기다가 캉카의 보호자로 선생님까지 모시고 가자고 했다.

(다음 날, 창원초등학교)

착착: 선생님, 인도 가실래요?

선생님: 안 간다, 임마.

(이번엔 캉카에게)

착착: 캉카야, 우리랑 같이 인도 갈래?

캉카: 엄마한테 물어보고…

나와 아내는 아들의 시도를 물끄러미 바라보면서 아무런 제재도 하지 않았다. 그런데 캉카의 대답, 아니 캉카 부모님의 대답은 우리를 놀라게 했다. 초등학교 6학년을 혼자 보내겠다는 것이다. 그것도 외국 여행을 말이다. 그만큼 우리를 믿는다는 뜻일까? 평소 아들을 과보호하는 경향이 있는 아내에게 은근히 빗대어 나는 한마디했다.

"캉카 부모님은 아들을 참 큰 인물로 키울 분들이야."

평소 착착의 가장 친한 친구인 캉카를 내가 좋아했던 까닭에, '데리고 가겠다'는 의지 덕분에, 나는 좀더 차분하게 대응하지 못했다. "비행기표를 한 번 알아보지요." 이렇게 했어야 했는데, "네 좋아요. 같이 가지요." 그렇게 대답해 놓고 비행기표는 당연히 있을 거라고 생각했다.

캉카는 급히 사진을 찍어서 여권을 만들었다. 그러나 여행사에서는 표를 도저히 구할 수 없다는 연락을 해왔다. 출발 일 주일을 남겨둔 시점이었다. 만약 표가 없어서 못 가게 된다면 어린 마음에 얼마나 큰 상처를 받을까 생각하니 어떻게라도 캉카를 데려가야겠다고 생각했다.

이런 와중에 법준 스님에게서 다시 전화가 왔다. 표가 취소됐느냐고 물어왔다. 취소 통보 후 이틀이 지났는데 다행히도 여행사에서는 스님만 취소되고 재영은 취소되지 않았다고 했다. 그래서 재영이만이라도 같이 데리고 가겠다고 했다.

이렇게 해서 재영은 우리와 함께 여행을 가게 되었는데 캉카의 비행기표는 구할 수가 없었다.

"여보, 당신이 착착이랑 캉카랑 데리고 나중에 와요. 나는 재영이 스케줄이 있으니 먼저 가고, 우리 인도에서 만납시다. 친구끼리 같이 가야지, 착착이 혼자만 가고 캉카 못 가면 우정이 어떻게 되겠어요?"

이런 내 권유에 아내가 말했다.

"데리고 가려다 못 가게 되면 섭섭하지만, 이번 겨울에 같이 가면 되죠. 8월에도 표가 있는 것이 아니고 대기자 표인데, 그러다 8월 중순까지 자리가 안 생기면 결국 우리만 못 가게 될 뿐이잖아요?"

또 친구를 위해 희생하는 것이 우정이라는 내 타이름에 대해 아들은 이렇게 반박했다.

"내가 밥을 굶어서 엄마가 먹을 수 있으면 희생이지만 내가 밥을 굶어도 엄마가 밥을 먹을 수 없는데 어떻게 희생이에요?"

그런데 다행히도 여행사 담당 직원의 노력으로 출국 이틀 전에 캉카의 자리를 구할 수 있었다. 표가 구해지지 않는 동안, 캉카가 많이 실망하고 있었을 거라 생각했는데 아들의 이야기로는 아니었다. 겉으로는 캉카가 "다음에 가지 뭐. 회장단 수련회나 갔다 와야겠다"며 착착에게 사탕을 주더란다. 그렇다면 내가 염려하던 것처럼, 설령 캉카가 같이 못 갔다 해도 그렇게 큰 상처는 없었을 것 같기도 했다.

무슨 이야기가 그리 많은지 시종 재재거리면서, 오늘 다 하고 내일은 무슨 말을 할지 궁금할 정도로 웃고 떠드는 아이들을 보면서, 참 다행이라는 생각이 들었다. 귀국하는 날까지 무사히 여행하기를 기도한다. 그리고 나부터 신경써서 보살필 일이다.

델리를 무시하지 말라

7월 21일

오사카 간사이 공항의 한밤은 춥다. 침낭이나 담요를 가져올 걸 그랬나? 자다 일어나니 새벽 2시, 왼쪽 코가 막혔다. '레모나'를 먹고, 이온봉으로 손지압하고, 아내가 시키는 대로 '화장실(Powder room, 진짜 여자들 화장하는 곳)'에 가서 드라이로 뒷머리에 뜨거운 바람을 쐬었다. 신기하게도 이내 코가 뚫린다.

방콕에서 1시간 휴식한 뒤 같은 비행기를 타고 델리로 왔다. 해지기 전에 도착해서 다행이다. 버스를 타려다가(5명 200루피) 아내의 정보수집력 덕분에, 우리도 다른 여행객처럼 선불제 택시(pre-paid Taxi,

170루피)를 탔다.

빠르간즈에 도착해 숙소를 잡으려다가 첫번째 호텔에서, 우리는 파란 손가방 하나가 없다는 사실을 뒤늦게 발견했다. 택시에서 내릴 때 내 큰 배낭에 같이 묶었던 작은 가방이 떨어지자 아내가 그것을 주워주느라, 갖고 있던 파란 가방은 땅에 놓아둔 채 와 버린 모양이다. 다시 가 봤으나 없었다. '어쩔 수 없을 땐 빨리 잊어라', 이는 여행의 금언이다. 이 사건으로 의기소침한 탓인지 피곤 때문인지, 착착은 아무것도 안 먹고 그냥 잠자리에 든다.

캉카는 참 잘 데려왔다. 착착은 이제 엄마 아빠에게서 어느 정도 거리를 둔 채, 캉카랑 종일 이야기하고 웃고 떠든다. 그러면서 중요한 시점에서는 스튜어디스들이나 외국 어린이들과 토막 영어로(그것도 틀리지만) 의사소통을 한다.

"Starting now boarding?"(비행기 타기 시작해요?)

이런 식이다. 캉카를 데리고 다니면서 이것저것 가이드한다. 그간의 여행에서 종일 엄마 아빠만 상대하던 것과는 다르다. 캉카 덕분이다. 또 캉카는 그런 착착을 훨씬 어른스럽게 잘 데리고 논다. 우린 '착착을 캉카에게 맡긴 기분'으로 하루를 보냈다. 고마운 일이다.

호텔 골드 리젠시(Hotel Gold Regeancy 더블 룸에 660루피)는 꽤 괜찮은 곳이다. 비싸지만 가방 분실로 마음이 무거운 일행이 빨리 휴식을 취하도록 이 동네에서는 제일 좋은 호텔에 들어왔다.

7월 22일

우선 캘커타부터 가기로 하였다. 인도 최대 '혼돈의 도시' 캘커타를 가 보아야 인도에 대한 적응력이 높아질 것이기 때문이다. 뉴델리 역

2층에 있는 외국인 전용 예약 창구에 맨 먼저 줄을 섰다. 그러나 나는 호텔로 다시 가야 했다. 기차표 살 때 제시해야 하는 '환전증명서'를 어제 공항에서 환전 후 아내에게 맡겼는데 깜빡 잊고 그냥 왔기 때문이다. 다행히 새로 줄 서지는 않고 캘커타행 표를 끊을 수 있었다.(어른 4명, 어린이 1명 6,730루피) 오후에 아내와 함께 다시 가서 내일 갈 예정인 아그라행 왕복표를 끊었다.

오전에 코넛 플레이스 아멕스(Amex:American Express)에 가서 환전을 했다. 1달러에 44.25루피다. 미안한 말이지만 인도 환율이 지난번보다 평가절하돼 있어서 주머니가 더 두둑해지니 기분이 좋다.

점심을 매트로폴리스 레스토랑에서 거하게 먹고, 자가용 영업하는 '미니 봉고'를 대절해서 델리 관광길에 나섰다.

'쿠탑 미나르(Qutab Minar)', 남부 델리에 있는 유적지다. 지금 델리 기후는 우리 나라 여름 날씨보다 덜 더워 양호한 편이다. 남부 델리는 길이 좋다. 델리가 얼마나 큰 도신지 실감이 난다.(인디라 간디 공항 역시 그 광활함에서는 짝을 찾기 힘들 것이다). 넓고 큰 나라. 쿠탑 미나르는 차에서 볼 때는 '뭐, 별로 높지 않네!' 싶었다. 그러나 아래서 올려다 보니 과연 대단하다. 연신 터져 나오는 감탄사들!

"델리에서 제일 가 볼 만한 유적은 무엇인가?"

누가 묻는다면 거리낌없이 대답하리라.

"쿠탑 미나르."

그럼에도 대부분의 배낭 여행객들은 쿠탑 미나르를 가기가 쉽지 않다. 뉴델리 역 앞 빠르간즈에 베이스 캠프를 친 여행자들은 어서 기차표를 끊어 델리를 떠나기 급급하기 때문이다. 델리는 마치 단순한 경유지에 지나지 않는다는 듯이.

나는 말하리라.

"델리를 무시하지 말라."

하긴 주머니 가벼운 배낭객들에게 쿠탑 미나르 가는 길은, 오토 릭샤를 이용하기엔 좀 멀다. 그렇다고 택시를 대절하기엔, 우리 배낭객의 주머니 사정으로는 또 그렇다. 아무튼 아쉽다. 쿠탑 미나르를 못 보다니…. 쿠탑 미나르는 문양과 건축이 아주 볼 만하다. 회화학도는 아잔타를, 문양학도는 산치와 쿠탑 미나르를 보아야 한다. 산치의 문양이 불교적 상징과 이야기로 가득하다면, 여기 쿠탑 미나르의 문양은 이슬람적이다. 그러면서도 돌에 새긴 문양들은 정교의 극치를 이루고 있다. 이슬람 문자와 갖가지 도형과 상징들이 연신 감탄을 자아낸다. 여기에는 '승리의 탑'만이 아니라 이슬람 성자의 무덤도 있고, 옛 대학도 있다. 건축미는 마치 그리스의 신전을 보는 듯, 남아 있는 회랑이나 건축물의 기둥들이 대변한다. 그 분위기 역시 아직 내 견문으로는 여기가 처음이다.

'바하이 사원(Lotus Temple)', 그 이름처럼 연꽃 모양인데 대리석으로 지어져 있다. 역시 호주 시드니의 오페라 하우스와 분위기가 비슷하다. 빙 둘러서 물 채운 연못이 있다. 당연히 연꽃은 연못 속에 있어야 제격이다. 사원 건물 안에는 수천 명이 앉을 수 있는 의자만 있을 뿐, 그 어떤 종교적 상이나 상징이 없다. 그 점이 이상하다고 아들은 말한다. 그렇다. 그렇지만 거기에 바하이교의 의도가 있다. 인류의 하나됨, 종교의 하나됨을 추구하는 그들의 교리가 종교와 인종을 초월해서 누구나 들어갈 수 있고, 누구나 기도와 명상을 할 수 있는 하나의 마당을 만들게 한 것이다. 그런 점에서 신도 부처님도 성자도 존재해서는 안 되었으리라. 그 같은 의도는 보기 좋게 적중해서 연꽃사원을 들어가고 나갈 때, 서로 어깨를 부딪칠 만큼 많은 사람들이 찾아온다.

빠르간즈 다 와서 라마크리슈나 미션을 방문했다. 일행은 피곤해 했지만, 내 관심사이기에 데리고 갔다. 중앙의 신전에는 여러 신들 대신에 비베카난다의 스승 라마크리슈나의 상(像)이 안치되어 있고 힌두들이 예배하고 명상한다. 우린 합장으로 예만 표했다. 신전의 좌우에 요사채(생활 공간)와 여러 건물이 있다. 그 중 도서관은 출입을 못했는데, 오직 '델리대 학생 전용'이라고 씌어 있다. 입구 좌측에 서점이 있는데 라마크리슈나와 비베카난다 관계 서적만 판다.

입구 게시판에 있는 글을 옮겨둔다.

    이념:자아의 해탈과 인류에의 봉사
    목적:중생들에게 구현된 영원한 종교와 라마크리슈나와 비베카난다의 가르침을 수행하고 전파하는 것
    모토:포기 그리고 봉사, 종교들의 화해
    방법:노동과 신앙
        정신적 방법 - 사원에서의 봉사, 토요일과 일요일에 행하는 법회, 성자와 구세주(Saviours)의 생신 의식, 개인적 인터뷰
        문화적 방법 - 도서실 무료 이용, textbook 보시와 도서관 이용. 어린이를 위한 일요학교, 경전과 여러 언어로 된 라마크리슈나와 비베카난다의 책 할인 판매
        박애 활동 - 무료 진료소, 무료 병원(Free T.B. Clinic), 재난 구제 활동.

라마크리슈나 미션은 비베카난다가 세운 신힌두교의 종단인데, 비베카난다는 스승 섬기기를 지극히 한 효제자로 둘째 가라면 서러울 사람

이다. 그런 까닭에 라마크리슈나는 제자복이 그만한 인물도 드물다고 하겠다.

7월 24일

체크 아웃 뒤, '샤프다장의 무덤'을 갔다. 샤프다장은 무굴시대의 재상이었다는데, 같은 무덤이라도 '후마윤의 묘'에는 감히 비할 수 없다. 안내판에는 후마윤의 묘를 본 뜬 것이라 하는데, '전편을 능가하는 속편이 없다'는 이른바 속편의 법칙은 어김없이 진리인 것 같다. '타즈마할'을 흉내낸 '비비카 막바르' 역시 얼마나 뒤떨어졌던가? 물론 그 차이는 주인공의 신분과 경제적 힘의 차이를 반영한 것이겠으나, 독창성의 부재로 이어질 수도 있다. 그만큼 이슬람 건축의 양식은 장르의 관습에 함몰된 느낌이다.

건축도 자연도 우리를 감동시키지 못했기에 이내 나와서 윔피로 갔다. 피자 한 판에 150루피다. 햄버거와 감자 등도 배불리 먹었다. 우리 모두 한 끼 배불리 먹으려면 약 500루피는 써야 한다.

'잔타르 만타르'를 갔다. 천문학에 관심이 깊었던 자이 싱 2세에 의해서 건립되었다고 하는데 대단하다. 해시계를 비롯, 각종 천문 관측 시설이 지어져 있다. 전통 시계도 동양의 과학 수준을 알려주는 좋은 사례라 할 수 있다. 이런 시설이 바라나시, 자이푸르, 그리고 마투라에도 있었는데 현재 마투라에 있는 것은 파괴되었다고 한다.

델리의 날씨는 우리 나라 여름보다도 괜찮은 것 같다. 그러나 오늘 오후는 햇빛이 쨍쨍 내리쬐 다들 힘들어한다. 다시 윔피로 가서 아이스크림으로 힘을 돋구었다.

호텔로 돌아가 맡겨뒀던 짐을 찾아서 뉴델리 역으로 갔다. 웨이팅 룸에 들어가 짐을 내리고 쉬려는데, 보라색 리복 가방이 안 보인다.
"리복 가방은?"
'아, 그것은 내가 짊어지고 다니는 가방인데…. 호텔 로비 의자에 그냥 두고, 큰 배낭만 짊어지고 왔구나.' 다시 찾으러 뛰어갔다. 뛰어가면서도 가방이 그냥 호텔에 있으리라는 믿음이 간다. 좋고 비싼 호텔에 든 덕분에 문을 여닫아주는 경비까지 있었지 않던가? 과연 그 자리에 가방이 있다. 고마운 마음으로 다시 짊어지고 왔다. 뉴델리 역 광장에 들어서는데, 아내 혼자 나와 있다.
"기도했어요."
웨이팅 룸에 들어서자 캉카가 한 말이다. 정신 안 차린 덕분에 아이들까지 걱정시켰다. 두 번씩이나 짐을 잃었으면 우리 마음이 어땠을까? 무엇보다 내 안경이 거기 있었는데…. 정 교수님은 막판에 안경 잃고 고생했지만 우린 아직 여행 초반이다. 아무튼 찾아서 다행이고, 앞으로 더욱 조심해야겠다. 짐을 하나로 만들자.
캘커타 가는 기차를 탔다. '부바네스와르 라즈다니 익스프레스'. 역시 비싼 만큼 좋다. 망고 주스와 간식(차이, 사탕, 사모사, 샌드위치)에 각자에게 미네럴 워터 한 병까지 준다. 인도는 빈부의 격차가 너무 심하기 때문에 밑만 보고 가서는 안 된다. 위도 보고, 아래도 봐야 한다. 아이들이 좋아해서 좋다. 지금 3층에서 일기를 쓰고 있다.
"형이 동의하면, 다섯 명 일기를 돌아가면서 보여주기로 해요."
캉카가 재영에게 한 말에 다들 동의했다.

캘커타에는 웬 사람이 그렇게 많을까

7월 25일

기차의 취침시간은 밤 9시부터 다음날 아침 6시까지다. 어젯밤 꿈에 캉카가 버스 길 중앙선에서 춤을 추었다. 위험하다고 소리치다 잠에서 깼다.

하우라 역에 내리기 전 우리는 짐을 챙겼다. 나는 작은 백을 큰 배낭 위에 얹어 하나로 묶었다. 짐을 더이상 분실하지 않겠다는 의지의 표시였다. 그런데 허리를 약간 삐긋하고 말았다. 한 번 안 좋으면 조금만 무리해도 다시 아픈 것이 허리다. 캘커타 서더 거리(Sudder Street)에 있는 호텔(Hotel Galaxy 더블 룸 2개, 700루피, 습기 많은 이 동네에서는 그래도 가장 건조한 방이다)에 자리잡은 뒤, 샤워를 하고 제놀을 붙인 뒤 한참 누워 있었다. 덕분에 좀 괜찮아졌다.

하우라 역에 도착하니 비가 내리고 있었다. 초행길인데다 비도 오고 식구도 많아 우리는 택시를 호객하는 사람을 따라갔다. 150루피 달라는 것을 100루피로 깎았다. 그러나 우리의 예상과 달리 그는 택시 기사가 아니라 호객꾼이었다. 기사는 출발 전 그에게 우리 눈 앞에서 50루피의 소개료를 건넸다. 요금의 반을 소개료로 주다니, 너무 한다 싶다. 호객꾼을 상대해서 생긴 피해를 여행 안내서들이 왜 그렇게 강조하는지를 우리는 오늘 비로소 체험하였다. 알고 보니 이 운전 기사는 영어를 전혀 못한다. 그러니 그 호객꾼의 재산은 영어였던 셈이다. 어쩌면 그들은 분업일 수 있겠으나 그 부담은 고스란히 우리 같은 여행객들이 짊어져야 한다. 바로 택시 타고 '미터요금×2.4'를 한 요금을 내면 된다고 코넛 플레이스에서 만난 우리 나라 대학생이 정보를 줬었건만….

숙소 잡는 것도 쉽지 않았다. 구세군 숙소, 호텔 프라곤 등 괜찮다는 숙소는 모두 습기가 가득했다. 겨우 호텔 갤럭시에 숙소를 정하고, 가까이 있는 성 바오로 대성당(St Paul's Cathedral, 1847년 완성, 유럽 양식, 캉카는 고딕 양식이라 말한다.)으로 향했다. 어릴 적 이모님 따라 간 성당의 높은 천장에 놀라서 운 이후, 근 삼십 수년 만에 처음 성당 의자에 잠시 앉아 있었다. 지금의 주교는 P. Raju라는 인도인이라고 적혀 있다. 인도 내의 여러 종교 중에는 기독교의 존재가 비록 소수이나 (불교보다는 다수, 가톨릭 1%, 개신교 15%니까 총 2.5%), 지금은 어엿이 한 자리를 차지하고 있다. 그 배경에는 서양의 식민주의가 있었겠으나 그 못지 않게 피눈물나는 기독교인들의 헌신이 있었음에 틀림없다. 우리는 그 점을 잊어서는 안 된다. 내내 캉카는 착착에게 여러 가지로 성경 이야기를 해 주고 있다.

과연 캘커타는 인도 최대 혼돈의 도시다. 듣던 대로 거리에는 갖가지 탈 것들로 넘친다. 이미 우리 나라에서는 수십년 전에 사라진 전차가 있고, 영화 'City of Joy'에 나오는 인력거가 인도에서도 유일하게 이곳에만 아직 있다. 영화의 무대가 된 곳이기도 하고, 영화에서처럼 맨발이고 작은 링(방울)을 손에 낀 인력거꾼이 영업중이다. 우린 차마 탈 수 없었다. 이곳 캘커타에는 지하철까지 있다.

인도 박물관과 칼리 사원

7월 26일
선풍기가 쉴새없이 돌아가는 한낮의 방안 온도가 30도다.

늦게까지 잘 수 있는 만큼 푹 자라고 아이들에게 말해두었다. 그래도 8시쯤 모두들 일어났다. 아침은 값싸고 맛있고 친절한 삼덕(三德)을 고루 갖춘 조조(Jojo) 레스토랑에서 먹고, 인도 박물관(Indian Museum)으로 갔다. 1814년에 세워졌다니 무려 200년 가까운 세월의 역사다. 그 안에 간직된 역사는 무려 5000년이 넘었다.

우리가 지금까지 경험한 박물관 중에 델리의 '국립 박물관(National Museum)'과 쌍벽을 이룬다. 내용면에서는 캘커타의 인도 박물관이 양호한 것 같고 귀중한 느낌이다. 그러나 관리는 더 부실하다. 특히 동물, 식물, 산업 전시실 등은 너무 지저분하고 어둡고 냄새까지 역겨웠다. 그러나 이러한 불평을 잠재워준 것이 그 내용물이었다.

첫째, 모헨조다로 — 하랍파의 인더스 문명은 사실 그 사진만으로도 나로 하여금 파키스탄 여행에의 꿈을 꾸게 하였던 작품들이다. 사진에서 보던 그 사람(The Bearded Man)이 있었다. 사리를 입고, 머리를 깎았으며, 설명에는 '요가 수행자 또는 신비적 명상가'라고 적혀 있다. 이 외에도 문자와 독서생활을 하였다는 증좌인 인장(印章)들, 『인도학개론』강의 시간에 처음 들었던 그 문명의 유물을 목격한 순간이었다. 캉카는 "파키스탄 안 가도 되겠네요." 한다. 한 모금의 물로 어찌 갈증을 완전히 가시게 하겠는가?

둘째, '바룻트 갤러리'에는 산치 대탑과 비슷한 양식의 작품인데, 큰 문 2개와 난간들(기둥들 사이를 가로 지르는 돌에 문양을 새기는 양식. 기둥은 Stambha, 그 가로지르는 것은 Suchi라고 부른다) 위주다. 바룻트는 카주라호 가는 동쪽 길목인 사트나 인근에 있었다 한다. B.C. 2~1세기의 작품이라 하는데, 너무나 선명하게 그대로 남아 있는 그림과 선들이 돌에 새겨진 것이라니 믿어지질 않는다. 1873년에 발견

되었다 한다. 산치대탑과 이 '바룻트 갤러리' 소장품을 함께 살핀다면 한 시대의 미술과 건축을 짐작할 수 있겠다.

셋째, '벵기학파(Vengi School)'에 대해서이다. 처음 듣는 용어인데, 벵기학파는 B.C. 1세기에서 A.D. 3세기 사이에 아마라바티(Amaravati)와 나가르주나 콘다(Nagarjuna Konda)를 중심으로 한 불교미술학파를 일컫는 모양이다. 벵기는 오릿사 주의 칼링가 지방 이남, 안드라프라데쉬 주의 아마라바티 이북을 일컫는 지역이다. 그 조각품들을 통하여 남부 인도의 불교미술 수준을 짐작케 된다.

오후 3시 30분, 빅토리아 기념관으로 갔다. 넓은 정원에 들어선 웅장한 건물, 모두 대리석이다. 사방에 문이 있고 호수가 있어서 소풍하기엔 그만이다. 그래서인지 많은 인도인들이 여기저기서 놀고 있다. 우리는 옛 총독부 건물이던 국립 박물관을 역사 바로 세우기 명분으로 부숴버린 데서 알 수 있듯이 식민지 잔재 청산을 위해서 근절, 파괴, 발본색원에 힘썼다. 그러나 인도는 그들의 역사도, 치욕의 역사도(아니면 관광 수입을 위해서인지) 보존 활용하고 있다. 극과 극이다. 아내가 말한다.

"그렇지만 빅토리아 여제를 비롯한 제국주의자들의 동상에 대해서, 그들이 범한 억압과 죄상을 적시함이 없이 그대로 전시한 것은 이해되지 않는다."

빅토리아 기념관 1층에는 역대 총독의 상과 사진 등이 전시되어 있으나, 2층에 있는 '민족 지도자 전시실'(National Leader's Gallery)은 초라한 느낌이다. 사진과 이름뿐, 그들의 공적과 영향이 무엇인지에 대한 설명은 존재하지 않는다. 가장 좋았던 것은 '캘커타 실'(Calcutta Gallery)이었다. 캘커타의 역사, 인물, 산업 등을 자료 사진과 함께 상세한 설명을 붙여 놓았다. 제일 신경 쓴 부분 같은데, 우리가 폐관시간(16:40, 입장 끝) 무렵에 들어갔으므로 아쉬웠다. 좋은 공부가 될 수 있었을 텐데….

아직 해가 있으므로 어디를 갈까 망설이다가 '칼리 갓트 사원'을 갔다. 유명한 힌두사원이다. 그렇지만 번잡하고 혼잡스럽고 정신이 없다. 사원 안 마당은 온통 무슨무슨 가게(음식점)들이 자리잡고 있고, 불결하고 복잡하다. 우린 신전 안으로 들어갈 이유가 없으므로 한 바퀴 빙 돌고 나왔다. 희생양의 도살 장면은 못 보았다. 얼른 사원을 돌아 나오니, 사원을 둘러싼 시장이 오히려 한적하다. 시장보다 더 시장처럼 되어버린 사원, 어제 본 '성 바오로 대성당'의 적요(寂寥)와도 대비된다.

캘커타를 내일 떠난다. 언제 다시 올 인연이 될지 모른다. 그러나 스스로의 의지로 다시 찾아오고 싶은 도시는 아니다. 캘커타에서 다시 확인하는 인도의 가장 급하고 큰 문제는 인구(人口)이다. 정말 사람들이 너무 많다. 10억 넘는 인구를 먹이고 재우는 일이 보통 아니다.

부바네스와르 가는 기차

7월 27일

새벽 4시에 일어나 4시 45분에 체크 아웃했다. 호텔측의 소개로 100루피를 주고 택시를 대절해 하우라 역으로 나갔다. 과연 하우라는 인도 최대의 역이라 할 수 있으리라. 부바네스와르로 가는 기차를 타는 플랫폼이 게시판에는 11번으로 되어 있는데, 포터(짐꾼)는 13번이라고 한다. 창구(Enquiry)에 가서 물으니, 18번 홈이란다.

"게시판에는 11번으로 되어 있는데, 왜 18번인가?"
"그건 옛날 것이다."

그렇다면 고칠 것이지, 언제까지 그냥 두겠다는 말인가? 애써서 플랫폼을 찾아가니, 이제는 객차(coach)가 멈춰 설 곳을 찾는 게 문제다. S1칸에 타야 하는데 맨 끝이다. 한참 기다렸더니 기차가 들어온다. 그런데 우리가 타야 할 기차가 아닌 것 같다.(Howrah-Bhubaneswar Dhauli Exp.를 타야 하는데 Howrah-Purilia Exp.라고 쓰여 있다.) 사람들에게 물었더니 맞다고 한다. 기차가 한참 들어오니까 어느 칸부턴가 'Howrah -Bhubaneswar Dhauli Exp.'라 되어 있다. 우리가 탈 기차다. 그렇다면 같은 기차의 앞 뒤 이름이 각기 다른 까닭은 무엇인가? 어디선가 기차가 분리되는 것인가?

우리 칸에 올라탔는데 아무래도 이상하다. 우리 표는 이등 침대칸(2nd Sleeper)인데, 우리 칸이라고 탄 S1칸은 의자만 있는 칸이다. 한참을 걸어서 수많은 객차를 통과해 가다가 검표원(collector)을 만나서 물으니, 이 기차에는 침대칸이 없고 모두 의자뿐이라고 한다. 다시 처음의 객실로 가다 보니, 그제서야 기차 옆에 승객 명단이 붙어 있는 게 보인다. 거기 우리 일행의 이름도 적혀 있다. 이렇게 내게 '인도 기차 타기'는 아직도 난제다. (델리에서 만난 한국 아가씨 두 명은 플랫폼을 잘못 알아서 바라나시행 기차를 놓치고 이틀을 허송하다시피 하고 기차표 값은 반만 환불받았다 했다. 또 캘커타행 라즈다니에서의 옆자리 인도 신사는 플랫폼을 잘못 찾아서 엉뚱한 차를 타고서 칸푸르까지 왔었다.)

나중에 생각하니 하우라를 아침 6시 5분에 출발하여 오후 1시 50분에 부바네스와르에 도착하는 이런 경우에는, 낮에 이동하니까 어차피 앉아서 가야 하므로(비록 침대차라 하더라도) 아예 이등 좌석칸(2nd Chair)만 있는 것임을 알았다.

캘커타에서 부바네스와르로 오는 길은 인도의 다른 지방과는 그 풍광이 사뭇 다르다. 우선 한강의 두 배 가까이 되어 뵈는 강폭의 큰 강을 몇 번이나 지났는지 모른다. 모두 벵갈만으로 흐르고 있는 것이리라. 야트막한 산들이 나무는 없고 그저 풀만 푸르게 입고서 여기저기 놓여 있다. 창 밖 풍경은 대평원인데, 비가 온 뒤라서인지 모심기하는 농민들 모습을 쉽게 볼 수 있다. 농가들은 너무나 가난한 모습이다. 인도 주들 가운데 가난하기로는 오릿사 주와 비하르 주가 선두를 다툰다더니 실감난다. 그래서인지 캘커타와 부바네스와르 간을 제일 빨리 연결한다는 이 기차의 수준이 그렇다. 현재까지 우리가 탔던 기차 중 가장 시끄러운 기차다. 정작 승객은 모두 누워서 올 정도로 빈 자리들이 많았음에도 말이다. 누가 그렇게 떠드는가? 거지와 구걸객들이다. 장사꾼들은 차치하고라도 거지들이 온통 우리 기차를 메우다시피 했다.

"캉카야, 오늘 찾아온 거지들에게 1루피씩만 주었다면 몇 루피를 썼겠나?"

"한 100루피요."

여기서 만난 거지들은 '공연 거지' 들이 많다. 무엇인가를 두들기거나(심지어 돌멩이 둘을 들고 서로 맞두들기기도 하고), 춤을 추면서(잘 차려 입은 무희들도 있었다) 구걸을 한다. 오릿사 주의 현실을 보는 듯하다.

호텔 스와갓트(Hotel Swagat). 더블 룸 1개와 트리플 룸 1개에 275루피다. TV가 있고 에어컨은 없지만 괜찮은 편이다. 투어리스트 방갈로를 가자는 우리의 말을 잘못 알아들은 사이클 릭샤꾼 덕분에 얻은, 괜찮은 호텔이다. 호텔에서 늦은 점심을 먹고 아내와 투어리스트 방갈로에 가서 내일 푸리(Puri)와 코나륵(Konark)행 투어버스 티켓을 예매했다. 어른이나 어린이 할 것 없이 모두 1인당 115루피씩 575루피다.

오릿사의 에로티시즘과 순례자들

7월 28일

코나륵의 태양사원(Surya Temple)은 태양신 수리야(Surya)를 모신 사원이다. 그래서인가 태양이 뜨거웠다. 십자형의 사원인데, 빙 둘러가면서 24개의 시륜(時輪, kala-cakra)이 조각되어 있다. 태양은 도는 존재이며 시간의 변화를 나타낸다. 여기저기 형체가 허물어져 내렸다. 얼마 지나지 않아서 이 태양사원은 사라질지도 모른다. 태양신을 모신 사원 역시 태양의 운행 법칙에서 예외없음을 보여주는 것인가? 이 사원을 지은 돌의 재질이 무엇인지 정확히 알 수는 없지만 푸석푸석하다. 내 엄지손가락으로 누르면 바스라져 내릴 것 같다.

무엇보다 코나륵의 태양사원을 유명하게 만든 것은 저 카주라호의 사원들과 같이 에로틱한 미투나(Mithuna, 남녀 교합상)의 존재 때문이다. 카주라호의 서부 사원군은 매우 넓은 대지 위에 여러 개의 사원이 있는 사원군이지만, 여기는 단일한 사원이다. 에로틱한 조각상은 카주라호쪽이 더 많이 알려졌지만, 실제 에로틱하기로 말하면 카주라호는 게임이 안 된다. 카주라호 사원들에서는 미투나상이 여럿 존재해도 사원을 장식하는 조각들 전체에서 그것이 차지하는 비율은 얼마되지 않는다. 그러나 태양사원의 외벽은 온통 미투나상으로 가히 도배되어 있다. 뿐만 아니라 그 농도에 있어서도 더 심하다. 카주라호에서처럼 여러 명과의 관계는 별로 눈에 띄지 않으나 입위(立位)・좌위(坐位) 등 여러 체위가 눈에 띈다. 특히 뱀의 하체를 가진 남녀가 뒤엉켜 있기도 했고, 뱀의 하체를 가진 여자가 링가를 올라타고 있기도 했다. 인간의 지칠 줄 모르는 애욕을 나타내기에 뱀보다 더 적절한 상징이 또 있겠는가.

푸리의 자간나트(Jagannath) 사원은 샹카라(Sankara)에 의해서 인도의 동서남북에 건립된 4대 성지 중의 동쪽에 해당된다. 수많은 힌두교도들의 순례가 이어지는 현장이다. 힌두교도만 입장이 가능하다고 해서 우리는 바깥에 있는 도서관 옥상으로 올라가서 보려고 했다. 그러나 도서관 옥상은 문이 잠겨 있었다. 호객꾼이 그 옆의 여관 옥상으로 우리를 끌고가 40루피를 내라고 한다. 엉뚱한 사람들에게 돈까지 줘가며 굳이 봐야 할 이유가 없어 그냥 포기하기로 했다. 대신 푸리 해변으로 갔다.

코나륵 해변에서나 여기 푸리 해변에서나 바다는 똑같다. 하지만 우리 나라의 동해보다 훨씬 큰 바다라는 느낌이 든다. 가히 일망무제(一望無際)의 수평선이 펼쳐진다. 벵갈만이다. 우리 모두 파도에 발을 적시면서 즐거워했다. 고향이 바닷가지만, 물을 무서워 하고 수영을 못하는 나는 지난 12년 동안 한 번도 바닷가를 간 적이 없다. 그래서 착착으로서는 최초의 바다 체험을 여기 인도에 와서 한 셈이다. 너무나 좋아하니까 미안한 마음이 든다. 나도 가슴이 탁 트인다. 왜 해인삼매(海印三昧)가 바다를 가져다가 비유하게 되었는지 이제 알겠다. 누가 나를 좋아하든 누가 나를 미워하든, 이제 내게는 내가 좋아하는 사람도 내가 미워하는 사람도 없다. 가슴을 짓누르던 물건이 녹아내렸다. 이 바다 앞에서 시험해 봐도, 아무 맥힘이 없다.

부바네스와르로 돌아오는 길에 우리는 어깨에 코코넛과 물병 등을 나무에 걸쳐 메고서 행진하는 무리를 계속 만나게 되었다. 아침에 갈 때부터 만났는데 모두가 맨발이다. 가끔씩 여자도 한두 명 보였지만, 거의 남자들이다. 성지를 순례하는 힌두교도로 짐작했는데, 가이드에게 물었더니 오릿사 남자들은 모두 한 번은, 저렇게 커택(Cuttack)에서 푸리(Puri)까지 100km를 맨발로 걸어가서 시바신에게 기도한다는 이야기다. 100km면 250리 길이다. 입이 벌어진다. 티베트 불교도들의 대단한 신심이 생각났다. 어떤 사람은 발이 아픈 표정이 역력하다. 사막의 도마뱀 걸음처럼 한 발씩 겨우 딛기도 한다. 우리 불교도들의 신심은 어떤가?

7월 29일

택시를 대절해서 부바네스와르 인근을 둘러보기로 했다. 우선 택시를 타고 기차역부터 갔다. 인도 기차표에는 기차 출발 시간이 적혀 있기도 하고 그렇지 않은 경우도 있다. 그래서 우리 기차(Coromandal Exp.:캘커타와 첸나이 사이를 최단 시간 주파한다는 기차)의 출발시간을 재확인하기로 한 것이다. 나머지 식구들은 택시에서 기다리고 나 혼자 갔다오기로 했다.

얕은 담을 넘어서 열심히 걸어가는데, 왼쪽 다리가 갑자기 아프면서 피가 흘러내린다. 아, 멀쩡히 서 있는 오토바이 발판을 찬 것이다. 살점이 패여 나간 곳에서 덩어리 피가 뭉클 흘러 내린다. 무릎 아래서부터 발등까지 길게 푹 긁혔다. 걸음을 옮기기도 힘든다. 겨우 절룩대면서 예약 사무실로 가서 시간을 확인하고 돌아오는데, 인도인 릭샤 왈라

한 사람이 내게로 다가와서는 손에 묻힌 기름 같은 것을 발라준다. 그리고 나를 데리고 간다. 그냥 따라가니, 사고 지점 바로 옆에 선 오토 릭샤다. 그(릭샤 왈라)가 앉는 의자를 젖히더니 뚜껑을 열었다. 기름이 있었는데, 그것을 손으로 듬뿍 찍어내더니 상처에 발라준다. 고마웠다.

택시로 돌아오니 모두가 걱정이다. 우다이기리를 향해 출발하면서 뒤돌아 손을 흔드는 내게, 고마운 그도 마주 손을 흔들어준다. 내가 만난 친절 베스트 인도인이다. 첸나이에서 뱅갈로르행 기차표를 끊기 위해서, 또 기차를 타기 위해서 그 자리를 두 번 더 갔으나 그를 만나지 못했다. 볼펜이라도 하나 주고 싶었는데…. 만나는 인도인들마다 "왜 그랬냐?" "약을 발랐느냐?" 물어준다. 고맙다.

우다이기리와 칸다기리 동굴에 갔다. 우측은 우다이기리, 좌측은 칸다기리이다. 지형이나 동굴을 판 바위가 아잔타나 엘로라와는 비교되지 않을 정도로 작은 규모이나, 그런대로 오밀조밀하게 방을 만들었다. 체디(Cedi)왕조의 카라벨라(Kharavela) 왕의 후원으로 자이나교의 수행자들을 위해 만든 것이라 한다. 인상적인 것은 인부들이 조경에 힘을 쏟고 있는 모습이다. 칸다기리를 간 식구들이 별 것 아니라며 이내 돌아온다.

다울리(Dhauli)는 『우·간·다』에서, 산치와 그 분위기가 비슷하다고 해서 일찍부터 기대했던 곳이다. 지형적으로 비슷하다. 그러나 동산 자체의 넓이는 산치보다 훨씬 좁다. 또 다른 불교 유적지에서와 마찬가지로 일본산 묘법사와 샨티 스투파(평화탑)가 세워져 있다. 이 탑은 지형에 비해서 늘 크다. 어제 가이드는, '원폭을 당한 일본이 평화를 염원해서 세운 탑'이라 설명했다. 원폭이 아니더라도 연합군이 이길 수 있었던 전쟁임을 생각하면, 그들의 평화 염원을 이해 못할 것은 아니다. 그러나 그들 역시 원초적으로는 평화를 깨뜨린 자들이 아닌가. 그런 그들이 평화를 염원하다니, 그것은 참회의 표시인가? 정녕 그들이 세운 탑은 '참회의 탑'이어야 제격이리라. 일본 불교계의 염원이라고? 그렇다 해도 일본 불교계 역시 침략에, 전쟁에 협조했던 죄가 있는데 어찌 피폭의 일만을 들어서 평화를 운위한단 말인가?

여기 부바네스와르 지방은 옛날의 칼링가(Kalinga)지방이다. 마우리야 왕조의 3대왕 아쇼카는 이 지방에서 대규모 전투를 하고 수많은 인명 살상을 자행한다. 그 결과 거의 인도 전역(Afganistan부터 께랄라 등 남부 일부를 제외한 지역)을 최초로 통일하였다. 그러나 그는 전쟁의 비참함을 뉘우치고 불교에 귀의, '법에 의한 통치'를 지향한다. 그리고 여기저기에 석주(石柱)와 석칙(石勅)을 남긴다. 이 다울리 입구에 있는 바위에도 마애법칙이 아쇼카 왕 각문자(刻文字:아쇼카 왕의 석칙에 씌어 있는 독특한 문자)로 남아 있다.

오후 3시에 체크 아웃을 하고 호텔에 짐을 맡긴 후 주립 박물관(State Museum)으로 갔다. 12세 이상은 1루피로 입장료가 가장 싼 박물관이지만, 델리의 국립 박물관이나 캘커타의 인도 박물관에 비해 거의 손색이 없다. 오릿사의 주립(州立)임을 감안할 때 더 훌륭한 평가를 얻을 만하다. 유물의 분류도 매우 적절하다. 여신들의 갤러리가 따로 있고 회화, 서적, 조각, 인물, 자연사 등으로 전시실을 분류하여 자세하다. 오릿사 주에만 있는 드라비다 원주민(산간에 산다)들의 생활상과 생활 도구를 전시해 둔 곳도 있다. 불교 조각 역시, 자이나교와 힌두교의 그것에 비해 적지 않다. 9세기 관음상이 많아서, 당시의 신앙 경향을 엿볼 수 있다. 관음은 힌두 여신과 별반 다를 바 없는 외형이다. 불상은 대개 목이나 코, 팔 등이 훼손되어 있다.

캉카는 우리 나라에서 단군 목 자른 일들이 생각난다고 한다. 캉카는 장차 아버지 뒤를 이어 성공회 신부님이 되는 것이 꿈이다. 오늘의 이 느낌이 길이 살아 있어서 타자의 존재도 이해하는 훌륭한 종교인이 되었으면 하고, 기대해 본다.

첸나이 최고급 호텔과 한국 식당

7월 31일

첸나이는 기온은 높아도 그렇게 못 견딜 정도는 아니다. 너무나 건조하기 때문이다. 어제 기차를 타고 올 때 이미 그 같은 점을 느낄 수 있었다. 타밀나두 주(州)를 들어서고부터 창 밖의 토지에는 물기라고는 흔적도 없었다. 마치 사막처럼 건조했다.

오늘은 여행 중의 휴일로 삼았다. 식구들의 건강 조절을 위해서다. 아침은 모두 누룽지죽과 라면으로 때우고 호텔에서 휴식을 취하게 했다. 그런 뒤, 첸나이 중심가를 찾기로 했다. 여행 안내서를 연구한 결과, 그래도 중심가는 마운트 로드(Mount Road)일 것으로 판단해 릭샤를 타고 갔다. 맨 먼저 최고급 호텔이라는 '호텔 따즈 꼬로만달(Hotel Taj Coromandal)'로 갔다. 우선 너무 시원하다. 완벽한 냉방이다. 서울의 '리츠 칼튼 호텔' 정도나 될까? 초특급의 시설이다.

애시당초 내 생각은 돈 좀 쓸 각오를 하고 중국 식당 정도 찾아가서 맛있는 중국 음식이나 좀 먹자 하고 간 것이다. 그러나 그 생각은 완전히 빗나가고 말았다. 호텔 로비에 게시되어 있는 요리들은 1,000루피 단위, 2,000루피 단위 위주였다. '(아무리 좋고 비싼 호텔이라도) 설마

잠은 못 자도 밥은 먹을 수 있겠지!' 했던 나의 생각은 참으로 물정 모르는 호기였음이 판명되었다. 그래도 그냥 발길을 돌리기는 아쉬워 "커피 숍에 앉아서 주스라도 한 잔 마시자."고 했다. 그러나 메뉴판에서 가장 싼 주스 한 잔에 250루피(우리 돈으로 약 6,500원)임을 확인한 아내가 내 팔을 잡아끈다. 주스도 한 잔에 5~600루피짜리가 있었다고 아내가 혀를 내두른다. 아무도 (우리의 행색을 본 어떤 관계자도) 우리를 붙잡지 않는 중에, 우리는 되돌아나오고 말았다.

그 대안으로 '웜피'나 '맥도날드' 같은 패스트 푸드점으로 가기로 했다. 묻고 물어서 찾아간 곳은 가까이 위치한 '피자 코너'라는 피자 가게. 역시 에어컨이 완벽하다. 79루피하는 세트 메뉴(Lunch Munch란 이름으로 피자 보통 크기 1판, 콜라 1잔, 감자 튀김 하나. 콜라는 리필도 된다) 2개를 주문하고, 추가로 환타 3잔(25루피×3=75루피), 감자 튀김 하나(45루피)를 더 먹었다. 주스 1잔 값으로 우리는 다섯 명의 식사를 할 수 있었던 것이다. 호기는 아무데서나, 아무나 부릴 수 있는 것이 아니다. 우리의 최일급 인도 호텔 경험은 이렇게 교훈만 남긴 채 끝났다. 인도는 가장 가난한 사람으로부터 세계적인 갑부까지 있으며, 가장 싼 것으로부터 가장 비싼 것까지 있는 나라임을 잠시 잊었던 것이다.

피자 가게에서 아기 둘을 데리고 온 한국인 아줌마를 만났다. '아리랑'이라는 한국 식당이 있단다. '㈜현대'의 현지 법인이 있는 이 곳에 150여 세대의 한국 가족이 살고 있다고 한다. 그래서 한국 식당이 두 곳 있는데, 그 중 하나가 '아리랑'이다. 위치는 '호텔 따즈 꼬로만달' 뒤편에 있다. 저녁 먹을 장소로 작심하고 찾으려다 포기하고 일단 호텔로 돌아왔다. 잠시 쉬었다가 저녁 시간에 맞춰서 체크 아웃 후 짐을 맡긴 다음, 다시 찾아갔다. 릭샤 왈라가 몇 번을 묻고, 뺑뺑 돈 끝에 겨우 찾을 수 있었다.

된장찌개, 김치찌개, 영양돌솥밥이 각각 200루피씩이고 맥주 캔 하나에 110루피다. 모두 1,110루피로 푸짐한 저녁을 먹을 수 있었다. 벌써 며칠 전부터 한국 음식 타령하던 식구들이 열심히 먹는다. 다만, 설사 후 아직 회복 중인 착착이만 조금 먹다 만다. 설사하는 캉카는 그래도 자기 양을 다 먹는다. 캉카는 식사 전에 항상 '배 아프다'고 말하고,

"전, 조금만 먹을 거예요. 조금만 시키죠."

하지만 식사가 시작되면 누구보다 급한 속도로 허겁지겁 먹는다. 그리고는 이제 배가 안 아프다고 한다.

'아리랑' 주인 아주머니는 아이들 교육을 위해 이 곳에 왔다고 한다. 초등학교부터 여기서 보냈는데 지금은 고등학생이란다.(미국도 아니고 인도라니? 인도의 중등교육 제도와 환경에 대해서 궁금하다.) 캉카가 설사했다는 이야기를 듣고서는, 인도 세균은 한국 약으로는 듣지 않는다며 종업원을 시켜서 알약 4알을 사 주신다. 고마웠다. 홀에 4인용 탁자가 20개 정도로 꽤 큰 식당이며 한국인 손님들이 여럿 보인다. 가족 외식을 하는가 보다. 외국인도 오고, 장사는 잘 되고 있는 것 같다. '아리랑'은 식당을 넘어서, 한국인들의 친목과 정보 교환, 향수를 달래는 장소가 되고 있다. 낮에 피자 가게에서 만난 아주머니와 그 남편을 다시 만나 인사를 나누었다.

첸나이 중앙역에는 전광판에 플랫폼 번호가 표시되어 있었다. 대합실이 더워서 플랫폼을 일찍 찾았더니, 이미 우리가 탈 기차가 정차해 있다. 그리고 탑승자 명단이 일찌감치 붙어 있다. 대기자(waiting list)였던 우리는 'S3' 칸에서 우리 이름을 발견하고, 마치 합격자 명단에서 자기 이름을 발견한 수험생들처럼 감격한다. 밤기차를 다섯 식구가 예

닐곱 시간이나 입석으로 가는 건 끔찍한 일이다.

이렇게 오늘은 기쁜 일이 많은 하루였다.

라즈 쿠마르와 다르마람 칼리지

8월 1일

여행 떠나기 전, 짐을 꾸리면서 내내 망설였던 것이 침낭이었다. 결국 침낭을 안 가지고 왔는데, 그렇게 아쉬울 수가 없다. 여름 인도 여행이라 하더라도 남부지역을 야간에 2등 침대칸으로 이동하는 경우에는 침낭이 필요하다는 교훈을 얻었다. 첸나이에서 뱅갈로르 사이의 기차는 정시 운행되었는데, 밤새 추위에 시달려야 했다. 새벽 5시 조금 지난 시각, 뱅갈로르에 도착한 우리는 착착이를 빼고 모두 감기에 걸려 있었다. 특히, 아무것도 덮을 것이 없는 아내는 심한 감기에 걸리고 말았다. (사람 다섯에 담요는 4장이므로, 그녀는 언제나 '희생양'이다.) 나도 코 푸느라고 정신이 없을 지경이었다.

뱅갈로르 시티 역의 새벽, 우린 그냥 플랫폼에 앉아서 차 한 잔 사 먹으면서 여명을 기다렸다. 6시 15분, 우리가 기차역 앞의 '호텔 아마르(Amar)'에 도착한 시간이다. 더블 룸을 396루피에 2개 얻어서 일단 한잠 더 자기로 했다.

엠 지 로드(M.G.Road, 마하트마 간디 거리)의 토마스 쿡(Tomas Cook)으로 환전하러 갔는데, 너무나 한적한 거리다. 오토 릭샤도 비싼데다(200~300루피를 부른다) 눈에 잘 띄지도 않아 애를 먹었다. 겨우 100루피에 흥정하여 갔더니 휴일이라고 한다. 문 닫힌 은행 '토마스 쿡'(토마스 쿡은 365일 무휴라고 스스로 선전하던 은행이다)을 바라보면서 잠시 황망해 했다. 엠 지 로드의 모든 가게가 굳게 문을 닫고 있다. '웜피(Wimpy)'니 '케이에프시(KFC)'니 하는 햄버거 가게들 모두가 철저히 논다. 휴일이라면 이런 곳들은 오히려 더 열심히 장사해야 하는 것 아닌가? 우리가 갖고 있는 인도 돈은 2500루피뿐이다.

아내는 '다르마람 칼리지(Dharmaram Callege)'부터 가 보잔다. 그러나 나는 우선 '함피(Hampi)' 가는 버스표부터 끊어놓고, 돈을 써야 한다고 판단하였다. 오토 릭샤를 잡고서 기차역 앞 버스 정류장으로 오니, 모든 버스가 파업중이다. 버스가 가득 정차해 있고, 손님은 한 명도 없다. 여기저기 알아보니, '라즈 쿠마르(Raj Kumar)라는 영화배우가 납치되었다'는 것이다. 음식 사 먹을 식당마저 문을 닫았고, 먹는 물도 살 수 없다. 사태가 심각함을 깨닫고 우린 이 도시를 탈출하기로 했다. 유일하게 기차역만 제 구실을 하고 있다. 그래, 기차로 함피로 가자.

기차역으로 가 보았다. 벌써 수많은 사람들이 빽빽히 들어 차 있다. 인도 올 때 같은 비행기를 탔던 한국 대학생 커플을 만났다. 그들은 내일 '호스펫(Hospet)'까지 가서 함피로 갈 표를 샀는데, 빨리 이 곳을 탈출하려고 표 바꾸러 왔다고 한다. 엎친 데 덮친 격으로 뱅갈로르 시티 역 예약 센터의 컴퓨터가 고장이라 오후 3시 이후에나 정상화 된단다. 뱅갈로르는 인도의 5대 도시고 그 이름을 컴퓨터 소프트웨어 산업으로 떨치고 있다. 미국 실리콘벨리의 인력 중 38퍼센트가 인도인이고, 유럽에서도 인도의 하이테크 인력을 요청하는 중이라고 한다. 그런 인도의 컴퓨터 산업의 메카가 여기 뱅갈로르인데, 기차역 컴퓨터가 고장이라며 이 많은 사람들을 몇 시간씩 기다리게 하다니 기가 막힌다.

일단 호텔로 돌아와 잠시 쉬었다가 아이들은 두고 아내와 다시 기차

역으로 나갔다. 한국 학생들은 보이지 않는다. 창구 앞은 벌써 장사진인데, 한 창구에 '카드 전용(Card Only)'라고 씌어 있다. 행선지도 기차 편수가 적은 호스펫(함피의 초입지)으로 가는 대신 바로 뿌네(Pune)로 가기로 했다. 한 시간 넘게 기다려 드디어 표를 끊었다. 세 번의 인도 여행 중 최초로 카드를 사용했다. 카드 덕분에 용돈에도 여유가 생겼다. 뿌네에 가서 환전해도 되겠다.

그래도 아직은 문제가 남았다. 바로 먹는 문제다. 큰 호텔을 찾아가 봐도 부속 식당이 없고, 우리 호텔 역시 그렇다. 다행히 우리 호텔의 카운터에서 음식을 시켜주겠다 했다. 맨밥(Plain Rice) 두 개를 시키니 삼발라 국물까지 보내준다. 비닐에 싼 뒤, 다시 신문지에 싸서 가지고 왔다. 또, 밤에는 '닭 볶음밥(Chiken Fried Rice)'을 시켜서 먹었다. 너무 짰지만 다행히 남은 맨밥을 섞어서 먹을 수 있었다.

TV에서 라즈 쿠마르 납치 사건을 계속 보도중인데 모르는 말이다. 다만, 산간에 주둔한 반군(叛軍)본부 같은 것이 나오고 따밀 나두(Tamil Nadu)와 무슨 관계가 있는지 그런 말이 나온다.

8월 2일

어제와는 달리 모든 것이 정상이다. 버스도 다니고 릭샤도 많다. 도시의 공기도 그만큼 나빠졌다. 근처 식당에 갔는데 다들 잘 안 먹는다. 대충 먹고, 릭샤로 다르마람 칼리지로 향했다.

다르마람 칼리지는 너무나 아름다웠다. 숲 속의 2층짜리 건물로 각기 철학부, 신학부, 그리고 동양법전부의 3부가 있는데, 각 부마다 강의실과 교수 연구실로 이루어진 독립된 건물이 있다. 각 강의실에서는 강의가 진행중이었다. 뱅갈로르에서의 역사는 1957년에 시작되었는데,

로마 가톨릭 교회 소속 재단의 학교다. 여기에 '세계종교연구소'가 있어서, 종교간의 대화를 추구하면서 「Journal of Dharma」라는 학술잡지가 나온다(1999년 겨울호가 통권 29권 4호다). 이러한 모든 일을 총괄하는 조직이 DVK(Dharma Vidya Kshetram)이다.

우리가 만난 사람은, 행정 책임(Registrar)을 맡고 있는 Dr. Matthew Chandrakunnel인데, 차분한 인상을 준다. 서양 중세철학을 강의하고 있는 신부로 우리를 반갑게 맞이해 주었다. 각 학부의 강의실, 식당, 호스텔 등을 손수 안내해 주고 식당에서 차까지 대접해 주었다. 내가 여기로 온다면 언제든지 환영하겠단다. 그는 내게 자기네 학교에 유학생을 보내달라고 부탁했다. 나는 「Journal of Dharma」의 구독료 30달러를 내고, 구독을 신청하였다. 그랬더니 전년도분 4권과 금년도 책 1권을 가져다 주었다.

아내도 어제 유령 도시를 체험한 인상을 백팔십도 바꾸었다며 무척 흡족해 한다. 델리대학교 강의실만 보고서 인도 대학을 평가해서는 안 된다나.

뭄바이 주변의 불교 석굴들

8월 5일

먼 길을 끌고 다니면서 고생만 시킨 재영의 마지막 날을 근사하게 만들려고, 우리는 택시를 대절해서 뭄바이와 뿌네 사이에 산재한 불교 석굴 세 곳을 갔다오기로 했다. 950루피에 어제 예약을 했었다.

바제(Bhaje), 칼라(Karla), 그리고 베드사(Bedsa) 석굴이 바로 그것들이다. 뿌네와 뭄바이 사이에(뿌네로부터 60킬로미터 이상 지점들)는 산들이 있다. 그다지 높지는 않으나 인도에서는 확실히 산이라 할 수 있다. 푸르른 녹지라 할 수 있는 초지가 그 산의 옷들이다. 거기 마음껏 풀을 뜯는 소들이 여기저기 이동하는 그림이 떠오른다. 실제로 소는 얼마 보이지 않지만….

산에는 물이 촘촘하게 적셔져 있다. 바제 석굴이나 칼라 석굴 모두 동굴 위에서는 물이 뚝뚝 떨어지고 바제 가는 길목에는 작은 폭포가 있고, 물이 흐르는 곳에 원색의 사리 차림을 한 아낙 20~30명이 빨래를 하고 있는 풍경이 펼쳐진다.

바제 석굴이나 칼라 석굴이나 모두 중심에 큰 차이트야(caitya, 塔廟)가 있다. 바제는 석굴 내벽에 별다른 조각이 없으나, 칼라의 경우에는 입구의 문을 들어서면 좌우로 큰 코끼리를 올라탄 보살상, 불상 등이 있고, 동굴 안에는 기둥 위에 짝지어진 2명의 보살상들이 마치 힌두사원의 미투나인 양 육감적인 모습으로 조각되어 있다. 아마 이들은 분명 후대 힌두 조각의 영향을 입었으리라.

바제 석굴과 칼라 석굴 모두 마나블라(Manavla) 역의 좌우(뭄바이 방향)에 있는데, 바제 석굴 쪽은 호젓한 소풍길에 나선 젊은이들이나 찾는 듯이 한적하고, 칼라 석굴 쪽은 초입의 사원촌(寺院村)이 모두 가게들로 형성되어 있음에서 눈치챌 수 있듯이 수많은 인도인들이 즐겨 찾는 관광지다. 두 석굴 모두 불교가 사라진 인도의 역사를 보여주는 점에서는 동일하지만, 칼라가 훨씬 암울한 모습을 보여준다. 바제 석굴 한 곁에(산 정상에 'Shivaji Fort'가 있고, 그 맞은편에 'Aurangjev Fort'가 보이는 역사의 격전지가 있다.) 작은 석굴이 있는데, 거기 벽에는 태양신 수리야(Surya)와 전쟁의 신 인드라(Indra)를 조각한 작은 힌두사원이 있다. 이 정도만 해도 봐줄 수 있다. 어쩔 수 없는 역사가 아니겠는가 하고 자위했다.

그러나 칼라 석굴 쪽은 너무 심하다. 칼라 석굴의 메인 홀은 바제 석굴보다 훨씬 더 큰데, 입구 바로 오른쪽에 힌두사원을(근래에 지은 시멘트 건물) 지어놓았다. 인도 국민이나 정부나 학계 인사들이나 상식과 양식이 없기는 마찬가지다. 그들의 문화재나 역사 유물에 대한 보존 의식의 수준을 여실히 짐작케 한다. 입구에 '이 곳은 역사적 유물이므로 훼손시에는 법에 의해 처벌된다.'는 문구를 적어 놓았는데, 참으로 아이러니다. 누가 가장 크게 칼라 석굴을 훼손해 놓았던가? 나는 이제 믿지 않는다. 힌두이즘이 관용적이라는 말을. 그들은 그들의 역사와 그들의 조상이 만들어 놓은 타종교의 유적지 하나 그대로 두고 보지 않는다. 그건 협량일 뿐이다. 그 곳이 비록 명당이라 한들, 그것을 존중해 주지 않고 빼앗아 힌두의 사원으로 만들 수밖에 없었을까? 어찌 관용을 운위하는가? 애시당초 한 종교에게 타종교에 대한 인정과 존중을 기대하는 것은 무리인가? 비쉬누신의 십대화신(十大化身)의 여덟 번째에 붓다가 있다. 힌두교가 불교를 포용하는 것이라면, 정녕 그렇게나마 받아들였다면, 그들 화신의 유적지인 불상이나 스투파 역시 있는 그대로 보존할 수도 있는 것 아닌가?

베드사 석굴은 택시 기사도 모른다며 가기 싫어한다. 우리는 끝내 베드사 석굴을 가기로 고집한다. 그는 줄담배를 내리 피면서 불편한 심기를 달래가며 길거리 사람들에게 물어물어 간다. 뿌네와 뭄바이 사이의 국도에서 다시 9km를 산길로 들어간다. 거기 어느 동네에서 내려서 2.5km를 걸어가야 한단다. 왕복 5km 거리다. 이미 마실 물이 바닥을 보인다. 그러나 우린 걸었다. 동네를 또 지나, 무더운 여름 뙤약볕

산길을 걷고 또 걷는다. 논에서 일하는 사람들도 없고 아까 길 초입의 노는 소년을 안내자로 쓸 걸, 안내판도 없는데 이러다가 못 찾으면 어쩌나 후회와 걱정이 앞선다. 나와 캉카가 앞장서서 산을 오른다. 한참을 오르다 건너 산 허리를 보니 거기 3칸의 동굴 속이 시커멓게 보인다. 그 곳이 베드사 석굴인 것이다. 거길 가려면 다시 이 산을 내려 저 계곡을 건너고, 산을 올라야 한다. 1시간 30분은 더 소요되겠다. 물도 없고 일행들은 지칠대로 지쳤다. 대절 택시의 시간(5:00 PM)도 빠듯해 할 수 없이 베드사 석굴을 발견한 것만으로 만족키로 하고, 발길을 돌렸다.

바제 석굴 1km, 칼라 석굴 2km, 그리고 베드사 석굴 5km, 오늘 우리 모두는 8km를 걸었다. 택시를 대절하고서도 8km를 행군한 것이다.

바로다의 박물관들

8월 7일

바로다(바도다라)에 도착한 것은 새벽 6시가 채 안 되어서다. 기차역 플랫폼에서 좀더 여명을 기다리다가 시내로 호텔을 찾아나섰다. 기차역 앞 틸락 로드의 'PM 리젠시' 호텔로 갔다. 에어컨 없는 더블 룸 650루피에 침대 하나 추가에 200루피, 합이 850루피란다. 혹시나 싶어서 "450루피, 어떤가?"라는 내 제안에 그들은, 기다려 보라면서 상부 관계자인 듯한 사람에게 전화를 걸어 한참 통화하더니 "No!"라고 했고, 우리는 짐을 지고 나왔다.

아내의 제안으로 기차역 숙소를 알아보기로 했다. 15번 창구 직원

(노인)이 '225Rs×2=450Rs' 라고 쓴 쪽지를 준다. 우리는 방이 하나만 필요한데 의사 소통이 잘 안된 모양이다. 9번 창구에 가서 쪽지를 건네며 "우린 방 하나만 필요하다"고 해도 "450루피를 내라"고 한다. 답답하다.

"우린 방이 하나만 필요하단 말이오."

"그럼 다시 15번 창구로 가서 새로 쪽지를 받아오시오."

다시 15번 창구로 가서 '225Rs×1=225Rs' 라고 적어준 것을 9번 창구에 가져가니 그제서야 225루피를 받고 티켓을 준다.

"15번 창구로 다시 가시오."

15번 창구로 다시 가니, 이름과 주소 등을 적는다. 체크 인이다. 왜 이 모든 일을 한 창구에서 바로 처리하지 못하는 걸까? 어쩌면 부정을 방지하기 위해서인지도 모른다. 우리네 시스템에서 보면 분통 터지는 일이지만 말이다.

기차역 숙소는 기차소리도 시끄럽고 덥지만, 방이 넓고 천장이 높으며 빨래가 잘 말라서 좋은 곳이다. 내일 새벽 기차를 타기도 좋다. 식구들이 모두 만족한다. 재영은 이 기차역 숙소를 경험하지 못하고 갔다.

아침을 간단히 해결하고, '바로다 박물관·미술관(Baroda Museum and Art Gallery)'을 갔다. 구자라트(Gujarat) 주 정부의 박물관이다. 건물은 좁은 편이나 소장품은 정말로 많다. 숨이 막힌다는 내 말에 아내는 완전히 양(量)으로 승부하는 것 같다며 기막혀 한다. 델리의 국립박물관도, 캘커타의 인도 박물관도 그 수집욕의 왕성함과 잡식성에서는 이 곳을 도저히 따라올 수 없다. 모두 마하라자(Maharaja, 大王)들이 모은 것이다. 일본실, 중국실, 네팔-티베트실, 이집트실, 거기다 동물, 자연사 박물관까지 있다. 게다가 프랑스의 회화들도 따로 수백 점이 모여 있다. 심지어는 모자와 구두들까지 빼곡히 2층 공간을 채우고 있는데, 나는 얼마 남지 않은 물을 연신 마셔댔다.

내가 지금까지 경험한 박물관 중 최고의 박물관이다. 한국인은 거의 오지 않는다면서, 반갑게 우리를 안내해 주는 관계자가 있었다. 그는 우리에게 3천년 된 미이라(캘커타의 인도 박물관에서도 본 적 있지만)를 보여 주었다. 작은 키의 여자였다. 3천년 전의 그녀는 어디에 있을까? 이 미이라가 그녀는 아닐 텐데…. 또 수십미터 되는 고래의 뼈대가 전시된 '어린이실(Children's Gallery)'도 있었다.

내 관심사로 좁혀 들어가 보면 첫째, 이 지역에서 가까운 곳에서 출토된 '인더스 문명' 유적들이 있다. 인도 박물관의 그것과 다른 점은 로탈(Lothal) 등 이 지역의 유적 사진 등이 있는 점이다. 이는 내일 모레, 로탈로 찾아갈 우리에게 도움이 된다. 둘째, 지금까지 티베트 만다라는 사진을 통해서나 실물을 통해서나 다만 평면의 만다라만 보았으나, 여기서 비로소 입체의 만다라를 보게 되었다. 하나는 스투파 형식이고 다른 하나는 스투파같이 보이지는 않았다. 원래, 만다라가 공간의 상징임을 생각할 때, 입체 만다라의 존재는 더욱 그 의미가 적실하다 하겠다.

여행 안내서에는 M.S.U(Maharaja Sarajirao University of Vadodara)의 고고학과에는 부속 박물관이 있다고 하였다. 애써 물어 찾아가니, 고고학과 박물관은 이미 폐관 시간이 되었단다. 학과장에게 부탁해 보아도 내일 아침에 오라고만 한다. 2층 복도에 놓인 테이블 의자에 앉아 물을 먹고 있는데, 학생인지 강사인지 두 아가씨가 이런저런 말을 붙여온다. 내가 불교학을 가르치는 교수이며, 인도의 박물관을 두루 다니고 있다고 했더니, Prasad선생 부인이 한국인인데 부탁해 보라며, 우리에게 그를 소개시켜 준다. Prasad선생 부인은 경북 구미 출신으로 안동대 미술학과를 졸업했는데 그림을 그린단다. Prasad선생은 학과장에게서 열쇠를 받아와서 친히 박물관 문을 열어서 안내해 준다.

인더스 문명 출토품이 여기에도 있다. 무엇보다 특징적인 것은 현재는 댐 건설로 수몰되어 버리고 말았으나, 한때 불교가 번창한 데브니모리(Devnimori, 구자라트의 한 지역)에서 출토된 불상들이 있었다. 데브니모리 사원의 모형도 있었는데, 큰 차이트야(탑묘), 그리고 'ㅁ'자 형으로 지어진 건물들이 당시의 사세(寺勢)가 작지 않았음을 엿볼 수 있게 한다. 생각보다 많은 불상이 출토되었는데, 간다라나 마투라 불상과는 또 다른 분위기를 느낄 수 있었다. 스투파 속의 사리함은 고고학과 학과장 방에 있는, 이중 삼중의 잠금 장치가 있는 금고 속에 있었는데 고맙게도 우리에게 보여주었다.

시간이 없어서 Prasad선생의 부인은 만나지 못하고, 명함만 교환하고 헤어졌다. 반가운 만남이었다. 이 벽지에도 '한국의 딸'이 있고, '한국의 사위'가 있다.

아마다바드의 간디 아쉬람

8월 8일

밤새 뒤척이다 깨다 했다. 둘이 자는 더블 베드에서 넷이 자야 했기 때문이다. 나중에야 요령이 생겨서 내 발을 캉카 머리 쪽으로, 내 머리에 캉카 발을 안는 형국을 취함으로써 좀 편해졌다. 뿐만 아니다. 내 키는 인도인 표준 사이즈를 넘고 있으므로 침대가 내 키보다 짧다. 그 역시 고통의 한 원인이다.

새벽에 일어나 바로다에서 아마다바드행 기차(Bhopal-Rajkot Exp.)를 탔다. 2시간 10분 정도 걸려 도착했는데 마땅한 호텔이 없다. 우리 식구가 4명인 탓이라 해야 하나. 방도 작고 침대도 작은데, 트리플 룸이라 해도 큰 차가 없었다. 방이 너무 작으므로 4명의 공간이 협소했고, 더 큰 방은 지나치게 비쌌기 때문이다. 할 수 없이 기차역 숙소로 갔다. 여기는 바로다와 달리 일 처리를 한 곳에서 하고 있다. 2층 입구의 사무실에서 인도 여인이, 기차표를 보더니 'Triple room 350루피 +extra person 103루피'로 해서 453루피라고 했다. 이 방은 아예 작은 교실 만한 크기에 침대 셋이 놓여 있다.

구자라트 주는 인도의 성자 마하트마 간디를 낳은 곳이다. 그는 구자라트의 해변(아라비아해)인 포르반다르(Porbandra) 출생이다. 영국 유학 전까지 이 곳 구자라트에서 공부를 했다. 영국 유학을 반대한 어머니의 반대 이유는 채식의 계율을 아들이 파계할 것 같아서였다. 어머니께 맹세를 한 간디는 오히려 영국에서, 채식과 자연치유 요법에 더욱 관심을 갖게 된다. 채식은 인도 내에서도 여기 구자라트 주가 가장 철저하게 지키고 있다. 이에는 또한 이 구자라트 주에서 강세를 떨치고 있는 자이나교의 영향이 크다. 이 지역의 햄버거나 피자 가게에서는 '자인 버거'와 '자인 피자'라는 이름의 메뉴를 볼 수 있다. 물론 채식 버거와 채식 피자이다.

또 아침에, 방 얻으러 간 'A-One' 호텔의 접수부 뒷편에 이런 호텔 수칙이 씌어 있었다. '논베지 음식이나 계란은 방으로 가져가지 마시오.' 간디는 힌두교를 독실히 믿는 어머니의 영향을 받았으나, 그가 자서전에서 스스로 꼽는 세 분의 스승 중 자이나교의 레이찬드바이

(Raychandbhai)가 있다. 나는 그의 아힘사(불살생)가 '생태-여성주의(eco-faminism)'의 차원으로 확대 조명될 필요가 있다고 본다. 이 곳 아마다바드에 그 같은 간디주의의 실천 도량 간디 아쉬람이 있다.

사바라마띠(Sabaramati) 강가에 한적하게 자리하고 있는 아쉬람은 잘 관리되고 있었다. 간디는 이 아쉬람을 짓고 1918년부터 1930년까지 머물렀다. 그의 방에는 침대도 없이 맨바닥에 작은 요가 놓여 있고, 오른쪽에는 직접 돌리던 물레, 그 뒤에 그의 시커먼 지팡이, 왼쪽으로는 작은 독서대, 정면에 책상이 놓여 있다. 뿌네의 '아가칸 궁전'에서도 느꼈던 거지만, 철저히 무소유를 실천한 삶이었다. 그의 방 바로 뒤에, 그의 아내 카스투르바(Katsurba)의 방이 있고 부엌도 있다. 지키는 관리인은 21세 때에 직접 간디를 모셨다고 한다. '당시 모습 그대로'임을 증언한다. 그의 방 오른쪽으로, 간디의 사상적 후계자로 평가받는 비노바(Vinoba)와 한 영국 여성이 머물던 작은 집이 있었다. 외국의 인사들이 와서 머물던 게스트 하우스와 카디 공장도 있었다. 이 사바라마티의 간디 아쉬람과 뿌네의 아가칸 궁전은 영화 '간디'에 그대로 등장한다. 착착은 방명록에 '나도 간디 할아버지처럼 훌륭한 사람이 되겠다'고 한글로 썼다.

입구 왼쪽에 위치한 박물관(Gandhi Memorial Museum)에는 문답 형식으로 구성한 간디의 사상과 실천에 대한 해설이 있었는데 인상적이다. 답은 간디의 어록에서부터 직접 화법으로 인용한 것이다. 그 중에 소금 행진에 대한 노정이 지도에 표시되어 있었는데, 78명의 동료(Satyagrahi)와 함께 총 79명이 무려 385km를 걸어갔다. 서울에서 포항까지 거리 정도 될 것이다. 소금에 세금을 매기고 전매하려는 영국의 시도에 대한 저항 운동이었다. 그 출발점이 된 나무 밑, 그 나무에 그 같은 역사가 표시되어 있다. 박물관 옆에는, 간디에 관한 저술들이 모여진 도서관과, 책이나 열쇠고리 등 간디 기념품 등을 판매하는 작은 서점이 있었다. 나는 새로 읽어볼 요량으로 영문판 간디『자서전(Autobiography)』을 20루피에 샀다.

간디 아쉬람을 나선 우리는 '하트싱 사원(Hathee Singh Temple)'을 가기로 했다. 자이나교 사원이기 때문이다. 1848년에 상인 출신의 부자(자인교도들은 자이나교의 오계 중 불살생을 지키기 위해서 농사를 기피한다. 그 덕에 상업 종사자가 많고 그래서 부자가 많다.)가 세운 이 자이나 사원은 그 외형으로 보아서는 힌두 사원과 얼른 구별되지 않는다. 그만큼 복잡하고 기교가 넘치는 사원이다(그런 자이나 사원의 회랑 하나가 바로다 박물관에도 있었다). 내부의 주전(主殿)에는 티르탕카(마하비라 이전에 존재했다고 하는 과거의 성자들)가 모셔져 있고, 사방의 회랑(자이나 사원은 그 회랑에 각기 작은 방을 두고, 그 안에 또 티르탕카들을 모시고 있다)에도 하얀 대리석으로 된 티르탕카들을 모셔 놨는데, 몸에다 5~6개씩 보석을 박아놓아서 이상했다. 별다른 감흥은 없는데, 사원 안에 쌀과 염주, 복숭아 씨앗 등이 흩어져 있어서 지난 겨울 보드가야에서 본 티베트 불교도들의 염불 도구가 생각났다. 이 사원 입구에 내다붙인 '출입 수칙'에 재미있는 내용이 있었다.

'생리중인 여자는 출입을 금함'

힌두교의 『마누법전』에서도 생리중인 여자는 부정(不淨)하다면서 여러 가지 제약이 있었는데 힌두교와 자이나교가 그런 점에서는 같은 모양이다. 불교는 그렇지 않다. '모든 법의 공(空)한 모습은 더러운 것도 아니고 깨끗한 것도 아니다(不垢不淨)!'

로탈에서 본 인더스 문명

8월 9일

사실, 이번 3차 인도 여행은 파키스탄으로 가고 싶었다. 파키스탄에서 인더스 문명의 유적을 보고 싶었기 때문이다. 그러나 정보 수집 결과 포기해야 했는데, 기후가 48~49도를 육박한다는 소식 때문이었다. 그래서 파키스탄행은 다음 기회로 미룬 터였다. 다행히 이번 여행에서 나는 인더스 문명의 진한 향기를 맡을 수 있게 되었다. 오늘 마침내 인더스 문명의 인도쪽 유적지의 하나인 로탈(Lothal)을 실제로 방문해 육안으로 확인할 수 있게 된 것이다. 이를 통해서 몇 가지 주요한 사실을 확인할 수 있었다.

첫째, 장기판 비슷하게 구획된 놀이판이 두 개나 있었고, '말'로 쓰였음직한 작은 동물들이 있었다. 그 때부터 인간은 '놀이하는 동물(Homo Ludens)'이었던가?

둘째, 저울과 저울의 양쪽에 올려 놓는 '추'가 있었다. 추는 돌로 만든 것으로 매우 다양한 크기와 무게의 것인데, 세련되어 보였다. (이런 형식의 저울은 오늘날 인도에서도 여전히 쓰이고 있다. 심지어 땅콩 2루피어치를 사도 저울에 달아 판다.) 도량형의 발달은 실제 교역이 이루어졌음을 의미한다. 나중에 유적을 보니 배가 들어오는 독(dock)이 있고, 구슬(bead)을 만들어서 바레인과 수메리아까지 수출했다고 하니, 무역이 행해졌음이 입증된다.

셋째, 장례(葬禮) 풍습은 매장(埋葬)이었으며, 합장(joint burial) 역시 행해졌다. 이를 위한 어떤 의례가 있었을 것이다. 의례 용구(retual object)들이 있는데, '국자' 등의 구체적 용도는 알 수 없다.

넷째, 쌍우차(雙牛車)가 이동의 수단으로 쓰이고 있었다. (이런 쌍우차는 현재 인도 농촌에서 볼 수 있었다.)

다섯째, 많은 인장(印章)들이 있고, 거기에 나름의 문자가 씌어 있었음은 그 용도가 되었을 재산의 사적 소유나 그와 관계된 문서의 작성이 이루어졌음을 추정케 한다.

현재의 박물관 옆에 발굴된 유적지와 복원된 '모형도'를 종합해 보면, 또한 몇 가지 사항이 확인될 수 있다.

첫째는 도시 외곽에 물길을 만들어서 수상(水上)으로 외지와 교역했다는 사실이고, 둘째는 아크로폴리스가 있어서 정치적 행위의 마당이 되고 있었다는 점. 셋째는 주거지와 공장이 구분되어 있었다는 점 등이다.

이러한 도시가 계획되어 건설된 연대가 전기(A period)는 B.C.2400~1900년이며, 후기(B period)는 B.C.1900~1600년까지다. 그러니까 지금으로부터 최대 4400년 전이고, 최소 3600년 전의 일이다. 놀라운 일이 아닐 수 없다. 인류 4대 문명을 다 보지 못한 형편이지만, 과연 인류의 진보와 발전은 질적인 것인가, 양적인 것인가를 묻게 한다. 인간 삶의 구조는 이미 그 시대에 다 결정된 것 아닌가. 인더스 문명 유적을 보면서 하게 되는 생각이다.

『우·간·다』에서 일러 준 대로 아침 7시 버스(실제 7시 10분)를 타고 로탈까지 직행했다. 10시경 도착하여 다 둘러 보는데 약 50분 정도 걸린다. 나가는 차를 물어보니 11시에 있단다. 탈 수 있겠다 싶어서 느긋하게 시간 맞춰 나오는데, 무슨 차소리가 들린다. '설마 버스는 아니겠지. 아직 5분이 더 남았는데, 그래도 몰라, 뛰어 봐? 아닐 거야.' 짧은 시간, 버스 정류장 전방 30미터에서 나는 갈등을 겪다가 뛰지 않았다. 아, 그것이 버스일 줄 어찌 알았으랴! 왜 몰랐을까? 보일 때 뛰면 이미 늦는 것을, 왜 보이지 않을 때 뛰지 못했을까?

또 하나의 문제는 이번에도 마실 물이 바닥났다는 사실이다. 이 곳에 무슨 레스토랑인가 숙소까지 있다고 들었고, 유적지인데 설마 물 사먹을 데 없으랴 싶어서 아침에 아마다바드 출발시에 1리터짜리 물 한 병과 뜨거운 보리차 보온병만 준비했던 것이다. 그런데 잠깐씩 버스가 서는 시골 정류장들이라 미네랄 워터도, 콜라도 구경할 수가 없었다. 어느 때부터는 2차로가 1차로로 좁아졌는데 마주 오는 차를 만날 수 없을 만큼 한적한 길이다. 룸비니 주변의 평원 같다. 좌우로 지평선이 보이는데, 그 중간으로 난 1차선 아스팔트를 끝도 없이 달렸다. 할 수 없이 나 혼자 빈 물병을 들고 박물관 뜰에 있던 인도인들이 마시는 물이라도 얻으러 가야 했다. 다시 돌아가서 물어보니, 버스는 12시 40분에 오고, 4km 떨어진 '군디'라는 곳으로 가 보라고 하였다. 마침 군디로 가는 자전거 탄 남자에게 오토 릭샤가 있으면 보내달라고 부탁했더니 템포와 경운기를 닮은 차가 왔다. 넷이서 타고 군디로 왔다.(36루피) 그러나 여기서도 버스는 12시 40분에야 있다고 한다.

"물 살 데 없느냐?"

"기차역 가 보라."

"얼마나 먼가?"

"1km다."

우린 모두 왕복 2km의 탐험길에 나섰다.(아까 박물관 뜰에서 얻어온 먹는 물은 소금기가 많은지 짜다. 우리가 그 동안 의심하며 사 마신 미네랄 워터는 그래도 이 먹는 물과는 확연히 다른 물임이 확실해졌다. 모든 강들이 오염되었는데, 어디 물을 가져다가 미네랄 워터를 만들었는지는 모르겠지만. 우린 그 물을 입안에 머금고 뱉는 식으로 이용했다. 도저히 마실 수는 없었다.) 마을을 통과하는데 가게가 있고, 물 대신 펩시 한 병이 있다. 펩시 한 병과 인도 콜라(Rava Coke) 한 병, 그리고 오이 두 개를 18루피에 사서 목을 축였다. 기차역에 가 봐도, 더 이상 물은 없다. 돌아오는 길에, 그 가게에서 오이 2개, 작은 토마토 3개를 5루피에 더 샀다. 오이 두 개를 깎아먹으니, 어느 정도 수분 공급이 된다. 사실 '물' 부족 사태는 심리적인 것이 더 문제다. 물이 떨어진 뒤의 일에 대한 불안 심리 말이다.

마침내 차가 왔다. 그러나 아마다바드에서 로탈 사이의 중간 연결지인 돌카(Dolka)까지의 거리가 『우·간·다』의 설명처럼 '가깝다'가 아니고, 꼬박 1시간 30분이나 걸리는 거리였다. 돌카에 와서야 비로소 미네럴 워터를 살 수 있었다. 돌카에서 아마다바드행(1시간 40분 소요) 버스가 3시에 온다고 하더니, 2시 40분에 와서는 출발한다. 아마다바드 버스 정류장에 도착해서는 곧장 선라이스(Sunrise) 레스토랑으로 가서 밥을 먹었다. 오후 5시, 오늘 처음 먹는 식사다. 아침, 점심 다 굶은 일행들에게 미안한 마음이 든다.

밤 10시 40분에 출발하는 우다이푸르행 기차를 웨이팅 룸에서 기다리면서 샤워를 했다.(웨이팅 룸을 이용하려면 기차표가 있어야 한다.)

남의 아들 맹장수술 시키기

8월 10일

아마다바드에 대한 선배들의 평은 모두 '매연으로 뒤덮인 공업 도시'라고 되어 있으나, 와서 보니 그렇지 않다. 건기가 아니어선지는 모르겠지만, 매연의 정도는 델리나 뿌네보다 덜하고, 호객꾼들의 등쌀도 없고 거리도 차분한 편이었다. 기차역은 매우 컸다. 그리고 전광판도 있고 식당도 많고 편리하다.

시발역인 관계로 미리 기차가 대기중이다. 출발 전에, 우리는 모두 침대를 내려서 잠을 청하였다. 이 기차는 이상하게도 통로 옆의 상하 2인용 침대가 없이 마주 보는 6인용 침대(한쪽에 3층씩)만 있다. 그래서 발을 쭉 뻗어도 내 발이 침대 밖으로까지 뻗쳐지지 않는다. 처음이다.

잘 자고 먼저 일어난 아내가, 라자스탄 주의 자연 환경에 대해서 감탄한다.

"라자스탄을 와 보지 않고서, 인도에는 산이 없다고 했으니 라자스탄 와 본 사람들이 어떻게 생각했을까?"

우리의 1차 여행 소감을 두고 하는 말이다. 실제로 창 밖 어떤 곳은 우리 나라와 비슷하기도 하였다. 평지로부터 100~200미터 정도나 되는 얕은 산들이 첩첩이 이어진다. 여기는 확실히, 데칸고원이나 오릿사 주, 또는 우타르프라데쉬 주의 자연과는 또 다르다. 산은 돌산이고, 산비탈의 척박한 땅은 밭으로 가꾸어져 있는데 돌로 담을 쌓아두었다.

우다이푸르에 도착하기 전에 캉카가 화장실을 다녀왔다.

"설사했어요."

그러더니 배 아프다며 3층 침대로 올라가 한참을 더 잔다. 도착해서 내릴 때, 캉카 가방을 착착이가 짊어지게 했다. 걸음도 겨우 걷는다.

"여보, 캉카 아프니까 시내로 가지 말고 리타이어링 룸을 잡아요."

아내의 제안으로 그렇게 했다.(173루피) 지금까지의 리타이어링 룸 중에서 제일 좋다. 쿨러도 있고, 온수도 나오기 때문이다. 이 역을 오가는 기차가 꼭 하루에 10회다. 그래서 종일 조용하다. 우리 방 옆에 식당도 있다.

캉카는 토하고, 배가 아프고 춥다고 한다. 오후 들어서 좀 편해진 듯한데, 숨쉴 때마다 움직일 때마나 배가 아프다고 한다. 왜인지 모르겠다. 종일 굶어서 배가 고플 텐데도 아무것도 먹으려 하질 않고 잠만 잔다. 여태껏 자주 복통을 호소해도 밥 먹고 나면 괜찮아지곤 했는데 이러기는 처음이다.

"캉카야, 내일 낫고 나서는 집에 전화해 보자."

엄마 생각이 나는지 이내 눈에 눈물이 고인다. 가슴이 아프다. 내일 아침에 자리를 털고 일어나기를 기도해 본다. 혼자 가족을 떠나 먼 나라에까지 와서 이렇게 아프면, 어른도 외롭고 힘들 텐데 아무런 내색도 없이 꿋꿋하게 견디는 캉카가 대견하다. 귀국하면 캉카는 건강 검진을 받아볼 필요가 있을 것 같다.

8월 11일

새벽 2시에 캉카가 물 먹으러 일어나서는 복부 통증을 호소했다. 너무 오래 속을 비워 두어서 그런 것 아닌가 싶어 보리차를 끓이고, 남은 건누룽지로 죽을 끓여서 조금 먹였다. 우리 부부는 여러 가지 방안을 토론했다. 여기 우다이푸르에서 델리까지 기차로는 21시간, 비행기를 타도 2시간 45분이 걸린다. 서울에서 델리까지 직행으로는 7시간이면 되지만 1주에 2회 운행하는 아시아나가 있을 뿐이다. 캉카의 귀국과 이곳 인도 병원에서 진료받는 문제에 대해서도 생각했지만 묘안이 없어, 일단 아침에 여기 병원에 데려가 보기로 했다.

아침에 리타이어링 룸을 하루 더 얻기로 한 뒤, 여행자 안내소에서 물었더니 기차역 바로 옆에 여행자 병원(Tourist Hospital)이 있단다.

찾아가니 아직 이른 시각이어서 문은 안 열었으나, 바로 병원 앞에 사는 의사가 데려오란다. 캉카를 들쳐업고 가니, 맹장염 같다며 큰 병원으로 데려가라고 한다. 그가 적어 주는 쪽지를 갖고 온 곳이 여기 '시민병원'(Civil Hospital = R.N.T. Medical College 부속병원, R.N.T는 Rabindra Nath Tagore시의 약자)이다.

먼저 응급실이 있는 외과 병동으로 갔는데 다시 '소아(과)병원'으로 보내졌다. 환자들이 길게 줄을 서 있다. 언제쯤 차례가 올까 초조해 하고 있는데, 외국인이어서인지 아이를 들쳐업고 있는 내 모습 때문인지 몰라도 순서와 상관없이 의사가 먼저 봐 준다. '소아병동'의 대형 입원실에는 40여 개의 침상이 놓여 있고, 여기저기 어린 아이들이(모두들 너댓 살 이하의 아주 어린 아이들이다) 누워서 고통받고 있다. 우리 바로 앞의 아기는 누워서, 두 주먹을 발끈 쥔 손을 바르르 떨면서 쌕쌕거린다. 천식이라는데 울지도 않고 잘도 참는다.

처음에는 맹장염이 의심되어 수술실에 있는 외과 전문의에게 데려갔다. 여기저기 눌러보면서 "아픈가?" 묻는데, 이리저리 안 아프다는 곳이 없다.(아침까지만 해도 배꼽 바로 밑이 아프다고 했었다) 일단, 맹장염은 아닌 것으로 결론을 내리고 초음파 검사를 하러 갔다. 아침에 병원에 들어서고부터 돈 내라는 소리를 못 들었는데 초음파 검사할 때는 50루피를 내라고 한다. 이 돈을 내는 데도 우리 병실의 담당의사가 따라가 준다. 초음파 검사 결과는 정상(Normal)이다. 다시 무거운 '바퀴달린 침대(rolling bed)'를 세 식구가 함께 밀면서 소아병동으로 돌아왔다.

이제 초점은 '위염'에 맞춰졌다. 여러 명의 의사들이 몇 차례, 회진 오듯이 와서는 만져보고, 물어보고, 청진기를 대본다. 그리고는 각자의 소견을 차트에다 쓴다. 그 중에는 중견 전문의를 향한 듯, '당신의 전문적인 소견을 바랍니다.' 라고 쓴 문구도 있었다. 그들도 고심중인 모양이다. 그도 그럴 것이 캉카 배의 아픈 부위가 자꾸 달라지고 있기 때문이다. 배꼽 바로 밑→배꼽 위의 늑골 부분→배꼽 우측 하단으로 달라지고 있다. 한 중견의사(나중에 보니 그가 마투르 박사였다)가 와서 만져보고, 물어보고 하더니 저쪽으로 가서 다른 의사들과 빙 둘러서서 회의를 한참 한다. 그러더니 나를 부른다. 그들이 열 마디 하면 겨우 몇 마디 알아듣고 짐작하는 나였다. 잘 모르겠다고 써 달라 했더니,

"환자는 심한 맹장염으로 고통 받고 있다."

여행 올 때 짐 싸는 막판에 아내가,

"애들(재영과 캉카)도 데리고 가는데 혹시 모르니까 사전 가져 갑시다. 평시에는 몰라도 무슨 문제라도 생기면 필요할 수도 있을 걸요."

하며 작은 영한사전과 한영사전을 가져 가자더니 제대로 쓰인다.

"언제까지 수술해야 하는가?"

"방법은 두 가지다. 수술요법과 약물요법이다. 수술은 통증으로부터 24시간 이내에 해야 하니 오늘 저녁까지 해야 하고, 약물요법은 5~7일 정도 걸린다. 그러나 이 경우에도 6~8주 지나서는 수술을 해야 한다."

"나는 그의 부모가 아니다. 그의 부모는 서울에 있다. 전화를 해서 그의 의견을 듣고 따라야 한다."

병원에 오고나서부터 계속 고민한 것이 언제 캉카네 부모님께 알려야 하는가였다. 검사 결과를 보고 전화할까, 결과도 모르는데 미리 전화해서 걱정을 끼쳐야 하나? 혹시라도 시간을 다투는 일이 생긴다면 이내 통신이 되어야 할 것 아닐까? 고민하다가 검사 결과 나오기 전에 상황을 알리고, 통신이 가능하도록 해야겠다고 마음 먹었다. 캉카 부모

님은 부재중이었다. 교회 전도사님께 요지를 말씀드리고, 4시 이후에 통화 가능하도록 부탁해 두었다. 캉카 아버지는 이쪽 상황을 정확히 모른다. 나로서도 뭐라 말할 수 없다. 그것이야말로 전적으로 캉카 부모님의 결단과 책임에 맡겨야 한다. 캉카 어머니와도 상의해 보라면서 5분 뒤에 다시 하겠다며 전화를 끊었다. 5분 후에는 캉카 어머니가 받으신다. 착착이 엄마 같으면 도저히 불가능할 평상심이 담긴 목소리다.

"수술하는 것이 좋겠다고 여기 의사가 말하네요. 수술을 하세요."

나라면 어떻게 했을까? 약물요법을 하더라도 어차피 수술은 해야 하고, 만에 하나 약물요법이 효과가 없으면 어떻게 되는가? 역시 수술을 해야 할 것이다. 문제는 여기 인도 의사에 대한 신뢰 문제인데, 이 부분에 대해서는 한국의 의사 선생님이 신뢰를 가졌던 것이 아닐까 생각한다.

수술해도 좋다는 대답을 주치의에게 가져오니, 이번엔 의외의 요구를 한다.

"여기서 수술할 것인가? 다른 병원에서 할 것인가?"

오늘은 금요일이고 이미 오후다. 수술 받는 것을 동의받아 왔는데, 딴 병원이라니? 왜 그러는가 했더니, 승낙서(=각서) 때문이었다.

"뉴델리에 있는 한국대사관에 연락해서 그들의 의견을 들어보라. 그리고 만약 그들 역시 이 곳에서 수술하기를 주장한다면, 그 때 우리는 문서로 작성된 '수술에 대한 동의서'를 받아야 한다. 그리고 인도의 보호자 이름을 알려달라."

아, 대사관! 우린 왜 그 생각을 못했지? 해외에 거주하거나 여행하는 자국민을 보호하고 국익을 위해 노력하는 곳이 아닌가? 그래, 연락을 한 번 해보자.

여직원을 통해 좀더 높은 사람(대사는 아님)과 연결되었다. 사연을 말했더니 잔뜩 짜증섞인 목소리가 귀찮다는 투다.
"내가 뭘 믿고 그런 것을 해요? 누군지도 모르는데…."
나는 한 번 더 나의 신분과 캉카 아버님 신분을 얘기하면서,
"캉카 아버지께 전화드리도록 얘기드릴 테니, 아버지의 생각이 확인된다면 여기 병원의 주치의에게 전화 한 통 해주십시오."
이때 내 염려는 금요일 오후라, 주치의가 퇴근이라도 해버리면 어쩌나 걱정이었다. 다시 캉카 아버지에게 전화를 했다. 캉카 아버지→대사관→주치의에게 통화가 된 모양이다. 결과적으로는 우리의 뜻대로 대사관에서 현지 보증인이 되어 주었으나 우리가 기대했던 위로와 격려, 그리고 친절은 없었다. 오늘 하루 종일 돈 한 푼 생기지 않는 일에 이국의 한 어린이를 위해, 우리가 요구하지 못하는 일까지 찾아서 긁어주고, 도와주고, 치료를 위해 고심하는 이 나라 의사와 간호사들, 인도의 환자 보호자들이 보여준 사랑과 친절을 생각하면 오늘 우리가 이 낯선 땅에서 접한 유일한 한국인의 음성과 마음은 너무나 차가웠다. 나는 두 번 운다. 인도인들의 친절과 자비에 한 번 울고, 한국인의 매정함과 불친절에 또 한 번 운다. 어른도 아니고, 아이가 아파서 수술을 눈앞에 두고 있건만, 다른 식의 표현도 가능할 텐데….
"아, 예? 그렇습니까? 아이가 객지에서 아프다니 염려가 크시겠습니다. 저로서도 우선 아버지의 생각을 확인해야 하니, 저에게 전화를 좀 하라고 하세요. 그런 뒤에 제가 병원으로 전화를 하지요. 부모가 동의한다는 데야 무슨 문제 되겠습니까? 수술 잘 해달라고 부탁 드리지요."
이렇게 해주길 바란 것은 나의 터무니없는 바람이었나? 과분한 기대였겠지?

우여곡절 끝에 수술 준비에 들어갔다. 우리 병실의 담당 의사에게 물었다.

"수술비가 얼마쯤 될까요?"

"없습니다."

"아니, 무료라니요?"

"여긴 정부병원이니까요."

"우린 인도 사람도 아니고, 외국인 관광객일 뿐인데요."

"그래도 무료입니다."

언제, 우리 나라가 외국인에게(미국과 같은 강대국이 아니라 동남아시아의 노동자와 같은 약소국 백성들에게) 이런 혜택을 베푼 일이 있던가?

"인디아여, 고맙소(Thanks for India!)."

이렇게 인도는 우리를 놀라게 한다. 인도가 우리를 부르는 묘한 매력이다. 물론 합동 병실에서는 입원비도 없다. 그러니 서민들이 부담없이 올 수 있다. 다만, 약값만은 본인 부담이다. 철저한 의약분업 구조이다. 그렇기에 의사들은 일일이 처방전을 종이 쪽지에 써 주고, 환자 보호자들은 그 약을 사러 약국을 쫓아다녀야 한다. 그것이 일이다.

"우리 나라의 의약분업 분란은 어떻게 되어가고 있을까?"

아내의 말이다. 우리도 수술 전에 수술에 필요한 약, 주사약, 주사바늘, 각종 튜브, 분비물 백, 각종 도구 등을 사러 다녔다. 나와 아내는 함께 왔다 갔다 했다. 이제 캉카에게 수술을 한다고 말해야 한다.

"캉카야, 하느님 믿지?"

"네."

"커서 성공회 신부님 될 거지?"

"네."

"하느님은 훌륭한 재목을 단련시키기 위해서, 가끔 시련을 주시지? 예수님처럼."

"예."

"그래, 이제 아버지께서 맹장염 수술을 하라고 말씀하셨어."

"……."

"괜찮지? 아버지, 어머니께서 기도해 주실 거야. 들리지?"

"네."

"아저씨, 아줌마가 같이 있으니까 걱정마. 착착이도."

우리 착착이 같으면 울고불고 야단이었으리라. 착착이는 캉카에 비해 겁이 많다. 아니, 나로서도 적잖이 당황했으리라. 어린 캉카의 눈가에 맺힌 물방울을 보니 측은하다.

수술 예정 시간 5시를 30여분 넘기고, 병원을 옮기란다.

"어디로 가는가?"

"큰 병원으로 간다."

놀랐지만, 그래 더 안전한 곳으로 가서 수술하려나 보다 생각하고 따랐다. 앰뷸런스를 타고 간 곳은 다른 병원이 아니라, 같은 시민병원 내의(우리가 처음 이 병원에 와서 갔었던 그) '외과'였다. 수술실이 여기에 있다. 수술대 위에 캉카를 눕혔다.

"하느님께 기도해라. 지켜 주실 것이다."

나는 불교도이자 불교학자이지만 오늘 기독교적 믿음을 캉카에게 강조하고 있다. 착착이 생후 55일만에 서울대 병원에서 탈장 수술을 받았다. 그 때 의사 선생님께 배고파 울어대는 아들을 넘기고, 이번에 캉카를 수술대에서 의사에게 넘기니 두번째다. 내가 여행 중 '캉카 아들', '캉카 아들' 했는데 아버지 노릇을 하게 되었다. 아무런 책임질 권한도 없는 사람이, 책임져야 한다면 얼마나 곤혹스러우랴? 더 큰 책임을 지지 않았으면 싶은 마음 간절하였다. 나는 아버지가 아니면서 맹장 수술의 보호자가 되어야 했으니, 더욱 곤혹스러웠다. 캉카 부모님은 오죽하랴? 멀리 인도까지 아들을 보냈는데, 인도 의사들에게 수술을 맡겨야 하다니 말이다. 우리는 서로 입장과 위치를 바꿔서, 함께 고통받고 있는 셈이다. 캉카 부모님이 수술의 보호자로 있는 상황이라면, 우리도 캉카 부모님도 이런 고통은 서로가 없을 텐데….

수술 전, 자기들이 영문으로 작성한 '수술 동의서'를 가지고 와서 나와 아내의 주소, 성명, 여권번호를 써 주었는데, 다시 와서는 착착에게까지 수술 동의서를 쓰게 한다. 아이가 무슨 책임 능력이 있는가? 기가 막혀서 항변하다가 만다. 내 항의에 '다른 나라'라서 그렇다고 의사는 말한다. '그래, 수술만 잘 해다오.' 착착이도 친구를 위하는 마음으로 서명을 한다.

6시 10분경, 캉카는 수술대 위에 누웠다.
"수술 시간이 얼마나 걸리는가?"
"30분쯤 걸린다."
30분 걸린다던 수술이 10시가 다 되어갈 때야 겨우 끝나, 그제서야 캉카를 볼 수 있었다. 물론 수술실에서 정확히 수술하는 데에만 걸린 시간이 얼마인지는 알 수 없다. 우리 세 식구는 그 동안 복도에 앉아 있었다. 아까 낮에는 폭폭하기만 하던 내 마음도 안정을 찾았다.
'내가 캉카를 인도에 데리고 오려고 그렇게 애썼는데, 반드시 끝이 나쁘지는 않으리라.'
그런 믿음이 있었다. 그런데 복도에 잠깐 앉아 있으면 수술실 문이

열리고 의사가 쪽지를 내밀며 약이나 수술 도구 등을 사 오란다. 그 처방전 쪽지를 받아들고 나는 약국으로 내닫는다. 100미터 혹은 2~300미터 떨어진 약국으로 정신없이 뛴다. 마음 속으로 '이 약이 늦어 수술에 지장이 있으면 어쩌나?' 가슴 죄면서. 때론 약이 이 약국에 없는 경우도 있어, 약을 찾아 몇 약국을 전전하기도 해야 하는데, 등줄기는 땀으로 흠씬 젖는다. 아무리 의약분업도 좋지만, 수술 중 필요할 의약품은 미리 다 비치해 놓고 하지 않고 수십 번 뛰어다니게 하니, 똥개 훈련이 따로 없다. 수술 도중에 약품을 못 구해 잘못 되기라도 하면 어쩌려는 것일까. 하도 헥헥거리며 계속 뛰어다니니 약국에서 묻는다.

"무슨 수술인가?"

"맹장염 수술이다."

"큰 수술도 아니네."

그런데도 계속 시켜댄다. 한 번은 약 사들고 뛰어오니 아내는 어디 가고 착착이 혼자 있다. 아내도 내가 약국에 간 동안 새로운 처방전을 들고 약 사러 간 것이다. 기다리고 있는데, 약을 못 사고 되돌아 온다.

"이 앞 약국에는 없고, 다른 약국 가라는데 내가 데바나가리를 알아야죠?"

그렇다. 병원 주변의 수많은 약국들 간판 중에 영어 간판이 하나도 없다. 온통 '데바나가리'로, 그것도 휘갈겨 써 놓았는데 철자 하나 모르는 그녀가 알아낼 재간이 없는 건 당연하다. 처방전을 받아들고 나는 또 뛴다. 오토 릭샤를 잡아탔다. 병원 밖의 약국 세 군데를 전전해도 없다.

"도대체, 어디 가면 이 약을 살 수 있는가?"

세번째 약국에서 물으니, 라자스타니어(라자스탄 지방의 언어)로 내가 타고 온 릭샤 왈라에게 또 다른 약국의 위치를 알려준다. 마침 그 약국에서 살 수 있었다. 사서 보니, 이건 약도 아니고, 은행 통장에 인감도장 찍고서 붙여주는 비닐 비슷한 것이다. 이게 어디에 쓰이나, 싶다. 그걸 갖다주고서 겨우 숨을 고르면서 이제 그만 부르겠지, 하는데 또 수술실 문이 열리고 처방전을 건네준다.

자주 가서 안면을 익힌 약국 아저씨가 비스켓 봉지를 내민다. 평소 같으면 안 먹지만, 세 개를 집었다. 고맙다. 나중에 잔돈은 "계산은 나중에 하자"며 외상까지 달곤 했다. 100미터 달리기를 적어도 스무 번은 더 했으리라.

수술 시간이 길어질수록 불안감은 더 깊어지는데, 마침 수술실에서 나와 전화하러 가는 의사가 있다.

"무슨 문제 있나(Any problem)?"

"문제 없다.(No problem)"

그제서야 안심이 된다. 드디어 10시경, 쓰다 남은 약을 담은 약상자가 먼저 나온다. 잘 된 모양이다. 잠시 후, 캉카가 실려 나온다.

"애썼다, 캉카야. 이젠 됐다."

캉카는 눈만 떴다 감는다. 이동 침대에 캉카를 태운 채, 앰불런스를 기다렸다. 1km를 이동하는데 아내는 숨막혀 한다. 종일 긴장과 불안, 걱정으로 왔다갔다 하고, 먹은 건 아무것도 없고(우리 모두 그랬지만), 간밤에 잠도 제대로 못 잔 터였다.

소아병동의 외과 환자 병실로 옮긴 뒤, 나는 집(기차역 숙소)으로 착착과 함께 갔다. 아내와 착착을 밤중 인도에서 숙소로 보내는 것도 불안한데다, 나를 쉬게 하려는 아내의 간곡한 제의를 받아들인 것이다. 장기전이다 싶어서였다.

고국에서 걱정하고 계실 캉카 아버지께 수술 잘 됐으니 걱정 마시라고 전화했다. 그리고 숙소로 돌아왔다. 아내가 걱정스러웠지만 어떻게 되겠지, 하고 잠을 청했다.

병원에서 두 번 졸도한 아내

8월 12일

아침에 병원으로 오니, 우려하던 대로 아내는 간밤에 졸도를 했단다. 캉카가 갑갑해 하던 튜브를 다 뽑아서 여러 가지로 난리가 났었던 모양이다. 그것을 본 아내는 놀라고, 무섭고 어쩔 줄 몰라서 죽는 줄 알았다고 한다. 캉카와 아내 모두 죽는 줄 알고, 너무 놀라서 마비 증세가 온 모양이다. 또, 간밤에 약을 사 오라고 했던 모양인데, 의사소통에 애를 먹었다고 한다. 의사들은 왜 아내가 돈을 갖고 있지 않은 줄 알았을까?(실제로는 당시에 나보다 더 많은 돈을 갖고 있었는데) 그들은 약 사 오라는 말은 하지 않고, 나만 찾더란다.

쓰러져 손이 마비된 채 꼼짝 못할 때, 옆 병상의 보호자인 인도 노인에게 손 좀 만져달라고 애원했지만 인도 풍습에는 이방의 여인네를 만지지 않는 법이라는 표정으로 외면했다고 한다. 어젯밤에는 힘들었어도 내가 있어야 했다. 항상 결정적으로 힘든 순간, 아내는 혼자 그것을 감당해오곤 했다. 의사들도 불편했던지, 주치의 마투르(P.Mathur) 선생부터 여기 머물 독방(separate room)을 알아봐 주겠다며 젊은 의사를 시켜서 찾아보게 했다. 이들은 우리가 요구하기도 전에, 우리의 아쉬운 점을 찾아 친절을 베푸는 것이다. 젊은 의사의 오토바이 뒤에 타고, 응급실쪽으로 갔는데 방이 없단다. 그는 나를 다시 태워다 주고, 혼자 찾아보겠다고 했다. 그로부터 약 두 시간 후, 그는 방을 구했다면서 나타났다.(우리에게 수술 전 '수술 동의서'를 받은 의사이다. 방을 구해주고 난 뒤, 그는 다시는 '소아병동'에 나타나지 않아서 끝내 볼펜 한 자루 못 주었다.)

아내는 캉카가 아침에 깨어나면서 한 소리가 '엄마'였다면서 가슴 아팠단다. 애시당초 캉카를 데려오려고 했을 때 예상할 수 있었던(처제는 그 점을 명백히 지적해냈다) 최악의 상황을 맞고 말았던 것이다. 어제 수술실 밖에서 아내는 말했다.

"비행기 자리가 없었던 것이, 부처님이 미리 아시고 '데리고 가지 말라'는 뜻이었는데…."

애초에 캉카의 비행기 표가 없어서 애먹은 것을 두고 하는 말이다. 그래도 나는 믿는다. 그토록 애써서 캉카에게 인도 문화의 체험 기회와 착착이와 여행하는 경험을 주고 싶었던 나의 의지는 선의였고, 그 같은 선의에 대한 과보가 감당할 수 없이 크게 나쁜 것은 아니리라 믿는다. 그래서 근 4시간 가까운 시간을 수술실 밖에서 기다리면서도 믿는 바가 있었다.

아침에 주치의 마투르 박사는 말했다.

"고름 물질과 함께 맹장이 터졌고 많은 발병물질이 뱃속에 가득 차 있었다."

수술 소요 시간이 예상보다 몇 곱이 더 걸리고, 수술 도중에 그토록 많은 약 심부름을 시킨 이유가 여기에 있었던 것인가? 보통의 맹장염 수술이 아니었던가 보다.

작은 병에 담긴 '떼어낸 맹장'과 '뱃속의 발병 물질'을 담은 주사기를 건네 주면서, 고국으로 가져가라고 한다. 그러면서 아직 안심할 단계는 아니라고 한다. 유리병과 주사기 속에 담아주는 것은 자신들의 판단과 시술에 대한 넘치는 자신감과 그것을 증빙해 주겠다는 치밀함이 숨어 있는 일이다. 혹시 생길지도 모를 의료 분쟁에 대비하는 일이기도 하리라. 사실, 어제 캉카는 말했었다.

"수술하고 나서도 배 아프면 어떡해요?"

"설마 그럴 리가 있겠니?"

대답하는 나 역시도 내심 일말의 불안이 없지 않았다. 이유는 맹장염으로 결론 내리기까지 너무나 오래 이 사람들이 뜸을 들였기 때문이다. 맹장염이 아닌 것을 오진한 것은 아닐까 불안했기에 말이다. 그도 그럴 것이 캉카의 아픈 부위는 때때마다 달랐던 것이다. 처음에는 배꼽 밑, 배 위쪽의 늑골 부근, 급기야 오른쪽 하복부까지 확대되었는지, 아니면 전이되었는지 했다. 오늘 아침에야 나는 안심할 수 있었다. 그들은 오진하지 않았던 것이다.

아내는 내가 돈 바꾸러 인도 중앙은행에 갔다오니 또 쓰러져 있다. 출혈침을 못 찾아서 머리빗 끝으로 손가락 끝을 누르니 깨어난다. 이렇게 힘들어 하는 아내를 위하여 인도 의사들은 우리들만의 '독방'을 열심히 주선한다.

아까 방 찾으러 떠난 젊은 의사가 돌아왔다. 서류에 서명하고 따라오란다. 우리가 머물 방이다. 방 둘, 부엌 하나, 샤워실 합쳐 하루 250 루피다. 응급실 앞에 있는 건물이다. 미리 선불로 1,500루피를 요구한다. 인도인들은 중 상류층이나 되어야 이용할 수 있겠다.

"며칠 정도 입원해야 할 것 같나?"

내 물음에 젊은 의사는 6~7일 정도 걸릴 거란다.

지금 아내는 어떻게 하고 있을지 걱정이다. 졸도에서 깨어나서는 울다가 호텔로 갔는데, 이제는 원망도 않는다. 나는 언제나 아내를 고생만 시키고 있다. 이유는 단 하나, 그녀의 말을 듣지 않았기 때문이다. 지나고 보면 그랬을 걸 싶은데도 나는 매번 듣지 않는다. 아무리 귀가 여린 사람이라도 남자들은 유독, 자기 아내 말이라면 늘 반대로만 한다는 게 그녀의 지론이다.

캉카네 집에 전화 한 번 해 주어야 할 텐데, 의사는 내게 자리 비우지 말라고 엄명이다.

우다이푸르 시민병원과 마투르 박사

8월 14일

어제 오후부터 삭신이 쑤시고 열이 났다. 마침내 우려하던 대로 몸살이 온 것이다. 캉카 침상에 끼여 누워 있다가, 아내가 준 하벤을 먹고 방에 가서 누워 있었더니 좀 괜찮아졌다.

아내가 점심 먹고 오면서 호텔을 봐 두었다. 병원 내 숙소에는 방 두 개, 침대 두 개지만 하나는 완전히 못 쓴다. 침대 매트리스가 망가져 도저히 사용할 수가 없다. 그런데다가 물까지 나오지 않는다. 관리하는 아줌마에게 가서 얘기했다.

"물이 안 나온다. 물이 나오도록 고쳐달라."

"그럴 의무는 없다(No duty). 시장에 가면 양동이가 있다. 사다가 물을 퍼다가 써라."

100m나 되는 거리에 있는 공동 수도에 가서 화장실에 사용할 물과

기타 쓰는 물을 날라다 쓰라니…. 호텔 비용이 싼 것도 아닌데 말이다. 이게 인도식이다. 입씨름하다가 마침 땀흘려서 열이 좀 내렸으므로 아내가 봐두었다는 체트나(Chetna) 호텔로 숙소를 옮겼다. 병원 앞인데 릭샤로 10루피 주면 되는 거리다. 트리플 룸에 300루피. 착착과 내가 한 번 짐 싸서 이사를 하고, 다시 아내가 가서 남은 짐을 옮겼다.

밤 8시나 되었을까, 나는 병상의 불침번을 아내에게 맡기고 호텔로 갔다. 일단 잠을 충분히 자야, 내 몸이 제대로 돌아갈 것 같다. 가는 길에 캉카 아버지께 걱정말라고 전화를 드렸다. 밤새 자다깨다 했다. 몸이 아팠다. 갈증이 심해 따스한 보리차를 마시니 이내 또 설사가 나온다. 소변만 봐도 설사가 동반된다. 밤새 5~6차례 계속된다. 아내도 건강 상태가 한계 상황이 되었을 텐데, 새벽에 일찍 가서 교대해야지 하면서도 몸이 말을 안 듣는다. 새벽에 겨우 일어나 수지침을 놓고, 쑥뜸도 했다. 설사가 가라앉는 것 같더니, 아침 먹고 또 이어졌다. 그래도 어제보다는 가벼운 몸이 되었다.

병원에 아들과 함께 들어서니, 아내가 눈물을 흘린다. 인도인들이 다 본다. 우리 가족이 하나가 되는 순간이다. 간밤에 또 캉카가 토하고 해서 쇼크에 빠진 모양이다. 사지가 마비되어서 죽을 뻔 했다고 한다. 자기 몸도 힘들면서 자기는 돌보지 않고 나를 위해 희생만 한다. 왜 그렇게 나를 사랑하는지 알 수 없다. 아내여, 알지 않는가?

"사랑보다 더 큰 죄가 없음을!"(언젠가 아내가 한 말이다.)

이제 캉카는 방귀만 나오면 될 것 같은데, 아직 안 나온다. 수술한 이튿날부터 의사들은 묻는다.

"방귀 나왔나?"

"잠자다가 방귀가 나왔는지 어떻게 알아요?"

캉카의 말이다. 잠잘 때도 방귀는 나오나? 어제보다 덜 아프다고 하니 걱정없는데 문제는 아내와 나다. 하루 24시간을 나누어서 교대로 불침번을 서야 하는데, 벌써 나흘째다. 여간 힘든 일이 아니지만, 방법이 없다. 나부터 건강을 되찾아서, 아내의 부담을 덜어주는 것이 최선의 길이다. 다행인 것은 착착이 자기 건강을 지켜줌으로써 친구의 간병을 간접적으로 도와주고 있다는 점이다.

아침에 교대한 아내가 금방 또 나타난다. 잠을 좀 자야 할 텐데, 나보고 가란다. 다시 호텔로 가서 설사 한 번 하고, 쑥뜸하고, 고추장으로 비빔밥을 만들어 먹고 병원으로 왔다. 아마다바드 이후에 밥(rice)을 먹기는 처음이다. 역시 한국 사람은 고추장을 먹어야 힘이 난다.

설사 기운이 멈추는 것 같다. 몸 상태는 몸이 잘 안다. 그제부터 오늘 오전까지만 해도 캉카 침대에 끼여 눕기만 했던 내가, 비빔밥(플레인 라이스+그린 샐러드+고추장)을 먹고 와서는, 의자에 앉아서 일기를 정리하고 있으니 말이다. 이대로 건강하게 있다가 귀국했으면 싶다.

인도를 여행하는 것은 인도를 이해하기 위해서다. 캉카의 맹장염으로 인해서 우리는 유적지, 사원, 관광지 등을 찾아다니는 겉으로 보는 여행은 더 이상 못 하게 되었다. 여기 우다이푸르는 호반의 도시라는데, 호수는 구경도 못 했다. 그렇지만 캉카 덕분으로 나는 보다 내밀하게 인도를 이해하는 계기를 갖게 되었다. 인도의 병원 제도나 병원에서 만나는 의사들, 환자 보호자들을 통해서 말이다. 쉽지 않은 기회다.

여기 우다이푸르 시민병원은 국립병원이다. 그래서 수술과 입원비는 무료다. 우리 나라는 돈부터 내야 하는데, 돈부터 내라는 소리를 안해서 이상하기도 했고, 또 얼마나 고마웠는지 모른다. 아무리 위급한 환자를 들쳐업고 가도 가장 먼저 '수납'이라는 수속부터 해야 하는 우리 나라의 병원(외래 진료실은 물론이고, 응급실조차도!)에 대해서만 알고 있는 우리로서는 참으로 어리둥절하지 않을 수 없었다.

여기 의사, 간호사들은 세금으로 월급을 받을 것이다. 일종의 사회주의적 경제의 한 사례가 될 수 있을 것 같은데, 구소련의 붕괴 등으로 우리는 '돈'이 서비스의 동인(motivation)이 되는 자본주의 체제의 뛰어남을 확인하게 되었다. 나 역시 자본주의 사회에 살고 있기에, 그것이 편안하다. 인도에서 자본주의적 영향을 받은 것은 대개 우리에게 편안하다. 또 장사도 잘 된다. 사회주의 제도 아래서는 '돈'이라는 개인적 메리트가 없기에 부패하고 무사안일에 빠지기 쉬웠다고, 그래서 구소련을 비롯한 동구 공산권이 붕괴했다고 우리는 들어왔다.

그런데 내가 목격하고 느낀 인도 국립병원의 의사들은 한국의 의사들이 따라올 수 없을 정도로 환자들에게 헌신적이다. 놀라울 정도다. 더욱이 우리는 인도에 세금 한 푼 내지 않는(가끔씩 호텔에서 세금이 붙긴 하지만) 외국인이다. 자본주의 윤리는 환자에게 친절하면 할수록 돈이 더 많이 생기는 것이다. 우리는 이 법칙만 존재하는 것으로 오해하고 있는 것은 아닐까? 돈이 안 생기거나 적게 생기면, 귀중한 생명을 다루는 의사들 역시 폐업(파업)하는 것이 자본주의 사회인 우리의 의사들이지 않은가? 궁금한 일이 아닐 수 없다. 돈도 더 생기는 일이 아닌데, 무엇이 인도인 의사들로 하여금 이토록 그들의 일에 헌신케 하고 있는 것일까? 정확히 알 수는 없다. 그렇지만, 그것은 또 단순히 사회주의적 체제에서 온 것만은 아닐 것이다. 사회주의 체제 아래서는 그렇지 못했다 하지 않는가. 그래서 생산성이 떨어지고, 마침내 붕괴했다니 말이다.

나는 이들의 헌신에서 '자신의 의무(svadharma)에 최선을 다하라'

는 힌두교의 성서『바가바드기타』의 가르침을 상기해 낸다. '행위의 결과를 행위의 동기로 삼지 말라'는 가르침을 카르마요가(Karma-Yoga)라고 말한다. 이것이 인도의 힘이다. 수많은 문제가 있음에도, 인도가 무시할 수 없는 나라가 되는 까닭이다.

문제는 여느 다른 곳과 마찬가지로 인도 병원이 불결하다는 점이다. 쓰레기통도 제대로 안 갖추어져 있어서 쓰고 남은 주사 바늘, 주사약 병 등이 여기저기 내버려져 있다. 병원 화장실은 말할 것도 없다. 이 병원은 서민들이 많이 이용하는데다가 수술비나 진료비, 입원비 등이 환자 본인 부담이 아니므로(능력 없는 환자들이 많다), 환자 보호자들을 위한 공간은 물론이고 의자도 갖춰져 있지 않다.

불행 중 다행인 일이 네 가지가 있다. 첫째, 착착이는 나중에 "아부산은 가 보고 싶었는데 Mount Abu는 가 보고 싶지 않았다."고 했다 (같은 지명인 줄 모르는 무식이, 결과적으로는 친구를 도왔다). 아마다바드에서 북상하는 길은 아부산으로 가는 길과 우다이푸르로 가는 길이 있다. 양 갈래길이다. 내가 착착에게 "Mount Abu쪽으로 올라갈까? 우다이푸르로 갈까?" 하고 물었을 때, 착착은 "Mount Abu는 가고 싶지 않다."고 했다. Mount Abu는 그야말로 산이 아닌가? 거기 무슨 병원이 있을까? 생각만 해도 아찔하다. (나의 칭찬에 착착은 아부산으로 갈까? 우다이푸르로 갈까? 그렇게 묻지 않았기 때문이라며, 공덕을 나에게 돌린다.)

둘째는 금요일 아침에 병원으로 온 것이다. 토요일이나 일요일이었더라면 이렇게 빨리 수술할 수 있었을까?

셋째, 귀국하기 약 2주를 남겨두고 발병해서 수술과 회복에 필요한 시간이 주어졌다는 점이다. 만약에 2~3일 남기고 발병했더라면 어떻게 했을까? 나는 학교 개학이라서 가야 했을 것이고, 캉카는 누가 간호하나? 부모님이 인도로 와야 할 텐데, 여러 가지 복잡한 문제가 많이 생겼을 것이다. 나중에 듣기로, 수술 후 10일이 지나지 않으면 국제선 비행기를 탈 수 없다는 규정도 있다 한다.

넷째, 주치의 마투르 박사를 만난 것이다. 아침부터 내내 진통을 겪던 진단을 그가 와서 비로소 맹장염으로 결론내렸고, 성공적으로 수술을 했다. 수술 전, 처방전 들고 약국을 갔을 때 처방전의 의사 이름을 보고서 약사는 그를, '최고의 외과의사' 라고 했던 터였다.

한잠 자고 저녁 먹고 오니까, '가스가 나왔다' 고 한다. 캉카나 아내 모두 가스 배출에 노심초사하더니 둘 다 얼굴이 환해졌다. 안심이다. 아내가 캉카 아버지에게 전화를 해 주었다고 한다. 안 가려는 아내를 억지로 호텔로 보냈다. 무엇보다 충분히 자는 것이 필요하리라.

저녁에 간호사가 내게 물었다.

"언제부터 아프다고 하더냐?"

"여행 시작부터 계속 배 아프다고 호소했다."

"지난 2~3년 동안 맹장염이 진행되고 있었다."

오늘 우리 병실(소아 외과 9호실로 병상이 20개임)에서는 한 아주머니가 '쾅당' 하고, 시멘트 바닥에 쓰러졌다. 내가 얼른 사혈침을 꺼내서 한 손가락에 사혈하니, 아프다면서 하지 말란다. 또 내가 이온 지압봉을 만지작거리는 것을 보고서는 인도인들이 찾아와서 그게 뭐하는 거냐고 묻는다. 수지침의 원리에 대해서 대강 이야기해 주었더니, 그저께 밤에 내게 의자를 갖다주던 아저씨(정확히 뭐하는 사람인지 모르겠다)가 소화가 안 된다고 말한다. 손가락 끝에 출혈을 시켜주었다. 그들이 흥미를 보이는 것이 재미 있다. 좀더 정확하고 자세히 배울 일이다.

밤 11시 30분에 주치의 마투르 박사가 왔다.
"가스가 나왔다."
"배설물이 있었는가?"
"없었던 것으로 안다."
"그럼 됐다. 그는 지금 어떤가?"
"어제보다는 좋아지고 있다."
"배 아픈 것은?"
"수술 전에 아프듯이 아픈 것은 아니다. 수술해서 아플 뿐이라 한다."
"델리에 있는 한국 대사관에서 전화왔었다. 내가 직접 받지는 못했는데, 점차 나아지고 있다고 당신이 전화를 해 주는 게 좋을 것 같다."
(순간, 며칠 전 가졌던 대사관 직원에 대한 섭섭한 마음이 사라졌다.)
내가 먼저 전화를 해 줄 걸, 거기까지는 미처 생각할 겨를이 없었다.
"수술 전에, 이 아이의 아버지한테서도 전화가 왔었다. 영어가 안 되어서 많은 이야기를 하지는 못했지만…"
"아, 그랬는가?"
"우리는 이 소년을 앞으로 4~5일 정도 더 데리고 있고 싶다."
"그렇게 해도 된다."
"언제 귀국하는가?"
"8월 25일이다. 델리에서 출국한다. 문제없다."
"방은 어떤가?"
"어제 이사했다."
"왜?"
"물이 안 나와서."
"비용이 비싸게 들지 않는가?"

"똑같다."(사실은 50루피 비싸다.)

"돈이 부족하지 않는가?"

"아니다. 괜찮다."(비상시를 대비해 충분히 갖고 온 덕을 보고 있다.)

"돈에 대한 어떤 문제가 생기면 내게 말해 달라."

"고맙다."

"당신 부인은 어떤가? 힘들게 보이던데."

"잠도 못 자고 피곤해서 그렇다. 오늘 밤 푹 자고 나면 내일이면 괜찮아질 것이다."

"당신 아들, 이 아이의 친구는 어떤가?"

"건강하다. 우리 아들이 건강해서 우리가 이 아이에게만 신경쓸 수 있어서 다행이다."

"나중에 기회가 되면 이 아이를 보러 한국을 방문하고 싶다."

"그렇게 하라. 초청하겠다."

인도의 의사들은 환자의 병만 고치는 사람이 아닌가 보다. 우리 돈 부족할까 봐 걱정까지 다 해주고…. 이 병원에서는 수술비나 입원비가 다 무료이고 약만 약국에서 사는데도 의사는 돈 걱정을 해 준다. 놀랍고 고마운 일이다.

델리에서 온 사람들

8월 15일

점심을 먹고 다시 병원으로 돌아오니 우리 침대인데, 웬 청년의 뒷모습이 보인다. 우리를 찾아올 사람은 없는데 누군가 하고 보니, 건준이다. 순간 눈물이 났다. 델리에서 우다이푸르까지 버스를 타고 16시간을 달려서 찾아왔다. 기차도 있지만, 오늘이 인도의 독립기념일과 인도의 축제일이 겹치는 휴일이어서 표를 구할 수 없었단다. 수술하던 날, 전화로 잠깐 상의하고 말았는데 델리에서 대사관으로 병원으로 여러 가지로 알아보고 했던 모양이다. 병원에 입원하면, 외로워지는 법인데 이렇게 찾아오다니, 그 먼 거리를 병원도 모르면서 말이다. 일단 우다이푸르에 호텔을 잡아놓고서, 우다이푸르에 있는 9개의 크고 작은 병원을 파악하고 그 중에 '큰 병원'이라고 했던 내 말을 실마리로 찾아 왔다고 한다. 여기서도 한두 시간 동안 헤매서 찾아왔다고 한다. 고맙고, 고마운 일이다. 더욱이 캉카에게 미음을 끓여먹일 쌀까지 챙겨왔다.

건준에 의하면, 우다이푸르 의과대학이 인도에서 몇 번째 드는 유명 의대라고 한다. 시설은 낙후되어도 의사들 실력은 있다는 것이다. 수술 전, 대사관의 동의는 외국인이므로 국제법상 그렇게 해야 하는데 우리나라에서도 그렇단다. 인도에서는 흔히 의사들이 오래 입원시키려고 맹장이라도 15~20cm를 째는데, 한 10cm 짼 것을 보니 굉장히 잘 된 것이라고 말한다.

여기 우다이푸르는 라자스탄의 한 도시인데, 기후가 좋은 편이다. 낮에도 땀이 나지 않고, 온수 없이 샤워를 생각할 수도 없다. 이렇게 쾌적한 기온은 뱅갈로르 이후 처음이다. 바로다나 아마다바드 기차역 숙소에서는 그렇게 푹푹 쪄서 사람 진을 뽑더니…. 건준의 말에 의하면, 여긴 해발 548m라고 한다. 그래서 시원하다. 밤에는 꼭 비가 내리고, 인도에서 우기라도 낮에는 거의 비오는 걸 못 보았는데 여기서는 보슬비라도 올 때가 있고 소낙비가 올 때도 있다. 이 같은 날씨 덕을 우린 톡톡히 보고 있다. 만일 덥기라도 하면, 캉카의 수술 부위가 늦게 아무는 것은 물론, 에어컨도 없는 데서 땀흘리면서 투병생활하는 캉카나, 호텔을 왕래하면서 간병하는 우리 가족이나 모두 녹초가 되고 더욱 고통스러웠을 것이다. 건준이 델리의 지인들에게 이야기했을 때도 날씨 걱정들을 하더란다.

건준이 그의 아내 조명림과 다시 왔다. 우리에게 해먹일 작정으로 한국 음식을 델리에서 준비해 여행용 배낭에 잔뜩 짊어지고 온 것이다. 이러한 배려는 상상을 초월하는 것이고, 내 부모 형제에게고 남에게도 아직 한 번도 해본 적이 없는 일이다. 그 속에서는 전기밥통, 커피포트, 쌀, 미역, 북어, 멸치, 고추장, 오징어 고추장 무침, 주스가루, 캉카 먹일 스프 재료, 그릇으로 쓸 발우 한 벌, 수저까지 아예 한 살림을 옮겨왔다. 아내는 또 눈물을 뚜르르 흘리고 만다.

많은 짐을 보고 내가 묻는다.

"아니, 이 많은 짐을 싸들고 우리 찾을 자신은 확실히 있었던 거요?"

"예, 델리에서 물어보니 우다이푸르가 조그만하다고 하데요."

그리고 이어지는 설명은, 확실히 와야겠다고 마음먹은 것은 아내가 함께 온 것은 모르고 분명 나 혼자 애들 데리고 간병하고 있을 것이며, 퇴원 후 델리로의 이동 역시 쉽지 않으리라는 걱정 때문이었다 한다. 또, 여행 종반이라서 돈도 걱정스러웠다고 한다. 할말이 없다. 이들 부부에게는….

아내와 명림이 함께 준비한 저녁(밥, 미역국, 멸치, 오징어무침)을 맛있게 먹었다. 모처럼 한국 음식이 들어가니 속이 편안하다. 우리가 밥 먹는 사이, 건준이 캉카를 지키고 있었다. 호텔 주인 아저씨가 '퀴르'(유미죽, 부처님께서 드신 죽)를 가지고 왔다.

"오늘은 축제다. 집에서 만든 것인데, 마음에 들면 다시 나를 불러라.

더 주겠다."

고마운 일이다. 명림의 설명에 의하면, 오늘은 '누이가 오빠에게, 오빠가 누이에게' 선물을 주고 받는 날이란다. 누이가 오빠에게 팔찌(금이나 각종 색실로 만든)를 매어주고, 오빠는 누이에게 돈을 주고 하는 그런 날(Kṛṣnagopal Festival:『마하바라타』에서 크리쉬나는 원래 목동인데, 같이 소치는 소녀들인 고삐들을 놀려먹으면서 뛰어놀았다. 그런 데서 유래했는지도 모르겠다.)이란다. 고마운 호텔 주인에게 볼펜 두 자루를 빈 그릇과 함께 돌려주었다.

시민병원의 인도 사람들

8월 16일

새벽 일찍 아내가 교대를 하러 병원에 왔다. 호텔로 귀가해서 일단 한잠 더 자고 일어나서 된장찌개를 끓여서 아들과 밥을 먹었다. 캉카 입원 이후로 '근무교대'해서 호텔로 오면, 혼자 샤워하고 내 빨래는 내가 손수 한다. 세탁기가 없어도 자연스럽게 한다. 사실, 남자가 집안일 하는 것이 그리 어려운 일은 아니다. 그런데 다들 이걸 못 해서 문제인 것이다.(다른 남자들은 잘 하겠지?) 남성의 아집을 벗지 못 하는 것이다. 여성에게는 집안일 외의 많은 것들을 요구하면서 말이다.

아침 먹고 병원에 오니, 어느 때보다 캉카 얼굴이 밝다. 오랜만이다. 코를 통해 뱃속까지 연결된 튜브, 뱃속 노폐물 제거를 위한 그 튜브를 주치의 마투르 박사가 제거시켜 주었단다.

"그 동안 고생 많았다. 잘 참아줬구나."

잠시 뒤, 아내가 호텔로 교대해 간 뒤, 주치의가 다시 왔다.

"이제 이 아이는 괜찮다. 오늘이 수술 후 5일째다. 이제 처방을 약하게 할 것이다. 상처는 건강하다. 오늘 튜브를 제거했으니, 순수한 미네랄 워터나 코코넛 워터를 몇 숟갈, 한 번에 약 5~10숟갈을 두 시간마다 마시는 건 괜찮다. 주사가 들어갈 때 마셔도 된다. 구토를 하는지 관찰해 봐서, 만약 구토를 한다면, 그 때는 물 주는 것을 멈춰야 한다. 그리고 매일 3~4시간마다 한동안씩 앉아 있게 해라. 만약 모든 것이 잘 된다면 그 때 2~3일 정도 지나서 실을 제거할 것이다."

그리고 선물 고맙다고 덧붙였다. 아침 회진 때, 아내가 그에게 비쥬얼 펜 두 개들이 포장을 드린 것에 대한 인사다. 내가 지갑에서 명함을 꺼내서 건네자, 보고나서 자기 지갑에서 자기 명함을 꺼내서 내게 준다. 'R.N.T. 의과대학(Rajastan주, Udaipur시)의 소아외과 조교수'라고 되어 있다. 그는 영국 런던에서 의학을 공부했다고 한다.

캉카가 이렇게 빠른 시간 안에 회복이 되는 것은, 건준의 이야기를 참고하면 좋은 약을 집중 투여했기 때문이란다.

"인도의 서민들은 돈이 없기에, 의사들이 비싼 약 처방을 해 주지도 않고, 해 줘도 살 돈이 없다. 병원에서 기본적인 약이 있으면 놓아주고, 그냥 그렇게 하고 만다. 그러다보니, 빨리 낫지도 않고 나아도 후유증이 심한 경우가 많다. 비말리 교수도 오래 전에 맹장 수술을 받았는데, 그때 약을 제대로 못 써서 요즘도 몸이 자꾸 붓고 후유증이 심하다고 했다. 외국인이니까 비싼 약을 처방했을 것이고, 아마 외국에서 수입한 약이 있을 것이다."

건준의 말은 정확했다. 우리가 산 약 중 제일 비싼 'Cefrom 1.0'이라는 약은 630루피인데(아내가 밤에 사러 갔을 때, 길 건너 약국에서 세금까지 붙여 780루피에 산 적도 있다고 한다), 제조국을 확인해 보니, 아니나 다를까 독일제다. 마투르 박사나 건준네 부부가 그것도 배낭여행중인 우리의 주머니 형편을 염려할 만하게도 됐다.

"책도 사 가셔야 하는데, 우선 부족하면 저희 돈을 쓰세요."

건준의 말에 나는 사양했다. 출발 전에 아내가 달러를 너무 많이 준비한다고 말렸었는데, 나는 무리를 해가며 좀 여유 있게 가져와서 남겨가는 작전을 썼다. 이유는 첫째, 아이를 데려오는데 아플 경우를 생각해서이고, 둘째는 노부모님에게 혹시나 무슨 일이 생긴다면 아무 비행기나 표 사서 일단 귀국해야 할 경우를 대비해서이다. 이번에 그 같은 유비무환 정신의 덕을 톡톡이 본 셈이다. 캉카 부모님 걱정에도, 우린 괜찮다고 할 수 있었다.(한국에 돌아오자, 캉카 부모님께서는 약값으로 50만 원을 주셨다.)

건준 내외는 우리의 만류에도 기어코 퇴원시까지 함께 있다가 같이 델리로 가서 자기네 집에 가서 한국 음식도 먹고 요양시켜서 귀국하는 것이 좋겠다고 우긴다. 고맙고 미안하다. 20일 오후 6시 10분 발 델리행 기차표를 예약했다.

점심 뒤 건준 부부에게 그 동안 병원과 호텔 사이만 'go and come, come and go' 했던 착착을 딸려보내서 우다이푸르 구경을 가게 했다.

사흘 전의 감기 몸살에서 회복된 후 야간 당직은 내가 서고 있다. 그 사이 우리 병실에서는 나를 중심으로 하나의 '조직(?)'이 움텄다. 나, 야간 당직 서는 남자 간호사(Vinod Chaturvedi), 야간 근무하는 하인, 그리고 항문이 없어서 내일 모레 수술해야 하는 딸을 둔 치토르가르의 농부, 이렇게 4명이 고정 멤버다. 모여서 이 얘기 저 얘기 하다가, 짜이도 나누어 마신다. 남자 간호사가 통역을 하는데 재밌는 것은 여기서는 내가 명의(名醫)로 대접받는다는 사실이다. 계기는 이온봉 때문인데, "그게 무엇이냐?"로부터 시작해서 급기야 나의 '수지침 강의'가 시작되었고, 그들은 모두 나의 '환자'가 되었다. "소화가 안 된다" "위장이 나쁘다" 그러면 서암봉을 붙여주고, 지압을 해 준다. 나의 돌팔이 실력이 아내와 아들의 범위를 넘어선 것이다.

급기야, 농부 발루(Ballu, 40대 후반으로 보이는 그의 실제 나이는 24살이어서 나를 놀라게 했다)는 "발기가 안 되는데, 당신네 나라 수지침에서 비법이 없느냐?"고 물어왔다.

나는 항복하고 말았다.

"야, 나는 돌팔이야. 전문가가 아니란 말이야."

내가 어찌 그렇게 고도의 의술이 필요한 것을 알겠는가. 남자 간호사가 소문을 내서 오늘밤에는 옆 병실의 여자 간호사까지 외래 환자로 내 진료실을 찾았다(웃을 일이다). 그녀는 가끔씩 심장 발작이 있다고 했다. 시치미 뚝 떼고, 심장에 해당하는 A16에 수지침 한 방을 놓아주고 기분이 어떠냐고 물었다.

"좋다."

"기(氣)가 흐르는 것이다."

한의학에서 말하는 기(氣)는 인도에서는 『베다』이래 말해지는 쁘라나(prana)에 유사한 개념이다. 쁘라나로 옮겨 말했다. 옆에 앉은 발루에게도 A12에 수지침 한 방을 놓아주었다. 그리고는,

"오늘 내가 낮잠을 못 자서 자야겠다. 피곤하다."

하고는 조직의 집회를 해산했다. 자리로 돌아오니, 캉카가 말한다.

"아저씨, 돌팔이만 아니라면 완전히 허준인데…"(웃음!)

8월 18일

발루의 딸이 아침에 마투르 박사의 집도로 항문 만드는 수술을 받았다. 그 외에도 수술 환자들이 수술 후 우리 방으로 자꾸 들어온다. 그리고 보니 금요일은 '수술하는 날'인가? 그런지도 모른다. 수술실 밖에서 기다리는 발루를 불러서, 약통을 손으로 가리키면서 200루피를 주려고 했다. 수술하고 필요한 약 사라는 뜻이었다. 그러나 그는 끝내 사양한다. 가난하지만 당당하고 물욕이 없는 친구다. 그저 미소를 짓는다. 그는 얼굴까지 발그레해진다.

인도 병실의 풍경은 우리와 사뭇 다르다. 환자가 누워 있는 침대 주변을 뺑 둘러싸고 가족들이 그냥 맨 바닥에 앉는다. 밤에는 그 자리에 누워 잠도 잔다. 우리 나라처럼 보호자용 의자나(침상으로도 쓸 수 있는) 긴 의자 같은 건 아예 없다. 그리고 환자용 식사도 병원에서 제공되지 않는다.

앞 침대의 언청이 꼬마네는 할머니, 이모, 아빠, 삼촌 등 해서 7~8명은 되는 식구들이 며칠간이나 병원에 와 있다. 아예 이사를 왔나 싶을 정도다. 다른 환자들도 거의 그렇다. 환자인 아이의 외가와 친가에서 친척들이 모두 다녀가고, 더러 병원에서 함께 밤을 새고 한다. 병실이 좁으니까 병실 밖 복도에 진을 치고 둘러앉아 먹고 잔다.

이들의 풍경을 신기해 하는 우리에게 건준이 말했다.

"인도는 대가족(joint family)이다. 모두 가족 우선이므로, 누가 하나 아프면 다 병원으로 몰려든다. 회사에 무단 결근해도 용납된다. 그리고 병원에서도 우르르 가족이 많아야 잘해 준다."

그저께 밤, 발루 등 우리 조직원들에게 이름을 적어 달랬더니 'ㅇㅇㅇㅇ, son of shri ㅇㅇㅇㅇ' 하는 식으로 적었다. '누구의 아들, 아무개'라고, 아버지 이름을 반드시 적는 것이었다. 아! 『바가바드기타』에서 '프르타의 아들이여', '쿤티의 아들이여' 등으로 불리는 것을 그냥 지나쳤는데, 그것이야말로 인도 사회의 '가족주의'적 특징을 그대로 드러내고 있는 것 아닌가. 가족주의는 가부장제와 관계 깊지만 가족 중심주의, 가족 우선주의의 특징을 더 드러내고 싶어서 내가 쓰는 용어이다. 이같은 가족주의적 배경 속에서 『바가바드기타』에 나타난 아르쥬나의 회의와 그에 대한 크리쉬나의 설득의 논리를 이해할 수 있다. 아르쥬나와 크리쉬나 공히 가족의 법도를 내세워(사촌간이라 동족상잔이므로) '전쟁을 못 하겠다', '전쟁을 해라' 공방을 하고 있는 것이다.

중국과 조선에서 불교가 유교로부터 그토록 억압을 당한 까닭은, 바로 그들의 가족주의를 불교는 벗어나 있기 때문이다. 불교의 출가주의, 그것은 가족주의적 별애(別愛)가 아니라 보편주의적 겸애(兼愛)를 이상으로 하기 때문이다.

크리쉬나와 『마하바라타』

8월 23일

인도에서 8월 23일은 크리쉬나의 생일로 축제일이자 휴일이다. 크리쉬나는 비쉬누신의 화신으로서, 『마하바라타』에서 판두 5형제를 도와서 '정의의 전쟁'을 치르고 승리한 신이다. 우리가 우다이푸르에서 델리로 올 때 목격한 '노랑 옷의 행렬' 역시 크리쉬나의 생일을 축하하기 위해, 우다이푸르 인근에 있는 유명한 힌두사원으로 순례를 떠나는 것이었다.(우다이푸르에서는 오늘부터 숙박업계가 성수기로 돌입한다.)

크리쉬나는 마투라 근교의 브린다반에서 태어났다.
아내가 말했다.
"신이라면서 무슨 생일이 있나?"
"그게 힌두교의 신이지."
힌두교의 신은 인간이면서 신이다. 비쉬누신의 화현(avatar)으로서, 이 땅에 나타난 존재 중의 하나가 크리쉬나이다. 어젯밤, 건준이 전화해서 내일은 크리쉬나 생일이므로 시내 볼 일 보려면 전화를 해 보고 가라고 했었다. 그러나 나는 그것을 확인하고 싶었다. 얼마나 많이 공휴일을 지키고, 크리쉬나의 생일을 기리고 있는지 그것이 보고 싶었던 것이다. 그래서 아들과 함께 릭샤를 타고 시내로 갔다. 먼저 인도학 전문서점(Munshiram Manoharlal)으로 갔다. 문이 닫혀 있다. 다음으로 시내의 코넛 플레이스쪽으로 가 보았다. 은행들은 모두 문을 닫았다. 그러나 ANA항공 등 항공사들은 문을 열었다. 더욱이 잔파트 거리의 기념품 가게(Cottage Emporium)는 정부 운영임에도 문을 열고 있었다. 외국인을 위해서 그런가? 하여튼 반 정도가 문을 닫고 공휴일을 지킬 뿐이었다. 힌두교의 축제일이라도 돈은 벌어야 한다는 인식 역시 점점 증가 추세인 모양이다.
아내와 캉카의 점심을 위해서 간 왕덴 하우스 식당에서 한국인을 만났다. 일행이 4명인데, 「국제예수전도단」에서 운영하는 학교가 하와이에 있다고 한다.
"성과는 어떻습니까?"
"당장 눈앞의 성과를 기대할 수 있는 것은 아니죠. 그냥 여기 선교사들과 연계해서 마을에 들어가 기도하고 이야기하고 그래요."
인도에서 기독교 선교는 불법이라 한다. 성문법(成文法)의 차원에까지 그런지는 모르겠으나, 태어날 때부터 힌두교로 태어나는 80% 이상의 국민들에게, 그들의 정서를 고려하면 '힌두교 믿지 말고 다른 종교 믿으라'는 이야기는 다분히 반체제운동으로 비칠 수 있다. 인도가 곧 힌두교이기 때문이다. 인도의 그 모든 것, 역사·풍습·신화·사상 등이 모두 힌두교인데, 그것을 바꾸라는 것은 인도를 버리라는 것으로 들릴 수 있기 마련이다.

관광 비자를 가지고 들어와서 비밀리에 기독교 선교 활동을 하는 사람들을 만나면 여러 가지로 착잡해진다. 묘한 감정에 빠진다. 종교 신앙의 자유에는 선교의 자유가 있는(안 믿을 자유도 있는 것이지만)데, 그것이 우선인가. 아니면 힌두교(=인도)의 종교 관념이 존중되는 것이 우선인가. 인도를 복음화하려는 수많은 기독인들의 노력을 보면서 우리 불교는 또 어떤가. 우리도 인도에 불교를 다시 회복시키려 하고 있는가. 그런 생각들로 참 착잡해진다(선교 활동이 발각되면 적어도 '추방', 심하게는 '사형'까지 시킨다는 말을 들었다).

저녁 초대를 받아서 건준네 집으로 갔다. 우리를 위해 머튼 커리를 만들었는데 아주 맛있다. 김치는 거의 한달만에 먹었다. 우린 아무것도 해 준 일이 없는데, 너무 환대를 받아서 미안하다.

여행에 대한 짧은 생각들

— 여행은 불편과 친해지는 일이다. 안락하고 편안한 잠자리, 익숙한 음식을 멀리하고 낯설고 불편한 잠자리, 입에 맞지 않는 음식을 접해야 하는 고행이다. 그러므로 여행을 떠나는 데는 적지 않은 결단이 있어야 한다. 그런 점에서 여행과 출가는 궤를 같이 한다. 둘 다 젊은이만이 감행할 수 있는 일이다. 그가 젊지 않다면, 결코 갖고 있는 안락을 능히 버리고 고행을 택할 수 없을 것이기에 말이다.

— 타인과 함께 여행하는 것은 자기만의 안락을 어느 정도 포기해야 가능하다. 사람들이 남과 함께 여행하길 싫어하는 것도 자기만의 안락을 포기하기 싫기 때문이다. 또, 남과 함께 여행하기 위해서는 나보다 남을 먼저 생각해야 한다. 그것이 곧 대승이다. 그러므로 남과 함께 여행하기의 어려움은 대승의 어려움에 다름 아니다. 어렵다고 대승의 길을 아니갈 수 없는 것처럼, 우린 남과의 여행을 꺼려서는 안 될 것이다.

— 우리 인생에 내일 무슨 일이 생길지 모르지만 열심히 두려움없이

살아야 하는 것처럼, 여행에 있어서도 새로운 땅에서 무슨 일을 겪게 될지 알 수 없지만 두려움없이 그 길을 가야 한다.

— 여행의 꽃은 혼자 하는 배낭 여행이다. 그러나 마음에 맞는 길벗과 함께 하는 여행 역시 그에 못지 않게 아름다운 일이다.

— 성천 류달영 선생은, "여행보다 더 큰 공부는 없다"고 하셨다.

— 모든 위대한 구도자들은 끊임없이 여행한 사람들이다. 붓다가 그랬고, 예수가 그랬고, 공자가 그랬다. 한 세계에 머물지 않을 때, 비로소 스스로에게 갇히지 않을 수 있기 때문이 아닐까?

— 여행은 인간을 강하게 만들기도 하지만 약하게 만들기도 한다. 작은 친절에도 감사하고, 작은 병고에도 우수에 젖게 되는 것은 약하게 된 증거이다.

— 남아프리카에서 인도로 돌아온 간디에게 그의 정치적 후견인이었던 고칼레(Gokhale)는, "1년 동안은 인도의 정치적 문제에 대해서는 아무 말도 하지 말고, 인도를 여행하시오." 하고 충고하였다. 그리고 간디는 충실히 그 충고를 따르면서 인도 전역을 여행하였다. 이를 통해 '인도의 힘'을 발견할 수 있었다 한다.

— 맹자는 '본래 사람은 선하다'는 성선설을 내세웠고, 순자는 '본래 사람은 악하다' 는 성악설을 내세웠다. 누구 이야기가 맞을까. 맹자는 여행을 다니면서 친절한 사람들을 많이 만났고, 순자는 나쁜 사람들을 많이 만났던 것일까. 지난 학기 한문 스터디 그룹 시간에 정병준 선생으로부터, 『순자』의 중요한 구절을 들었다. 그 때 '순자는 참 예리한 사회분석가였구나' 느꼈고, 그의 이론이 사회 현실에 대한 분석과 해법 위에 입각하고 있음을 느낀 바 있다. 사람이 악하기에, 사회는 법으로 다스려져야 한다는 주장이 나온다. 중국의 법가(法家:이사, 상앙

등)는 순자의 사상을 이은 것이다.

　나는 오늘(2000. 8. 11.) 인도의 한 병원에서 성선설이 옳음을 느낀다. 맹자는 "우물에 빠지려는 어린이를 보면 누구나 구하지 않겠느냐!" 했는데, 그 비유가 옳기 때문이다. 병원에서는 병으로 아픈 환자들에게 누구나 도와주려고 하기 때문이다. 다만 '본래'의 의미는 개인이고, 사회나 집단과의 관계 속에 놓이게 되면 이기심이라는 악이 생기기 마련이다. 선(先)맹자 후(後)순자의 입장이 옳으리라.

　― 훌륭한 여행자는 여행 중에는 집의 일을 잊고, 집에 돌아와서는 여행 중의 일을 잊는다.

　― 『두려워하면 갇혀 버린다』 이거룡 선생의 책 제목이다. 처음 인도에 와서, 인도가 두렵고 인도 사람이 무서울 때, 그런 와중에 우리 가족끼리 여행할 때 제일 많이 떠올린 명구(名句)이다. (이거룡 선생의 은혜가 크다.) 두려워하면, 결코 강호(江湖)에 발을 들여놓을 수 없다. 분명 위험과 위기를 만나게 된다. 그러나 두려워하는 자는 이기고 극복하는 맛을 모른다. 그리고 그 뒤에 펼쳐지는 새롭고도 넓은 세상을 볼 수 없다. 두려워하지 않는 자만이 길을 떠날 수 있다.

　― 일상을 떠나서 일상을 돌아보고, 노동을 떠나서 노동을 돌아보고, 싸움을 떠나서 싸움을 돌아보는 것, 그것이 여행이다.

　― 같은 시간, 같은 공간에서 같은 사건을 경험한 사람들이라 할지라도 그들의 여행기는 다르게 된다. 이것이 '여행기의 해석학'이다. 해석학적 선이해(先理解), 즉 해석자의 지평이 저마다 다르기 때문이다. 따라서 똑같은 여행기는 없다. 그것은 서로 다른 여행기를 결집해야 할 필요성을 의미한다. 그러나 여행기의 결집은 불교경전의 결집처럼 정설의 선택을 위해서가 아니라 이설의 향연을 위해서이다.

― 여행은 일상 생활에서 하지 못하는 일을 하게 한다. 여행이 사람과 그 생활[人·生]을 변화시키는 이유이다.

― 여행에서 가장 중요한 임무는 무사히 일상으로 돌아가는 것이다. 따라서 떠남의 진정한 의미는 돌아옴에 있다. 돌아오지 않는 떠남은 떠남이 아니다. 여행이 일상 생활의 시간보다 짧을 수밖에 없는 까닭이다.

― 여행에 있어서 좋은 '길 안내자'(導師, guider)가 얼마나 중요한지 모른다. 그렇지만 길 안내자와 동반하는 여행은 직접 부딪칠 기회를 반감시키게 된다. 스승에 의존해 입문은 하더라도 스승의 그늘을 벗어나야 하는 이유이다. 또 여행기가 스승의 역할을 할 수는 있다. 그러나 그 역시 절대 의존은 금물이다. 이래저래 여행은 본질적으로 혼자만의 길이다. 그런 점에서도 여행이 인생이나 구도에 비유된다.

― '아는 만큼 보인다'는 말은 절대적으로 옳은 말이다. 그러나 '보는 만큼 안다'는 말도 옳을 것이다. 아는 만큼 보이기에 여행 가기 전에 책을 읽어야 하고, 보는 만큼 알기 때문에 책만 읽어서는 안 되고 현장을 가야 하는 것이다.

― 곤란이 있을 것을 미리 예상하는 만큼 대비가 있어야 한다. 서윤길 교수는 "외국 생활의 삼보(三寶)는 첫째가 그 나라 언어이며, 둘째는 건강, 셋째는 그 나라 돈이다"고 말씀하셨다. 그런데 비상 사태는 건강이나 돈이 떨어짐으로써 생길 수도 있다. 이때 어떻게 해결할 수 있을까? 말이 통해야 산다. 그래서 그 나라의 언어를 익히는 것이 무엇보다 긴요한 일이 된다. 그밖에 중요한 것은 현지의 친구(local friend)를 사귀는 일이다. 비상 탈출에는 외부의 도움이 요청되기 때문이다.

― 여행은 우리 가슴 속에 자유의 공간을 늘리는 일이고, 자유의 세포를 살려가는 일이다. 그런 만큼 거듭되는 여행은 우리를 자유인이

되게 한다. 자유롭게 살라고, 여행은 우리를 가르친다. 여행에 매혹당하는 까닭이다.

― 세상살이에 곤란이 없기를 바랄 수 없는 것처럼, 여행에 있어서도 곤란이 없기를 바랄 수는 없다. 애시당초 탄탄대로는 그 어디에도 없기 때문이다. 오히려 곤란과 사건, 고뇌와 고난이 많으면 많을수록 보다 풍부한 지혜와 추억, 그리고 묘미를 얻게 된다.

네번째 여행
숨어있는 부처님을 찾아서
(2000. 1. 14. ~ 2. 19.)

    오로빈도 아쉬람의 식당을 가 보니 부럽다는 생각이 든다. 우리 한국 불교에는 이러한 개방된 공간이 있는가? 신앙이나 종교 여하와 상관없이 머물 수 있고, 매우 저렴한 가격에 먹을 수 있고, 필요한 정보를 모을 수 있고, 참여할 만한 프로그램에 자유로 참여할 수도 있는, 그런 공간 말이다. 그것도 1년 365일 언제나, 그렇게 움직여질 수 있는 곳 말이다.
    이 오로빈도 아쉬람 식당의 아침 공양에는 수백 명이 참여한다. 식당 자체가 큰 건물이다. 설거지는 각국의 자원 봉사자들 수십 명이 맡아서 하고 있다. 수백 명이 각자 개별적으로 설거지하기는 힘들 수밖에 없다. 이 많은 사람들이 다 어디서 오는가? 아쉬람의 게스트 하우스에 거주하지 않더라도 식권을 구입하면 식사할 수 있다고 하니, 그런 사람들도 적지 않을 것이다. 인도인들도 많고, 어쨌든 부럽다.

— 2월 4일 일기 중에서

델리의 릭샤 왈라가 준 교훈

1월 15일

오사카 간사이 공항의 환승 대기석의 겨울밤은 춥다. 난방은 꺼지고 두꺼운 유리로 바깥 공기를 밀폐할 뿐이었다. 짐 속에 침낭을 넣어서 부친 배낭 여행객들은 웅크리고, 입은 옷 그대로 자야 한다. 서울에서 다 잡았던 감기가 다시 기승을 부리려는가 보다. 콧물에 이제 기침까지 나온다. 내가 오늘 한 일이라고는 코 푸는 일밖에 아무것도 없었다.

델리 공항에 도착해서는 환전하는 데 시간이 걸렸다. 택시를 탔는데 그제서야 환전 증명서 생각이 났다. 사인만 해 주고, 안 가지고 온 것이다. 다행히 여권은 챙겨왔다. 아! 나는 왜 이런가? 정신 똑바로 차려야 한다.

"아빠는 왜 그렇게 잘난 척 해요?"

내가 한국 학생들에게 이런저런 오리엔테이션을 해 주느라 주의가 분산된 것을 두고, 아들이 한 말이다. 정곡을 찌른다. 사실 잘났음을 자랑하고 싶은 마음이 심중에 있었을 것이다. 이게 나의 인간적 약점이다. 아내는 보다 관대하다.

"아니에요. 자책하지 말아요. 잘난 척하고 싶어서가 아니죠. 어떡하면 하나라도 더 정보를 제공해 줄 수 있을까 하는 직업 의식 때문일 거에요. 당신이 선생이라서 그래요. 잊어버려요. 내일 다시 환전하죠, 뭐."

공항에서의 환전은 여행자수표 1달러당 46.5루피다. 여름보다 인도 환율이 더 평가절하돼 있다.

빠르간즈의 호텔 골드 리전시, 1,400루피가 넘는 요금을 깎아서 1,000루피에 들어왔다. 무척 올랐지만 히터가 들어오고, 온수 시설이 좋다.(지난 여름 2인실 요금이 660루피였다.)

1월 16일

10시 정각에 보경이 왔다. 향산장학회 윤용숙 회장님이 두번째로 주신 장학금 791달러(100만 원)를 전하고, 회장님께 드릴 감사 편지를 받았다. 티켓 예매를 위해 기차역에 같이 갔다가 보경은 집으로 돌아갔다. 밥 한 끼 못 먹고 헤어졌다.

1시 30분 중국 음식점 모이쯔에서 건준 내외, 건준의 처제와 처조카, 그리고 유학생 우명주, 정성운(둘다 동국대 경주 캠퍼스 불교학과 출신), 비말리 교수 부부와 만나서 식사를 했다. 우리가 대접하기로 한 모임이다. 비말리 교수 부부는 우리가 2차 여행 때 초대 받아서 그분 집에서 저녁을 얻어먹은 일이 있다. 비말리 교수는 우리 나라의 인도철학 교육에 관심을 보였다.

"인도철학과에서 어떤 과목을 가르치는가?"

"베다, 우파니샤드, 바가바드기타, 그리고 육파철학의 텍스트들이다."

"당신은 무엇을 가르치나?"

"우파니샤드와 바가바드기타, 그리고 초급범어를 가르친다. 불교에 대한 논문은 자유롭게 쓰고 있다."

"텍스트는 한국어로 번역된 것을 쓰는가?"

"아니다. 산스크리트 텍스트 그대로를 번역하면서 읽는다. 학생들이 먼저 번역해서 발표하고, 교수들과 토론한다."(놀라는 눈치!)

"그렇게 번역된 것들이 한국에서 출판되어 있는가?"

"그렇지는 못하다. 출판된 것도 있고, 그렇지 못한 것도 있다."

"왜 그런가?"

"독자와 전공자가 적어서 출판하더라도 출판사의 경제적 수지가 맞지 않기 때문이다."

비말리 교수네는 채식주의를 고수한다. 비말리 교수는 프랑스 등에서 외국 생활을 했기에 좀 덜한데 사모님은 철저하다. 아마도 음식을 별로 못 드신 것 같다. 함께 외식하자고 한 우리 마음이 무겁게 되었다.

중국 음식점 모이츠 옆에 인드라프라스타 여자대학(Indraprastha College For Women, 인드라프라스타는 『마하바라타』 당시 델리를 부르는 말)이 있었다. 인도에서는 여학생만 다니는 단과대학이 따로 있고, 거기에는 놀랍게도 모든 교수가 여자라고 한다. 덕분에 델리대의 남녀교수 비율에서 여교수가 54%나 된단다. 여교수가 오히려 많은 것이다. 희한하게도 이 점에서, 남녀차별이 심하다는 인도가 또 우리를 앞서고 있다.

건준에 의하면, 델리대학교 불교학과에는 현재 교수가 6명뿐이라고 한다. 왜 그렇게 적냐고 물었더니, 퇴직해도 충원이 이루어지지 않기 때문이란다. 현 정부가 BJP연합인데, 극우 보수(=극우 힌두교)이기 때문에 힌두교 이외의 분야는 육성하지 않는다는 것이다. 그래서 점차 쇠퇴하고 있단다. 우린 3과의 교수가 18명이니, 델리대의 3배이다. 그런데도 학생들은 유학을 와야 할까. 유학을 와야 한다면, 그 이유는 무엇일까. 힌디와 범어 등 언어 공부와 컨텍스트는 파악할 수 있겠다. 유학을 꿈꾼다면 무엇보다 자기 전공 분야를 지도해 줄 교수가 확실히 있는지부터 심사숙고하고 장단점을 따져 본 다음에 갈 곳을 정해야겠다.

국내에서만 공부하고 학위를 받고 교수가 된 나는 알게 모르게 스트레스를 계속 받아온 터라, 아끼는 제자들이나 후배들에게 뜻이 있다면 해외 유학을 가라고 권유한다. 더욱이 해외파 우대의 경향을 보면서 그런 결심을 더욱 굳혀간다. 한편 교수로서 나는 내 손으로 훌륭한 인재, 빼어난 후진을 양성하고 싶다는 욕망 역시 갖고 있다. 그렇다면 훌륭한 인재들이 떠나는 현실을 슬퍼하고 섭섭해 해야 한다. 바로 이런 것들이 나를 갈등하게 만든다.

건준네 집에서 저녁까지 얻어 먹고 호텔로 돌아왔다. 건준이 릭샤를 잡아서 50루피에 흥정해 주었는데, 한참을 와서는 '빠르간즈' 라고 내리라고 한다. 그런데 다른 곳이다. 다른 사람에게 물어서 다시 데려다 준 곳 역시 우리가 묵는 호텔이 아니다. 많은 사람들과 토론했지만 분명한 것은 이 릭샤꾼은 우리가 가야 할 '빠르간즈'를 모른다는 사실이다. 다른 사람이 가르쳐 줘도 모른단다. 영어도 안 통하는 사람이었다. 결국 돈은 돈대로 주고 새로운 릭샤로 갈아타야 했다. 이제 우리도 싸우기에 지쳐 새로운 릭샤를 타고 한참을 더 가니, 레스토랑 메트로폴리스가 나오고, 시장길을 주욱 더 지나서 뉴델리 역 앞이다(30루피). 지난 번(3차) 여행 때 마주누카틸라(티베트 난민촌) 갈 때도 릭샤 왈라가 길을 몰랐다. 릭샤 운전사가 길을 모르다니! 아까 우리가 잘못 갔던 그 곳에서 내가 사람들에게 물었다.

"여기가 어딘가?"

"빠르간즈다."

그렇다면, 델리에 '빠르간즈'로 불리는 곳이 두 군데이거나, 아니면 빠르간즈 지역이 매우 넓은지도 모르겠다. 그 어느 경우에도, 그는 우리에게 물었어야 했다. "어느 빠르간즈로 가려는가?"라거나 아니면 "빠르간즈의 어느 곳으로 가려는가?" 하고 말이다. 그런데 그는 그렇게 하지 않았다. 자기 분야, 또는 자기 일에 최선을 다하지 않을 때, 남들에게 어떻게 피해가 가는지를 다시 한 번 절감한다. 만약 내가 가르치는 과목에 대해서 정통하지 못하여 헤맨다면, 그 때 나는 지리도 모르고 손님을 데려다 주는 저 무능의 릭샤 왈라들과 무엇이 다르리요? 귀국하면, 이번 학기에는 무엇보다 수업 준비에 충실하여 만전을 기할 일이다.

다시 우다이푸르에서

1월 17일

우다이푸르행 기차가 출발하는 역은 '델리 사라이 로힐라' 역이다. 지난 번에, 우다이푸르에서 델리 올 때 도착했던 그 역이다. 그 때 비해서 너무나 한적하고 깨끗해져 있다. 놀랍다. 그 때는 '크리쉬나 생일 축제'에 가기 위해 모인 인파 때문에 그리 되었을지도 모르겠다.

우리 맞은편에 동포 학생 2명이 탔다. 반갑게 이런저런 이야기를 나눈다. 짐이 홍콩에 내려져서 되찾느라 애먹었단다. 한 학생은 미국 일리노이 공대로 2년 간 교환 학생으로 간단다. 안도현 시집, 『외롭고 높고 쓸쓸한』(문학동네)을 빌려 읽었다.

너, 문득 떠나고 싶을 때 있지?
마른 코딱지 같은 생활 따위 눈 딱 감고 떼어내고 말이야
비로소 여행이란,
인생의 쓴맛 본 자들이 떠나는 것이니까
세상이 우리를 내버렸다는 생각이 들 때
우리 스스로 세상을 한 번쯤 내동댕이쳐 보는 거야
「모항으로 가는 일」

인생의 쓴맛 본 자들이 떠나는 것이 여행임을 나는 공감할 수 있다. 우리가 처음 인도 올 때 생각이 났다.

1월 18일

이상하게도, 델리 사라이 로힐라에서 출발한 우다이푸르행 기차에서는 저녁을 안 판다. 보통 저녁 주문을 받아 배달해 주는데 말이다. 할 수 없이 중간의 어느 역에서든지 요기할 것을 사야 한다. 저녁 7시 지나서 한 역에 섰다. 나와 학생 하나가 내려서 '뿌리바지' 3인분을 샀다. 뿌리는 밀가루를 동그렇게 해서 기름에 튀긴 것인데, 나뭇잎으로 만든 접시에 담아 커리에 찍어 먹는 것이다. 기차역이고 시내 길거리에서고 흔히 서민들이 서서 먹는 음식이다. 우리도 그 전에 먹어본 일이 있다. 그런데 이번에는 커리 위에 굵은 인도고추 썬 것을 두어 개 얹어준다. 인도 고추, 얼마나 맵던지! 씹는 순간, 그 매운 기운이 온몸에 쫙 퍼지는 느낌이다. 더 이상 먹을 수 없어 뱉어내고 말았다.

야간 열차에서는 저녁을 먹고 나면 침대 펴고 자는 일밖에 없다. 잠을 자려는데 여기저기 근지럽다. '아, 어디 온수 나오는 호텔에 가서 샤워나 해야겠다.' 하고, 잠을 청했다. 12시쯤 되었을까. 잠에서 깨어나 화장실에 가 웃옷을 벗어보니, 온몸에 시뻘건 반점들이 올라 있다. 가히, 세계지도를 그려 놓았다. 아내에게 말하니 '알레르기'란다. 인도 고추 알레르기에 걸린 것이다. 버물리(벌레 물린 데 바르는 약)를 발라보았으나 효과가 없다. 참는 수밖에 달리 도리가 없다. 내 평생 처음, 여기 인도에서 알레르기에도 걸리는구나.

우다이푸르 시티 역에 도착했는데, 기차역 숙소에는 빈 방이 없다. 동포 학생들과는 헤어졌다. 우리가 산치에서 고추장을 얻은 것처럼, 우리도 그들에게 고추장 한 병(작은 것이지만)을 주었다.

체탁서클 체트나(Chetna) 호텔 주인은 우리를 알아보고 똑같은 방을 내주었다. 종업원이 우리가 지난 여름 머물렀던 그 방으로 데려다 주었다. 짐을 풀어놓고, 아내가 챙겨온 아들의 알레르기약 두 봉지 중의 하나를 먹었다. 나는 내 짐만 쌌는데, 이런 것까지 챙겨온 아내가 고맙다.

캉카가 수술한 소아병원을 찾아가니, 그 때보다 한적하다. 환자들도 별로 없다. 당직 간호사가 마침 만주(Manju)다. 그녀는 무척이나 반갑게 우릴 맞아준다. 어떤 환자 보호자에게 우릴 마투르 박사 집으로 안내해 주게 했다. 그러나 박사와 그 가족들은 부재중이었다. 다시 만주에게 가서 내일 아침 오겠다며 그녀가 사 주는 차를 한 잔 얻어 마시고 돌아왔다. 그런데 아내가 만주 앞에서 내 오른팔을 보여준다. 그녀도 알레르기라고 말한다.

"여보, 만주에게 처방전 좀 적어달라고 그럴까?"

"간호사가 어떻게 그런 것 적어주겠나? 그냥 두자."

나는 사양했다. 그러나 만주는 우리말을 알아들었던 것일까? 아니, 우리 마음을 읽었는지 모른다. 작은 쪽지에 처방전을 적어서 내민다.

"오늘 한 번 사 먹고, 내일 아침 마투르 박사에게 보여보라."

미치겠다. 아, 가려운 것도 아픈 것이로구나. 뻘겋게 부어오른 부위들이 무섭기까지하다. 내 몸은 병든 몸이다. 『자비도량참법』의 인연담에 보면, 옴병(창병) 든 사람들의 이야기가 있다. 이렇게 이 피부가 그대로 이어진다면, 생각만해도 끔찍하다.

지난 여름, 캉카에게 말했었다.

"캉카야, 네가 할 수 있는 일은 기도와 참는 것밖에 없다."

그 말이 이제 고스란히 내게 돌아온다. 이제 나 스스로에게 들려줘야 할 말이 된다. 한국 약이 효과없음이 증명된 이상, 만주의 처방대로 사온 인도 약을 먹을 수밖에 없다. 약을 먹고 일찍 자리에 누워, 속으로 '관세음보살'과 '대비주'를 외우다 잠이 들었다. 만주의 처방이 효과를 발하소서.

1월 19일

아침에 일어나자마자 나는 옷 속에 감춰진 몸부터 살펴보았다. 놀랍게도 깨끗해져 있다. 여기저기 작은 점들 몇 개만 보일 뿐이다. 역시 인도 약의 효능은 알아줘야 한다. 인도에서 생긴 병은 인도 약으로 다스려야 함을 새삼 느낀다. 다시 한 번 만주에게 감사하는 마음이다. 어제 사진이나 찍어둘 것을, 아쉽다.

아침에 병원으로 다시 갔다. 복도에서 마투르 박사를 만났다.

"오늘 수술이 있다. 오후 5시에 우리 집에 와서 차나 한 잔 하자."

그렇게 하기로 하고 헤어진 뒤, 우리는 '파테 사가르 호수'로 갔다. 건기라서인지 호수에 물이 별로 없다. 물이 다 찬다면 경관이 아름답겠다. 호수 주변의 산들이 자아내는 풍경이 좋다. 아내는 고향산천 같은 느낌이라고 한다. 릭샤로 파테 사가르를 순환하고, 피촐라 호수쪽으로 갔다. 시티 팰리스쪽으로는 입구에서 (불과 5개월 전에도 없던) 입장료 25루피씩을 요구한다. 우린 다 보았던 까닭에, 고액의 입장료까지 내고 다시 들어갈 생각은 없다.

우다이푸르는 8월 중순에는 서늘한 가을 날씨였는데, 지금 1월에는 낮에 모자가 필요하고 걷기 힘들 정도의 따가운 햇살이다. 그 때보다 더 더운 느낌이다. 그렇다고 땀이 나는 정도는 아니다.

마투르 박사의 집은 병원에서 지급된 사택이다. 벨을 누르자 미모의 부인이 우리를 맞이한다. 마투르 박사에게 감사 인사와 준비해 간 선물을 드렸다. 부인 역시 산부인과 의사다. 박사의 부친도 마취과 의사로서 자이푸르에 계시다고 한다. 우리 나라 의과대학에 대해서 여러 가지를 묻는다. 주스와 스위트 대접을 받았다. 부인이 병원으로부터의 호출 전화를 받고 나가면서 우리에게 미안해 한다. 부인은 나가고 우리는 남아서 좀더 있다가 자리에서 일어섰다. 박사는 내게, 인도에 와서 무슨 일이 있으면, 언제라도 연락하라고 한다. 언젠가 한국으로 초청해서 우리네 의과대학을 볼 수 있게 했으면 하고 생각해 본다.

착착이 마투르 박사집 벽에 걸린 그림이 뭐냐는 표정을 지으니까, 친절하게 설명해 준다.

"오래된 옛날 인도에서 외과 수술을 하는 장면이란다."

비록 허준이 스승 유의태를 해부했다고 하나, 그 같은 외과 수술은 우리네 한의학에서는 없었다고 보아야 한다. 그러나 인도 전통의학에서는 이미 존재했었다는 이야기다. 과연 그렇다면 놀라운 일이다.

마투르 박사를 만나고 오는 길에 캉카네 아버지와 숨막히는 통화를 하던 바로 그 가게의 그 전화로 캉카집으로 전화를 했다. 캉카가 받았다. 지난 여름의 일이 주마등처럼 되살아난다.

난공불락(?)의 치토르가르 산성

1월 20일

한밤중에 깨어났다. 화장실에서 다시 내 몸을 비춰본 순간 나는 또 깜짝 놀라고 말았다. 처음 만큼은 아니지만, 붉은 반점이 여기저기 또 생겨나 있는 것 아닌가. 만주의 처방약을 더 먹었어야 했는데 어지간 해진다 싶어 반으로 쪼개먹은 것이 불찰이었던 같다. 다시 한 알을 더 먹었다. 만주의 처방을 챙겨두었다가 5알이나 사 두었던 아내의 준비성 덕분이다.

아침에 일어나서 보니 약효 탓인지 많이 좋아졌으나, 겁이 나서 밥 먹고 다시 한 알을 더 먹었다. 점심을 지나서는 확실히 좋아졌다. 재발이 없었으면 좋겠다.

"당신 피부가 그렇게 깨끗할 수 있다니 믿어지지 않는다."

아내의 말이다. 세조가 온몸에 옴이 났을 때, 얼마나 놀랐을 것인지 상상이 간다. 아, 저주는 정녕 피부에 생기는 것인가 보다. 피부가 몸이로구나.

7시에 체크 아웃하고, 우다이푸르발 기차를 타고 치토르가르에 도착했다. 호객꾼이 심하게 달라붙는다. 먼저 식당을 찾아 요기를 했으나, 밖에 그대로 기다리고 있다. 치토르가르에 대해서는 여행 안내서에 자세히 나와 있지 않다. 어디로 가야 하는지 감이 잡히지 않는다. 다행히 아내가 『세계로 간다 -인도-』에서 옮겨 적은 정보가 있어서 여기 Panna(RTDC, 라자스탄 관광개발공사 소속)로 왔다. 온수도 나오고 TV도 있는 디럭스 더블 룸이 400루피다. 그렇지 않은 방은 250루피인데, 우린 온수가 너무나 그리웠다. 모두들 모처럼 온수로 씻으니 개운해 한다.

릭샤 100루피에 산성 일주를 했다. 산성 밑에서 위로 오르는 길에서 우리는 이미 그 산성이 예사롭지 않음을 직감하였다. 산 그 자체가 주는 분위기는 라즈기르(王舍城) 같은 느낌이다. 라즈기르에서는 통가를 타고 갔는데, 여기서는 릭샤지만 통가처럼, 위를 막지 않고 뒤를 향해서도 의자를 놓고 않을 수 있게 한 것이 특이하다. 산 위에는 마루가 아니라 넓은 공간이 펼쳐진다. 그 안에 수많은 군사들이나 백성들이 살면서 무굴제국의 군사들에게 저항했으리라. 여기저기 연못이 있어서 물을 채우고 있는데 물이 더럽다. 엘로라 입구의 더울라타바드(Daulatabad)가 좁은 공간 위에 세운 요새로서 세기(細技)에 능했다면 여기의 산성은 웅장하다. 아내가 분위기는 날란다와 비슷하다고 했는데, 나도 동감이었다. 그것은 성 안에 남아있는 구조물의 잔해가 주는 느낌이 같아서였다. 그러나 날란다는 벽돌로 지어진 것에 비하여, 치토르가르 산성의 그것은 자연석으로 지어졌다. 그래서 더욱 정감이 간다.

산성을 올라서 제일 먼저 만나는 라나 쿰바(Rana Kumbha) 궁전이 압권이었다.

"만리장성을 보지는 못했어도 왜 사람들은 만리장성만 이야기하는지 모르겠다. 이 치토르가르도 있는데…."

아내의 말이다. 라나 쿰바 쪽이 구조물 잔해가 가장 잘 남아있다. 델리의 '쿠탑 미나르'도 생각난다. 남아있는 건축의 형식은 그것을 생각나게 하는데, 문양의 아름다움과 정교함에 있어서도 여기 치토르가르가 결코 뒤지지 않는다. 쿠탑 미나르가 이슬람의 미술이 남아있는 곳이라면, 여기의 문양은 힌두의 양식이다. 어쨌든 미술학도라면 쿠탑 미나르와 함께 여기의 문양에 대해서도 살펴볼 필요가 있을 것이다.

저녁은 호텔 식당에서 먹었다. 그리고는 모두 피곤해서 일찍 자기로 했다. 한밤, 나는 또 일어났고 습관처럼 내 몸을 들여다 본다.

"아, 이게 또 어찌 된 일인가."

내 몸 여기저기 붉은 반점들이 다시 돋아있다. 하체에도 그렇다. 아, 질긴 놈이다!

1월 21일

아침에 일어나 보니, 약효탓인지 다시 내 몸은 말끔하다.

치토르가르 산성을 다시 갔다. 아침이어서 공기도 맑고, 산이 더 푸르고 정감있게 느껴진다. 산성에서 바라본 치토르가르의 집들은 모두 하늘색 칠을 한 것 같다. 여기는 블루 시티(blue city)다. 어제 못 본 곳까지 오늘 볼 수 있었다. 오늘 다시 오기로 한 것은 잘한 결정이었다.

이 난공불락의 산성을 무굴제국의 3대 황제 악바르는 함락시켰으며, 끝까지 무굴과의 혼인에 의한 통교를 거절한 힌두의 자존심 메와르 왕조는 마침내 치토르가르에서 후퇴, 우다이푸르로 옮겨가게 되었다.

"인간이 이루지 못할 일이란 아무것도 없다."

"못 깨뜨릴 성이란 정녕 없다."

나는 여기 치토르가르의 산성에서 이 두 문장을 토해냈다.

체크 아웃 이후 사무실에 짐을 맡기고, 체탁 식당에 가서 점심을 먹고 극장을 찾아갔다. 18루피를 16루피에 깎아서 입장했는데 이미 영화는 절반을 지나고 있었다. 알아들을 수 없는 힌디어, 가끔씩 삽입된 춤과 음악, 그리고 코믹한 동작에 관객들은 활짝 웃어젖힌다. 나중에 아내가 정리해 준 내용은 이렇다.

'주인공 강가(GANGA)는 낮은 계급 출신의 촌뜨기 총각이다. 높은 계급의 집안에 양자로 갔으나 잘 적응하지 못한다. 양어머니는 자애롭고 좋은 분이지만 강가는 사사건건 우스꽝스런 사건을 만든다. 그도 그럴 것이 그가 살아온 환경과는 판이한 생활이었던 것이다. 높은 계급의 여자와 약혼을 하지만, 강가를 못마땅하게 여기던 그 집 세입자의 아들을 구하려다가 살인 피의자라는 누명을 쓰게 되어 재판을 받는다. 결국은 그들 모자의 증언으로 인해 강가는 무고함을 판결 받고 진범도 잡혀서 풀려난다. 이제 강가는 자신이 어릴 때부터 살아온 비천한 세계로 되돌아간다. 그리고 거기에서 첫사랑과 포옹하는 것으로 영화는 끝난다.'

인도 영화 속의 인도 사람들도 신분 사회임을 강하게 의식하고 있음을 알 수 있었다. 그러니까 '높은 계급은 높은 계급하고 살고 낮은 계급은 낮은 계급끼리 살자' 는 것인가? 뱁새가 황새 흉내내다가는 끝내 불행해짐을 깨달으라는 이야기인가? 알 수 없다.

작년의 고생은 고생이 아니요

1월 22일

인도르 도착 예정 시간은 새벽 6시 45분이다. 그런데 4시가 안 된 시간인데, 기차가 어느 역엔가 선다. 혹시나 하는 생각에 물었다.

"여기가 인도르인가?"

"인도르다."

급히 내렸다. 만약 묻지 않고, 6시 45분까지 잤더라면 아마 종착역인 뿌르나(Purna)까지 갔을 것이고 우리의 여정은 엉망이 되었으리라. 착오는 어디서 왔을까? 기차 시간표 책을 꺼내서 확인하니, 인도르 도착은 '06시 45'분인데, 인도르 출발은 '03시 55'분으로 되어 있다. 즉, '06시 45'분은 '03시 45'분의 오기였던 것이다. 만약, 내가 조금만 더 주의를 기울여 보았더라면 그런 위기는 없었을 것이다.

할 수 없이, 기차역 숙소를 200루피에 얻어서, 새벽 잠을 한숨 더 잤다. 그런 뒤 기차역 식당에서 토스트 잼, 버터 브레드, 차 등으로 간단히 아침을 요기하고 만두를 향해 출발했다.

만두까지 가기 위해서는 중간 경유지인 다르(Dhar)로 가야 한다. 버스 정류장으로 가서 물었더니, 다르 가는 합승 템포가 오른쪽 위를 지나는 고가도로(?)에 있다고 한다. 거기 가서 합승 템포를 1인당 5루피씩에 탔다. 다르로 가는 줄 알았는데 얼마 가지 않아서 내려준다. 거기서 다시 다르행 버스를 갈아타야 했다. 다르까지 74루피인데, 착착이는 할인받아서 60루피다. 버스는 좋으나 나는 자리가 없어서 끼어 앉았더니 2시간 내내 불편했다.

다르에서 만두까지는 다시 1시간 30분 정도 걸렸다.(1인당 15루피) 만두는 우기에 가는 게 좋다고 하지만, 남쪽으로 여행중인 우리로서는 선택할 여지가 없었다. 도착해 보니 숙소도 마땅치 않고 식당은 더욱 없다. 버스 정류장 옆에 있는 레스트 포인트(Rest Point) 식당은 이름과는 달리 잡화점이 본업인 듯하고, 겨우 '탈리' 단일 메뉴만 있다. 탈리' 단일 메뉴인 경우 그 탈리는 대개 맛이 없다. 우리가 인도 음식에 맛들이지 못해서, 탈리의 맛을 논하는 것이 아니다. 그 반대로, 우리는 이미 제대로 된 탈리의 맛을 보았기에, 인도 음식의 기준에 미치지 못함을 책할 뿐이다.

이러한 우리의 툴툴거림을 잠재우게 된 사건은 바로 우리의 숙소 레스트 하우스(Rest House, 정류장 앞, 2인실 125루피) 맞은 편에 있는 자마 모스크(Jama Mosque)를 가 보게 되면서이다.

"이 건물 하나로 우리의 고생은 위로 받을 수 있다."

아내의 말이다. 자마 마스지드가 가족들의 원망 속에 쌓인 나를 구한 것이다. 정면은 5칸, 측면 1칸인 회랑이 있고, 입구에는 문이 있다. 그런데 정면에는 3개의 큰 돔이, 입구 대문 위에도 큰 돔이 얹혀져 있다. 그 돔이 기가 막힌다. 내가 고개 들어 헤아려 보니, 대문 위의 돔은 돌이 20줄이다. 즉 20개의 동심원을 그리고 있는 것이다. 이슬람의 수학과 건축 기술의 정교함을 알 수 있다. 우리 석굴암 지붕 역시 돔인데, 비교해 볼 필요가 있다. 다만 이 자마 마스지드의 경우 돔을 이루는 돌의 외부를 시멘트 같은 것으로 바른 점이 감점 요인이다. 그러나, 대단한 것은 틀림없고, 여기 이 큰 사원에서 무슬림들은 때맞춰, 메카를 향해 엎드려 절했을 것이다. 하얀 모자와 하얀 옷이 보이는 듯하다.

나머지 유적들 역시 지프(시동이 안 걸려서 동네 사람이 밀어줘야 한다.)를 100루피에 대절해서 둘러보았다. 처음 간 곳은 룹따미(Ruptami)의 정자인데, 아무런 간판도 없이 '외국인 5달러'의 입장료를 요구한다. 밑에서 보니 별 것 아닌 것 같아 돌아나왔다.

뒤로 돌아가니, 넓게 펼쳐진 평원과 이상하게도 그랜드캐니언의 계곡(사진이나 영화에서 본)을 연상시키는 자연미가 펼쳐진다. 어떤 왕이 여자들 만오천 명을 두고서 아방궁을 꾸몄다는 데를 갔는데, 문을 막고는 '외국인 5달러'란다. 역시 우리는 들어가지 않았다.

바로 몇 개월 사이, 인도는 관광요금을 대폭 올렸다. 아그라의 타즈마할은 지난 여름에는 550루피였는데 이제 990루피(20달러)란다. 인도 경제가 어려우니까, 관광 수입으로 외화벌이에 혈안이 된 모습이다. 그렇게 배짱 내밀 수 있는 그들의 자존심과 자신감이 부럽지 않을 수 없다. 그렇지만 이러한 고입장료 정책이 인도를 '배낭객의 천국' 지위에서 끌어내릴 것은 뻔하고, 부대 수입의 감소 역시 분명할 것이다.

1월 23일

만두는 참 특이한 유적이다. 말 그대로 남겨진 자취다. 초입부터 황량하고 넓은 들판에 여기저기 부서지다 남은 벽돌 무더기들이 나그네를 맞이한다. 그러나 아직 기대를 버리기는 이르다고 생각했다. 좀더 들어가면 본격적인 '만두'에서는 좀더 근사한 그 무엇이 눈 앞에 전개되리라. 그러나 기대를 배신하고 사방 수십킬로나 된다는 만두의 그 어디에서고 무너지다가 남은 유적지가 아닌 것, 새로운 것, 잘 관리되거나 보존된 것은 하나도 없다. 날란다 대학이나 카주라호 사원군이나 치토르가르의 성벽이나 모두 무너지다 남은 것이었으나 그 어느 것도 만두만큼 스산한 무상감을 전해주는 것은 없었다. 결정적인 이유는 그 어디보다 광활한 자연 속에 여기저기 산재된 유허(遺墟)들의 공간성 때문일 것이다. 지금이 겨울철이라서 더욱더 처연한지도 모르겠다.

우리 숙소의 침대는 중앙은 꺼지고, 그것도 속의 헝겊이 뭉쳤는지 굴곡(凹凸)까지 있어서 잠자리가 고통스럽다. 거기다 좁기까지 하다. 아내의 허리가 내내 걱정스럽다. 선불로 숙박료에다 75루피나 더 내야 했다.(무슨 기물 파손에 대비한다는 명목이었다. 아, 파손할 기물이라도 있었더라면….) 그렇다면 아침에 일찍 체크 아웃할 손님을 위해서, 그들 역시 일찍 출근을 했어야 할 것 아닌가? 집은 다른 데 있는지 도무지 숙소 주인이나 관계자를 만날 수가 없다. 지나가는 동네 사람들에게 사정을 얘기했더니, 그 사람 집에까지 찾아가서 손님 간다고 말해준다. 그제서야 자전거 타고 와서 75루피를 돌려준다. 기물 파손 여부는 체크조차 하지 않는다. 그럼 왜 선불에다 75루피까지 예치시킨단 말인가?

아침도 굶고, 바나나를 사 먹으면서 다시 인도르로 나오는 데 5시간 걸렸다. 어딘가 버스 정류장에 내려서 릭샤 20루피로 기차역으로 왔다. 후문 쪽에 내려줘서, 그쪽의 간이 음식점에서 남부 음식(이들리, 도사, 맛살라 도사)으로 허기를 채웠다.

이제 우리는 세바그람행 기차표를 예약해야 한다. 그런데 문제는 우리가 가는 길이 기차의 간선이 아니라는 데 있다. 기차 시간표에서 인도르→세바그람의 기차를 찾아서, 신청서에 적어 직원에게 내밀자, 월요일만 다닌다고 한다. 우리가 갖고 있는 기차 시간표 책은 구판이다. 지난 여름, 칼라에 4×6배판으로 잘 만들어진 신판이 나왔음을 알았으나, 25루피를 아끼느라 사지 않았었다. 그런데 그 기차노선이 월요일에만 있다는 사실이 신판에는 명기되어 있지만 구판에는 아무 표시도 없다. 아내의 원성을 듣지 않을 도리가 없다. 어쩔 수 없이 시간표 신판을 25루피에 구입해야 했다.

'인도르→세바그람' 표를 못 사고 나니 나갈 길이 없다. 연구를 거듭한 끝에 찾아낸 길이 '치토르가르→인도르'를 이어서, 우리가 타고 온 그 기차를 여기서 새벽 3시 55분에 타고 아콜라까지 가서, 아콜라에서 세바그람으로 가는 두 장의 표를 동시에 예매하는 일이다. 한 15명이 선 줄 뒤에 섰다. 15명을 소화하는데 무려 2시간, 내 차례가 되자 컴퓨터는 '예약 끝'이라 나온 모양이다. 그 말을 못 알아듣자 1번 창구로 가라고 한다. 거긴 경로자, 기자, 여인, 장애인 우대 창구이다. 조금 더 기다리니까 내 차례다. 그런데 역시 컴퓨터가 꺼진다. '예약 끝'이란다. 총 3시간의 기다림이 허사다. 제대로 먹지도 쉬지도 못한 채 지루한 시간을 기다려준 아들에게 미안한 마음이 내 빈 가슴을 휑하니 지나간다.

"미안하다, 아들아."

그러나 아들은 인욕의 왕자, 이해심의 바다이다. 아무런 탓도 하지 않고 여전한 얼굴로 제 아버지 손을 잡아준다.

기차역 숙소를 좀더 좋은 방으로 바꿔 달라고 했다. 그래도 화장실 배수가 안 돼서 바닥에 반 이상 물이 고여 있다. 라면, 삶은 계란, 파라타 등을 사 먹고 나서, 다시 기차 시간표 책을 연구하였다. 그래도 나갈 길이 없다.

"아이구, 작년 비하르 여행의 고생은 아무것도 아니네."

아내의 말이다. 아마, 비하르를 우리처럼 고생하며 여행한 사람도 드물 것이다. 우리의 인생살이에 얼마나 많은 어려움이 있는가. 그 때마다 우린 어려웠던 그 여로를 생각해 낼 수 있으리라.

이래저래 인도(印度)는 인도(忍度)이다. 인욕바라밀을 배우는 땅이다. 어차피 인간(人間)은 인간(忍間)이 아니겠는가? 비하르보다 힘들다는 아내의 말에 덧보태어 내가 저 유명한 선시(禪詩)를 패러디해 보았다.(원래의 시는 '고(苦)'가 아니라 '빈(貧)'이다.)

去年苦는 未是苦요,
작년 비하르의 고생은 고생도 아니요,

今年苦가 始是苦로다.
금년 인도르의 고생이 비로소 고생이네.

去年苦는 無出路之平이더니,
작년의 고생은 나오는 길이 평평하지 않아서였는데

今年苦는 出路也無일세.
금년의 고생은 나올 길마저 없네.

이렇게 바꾸어 부르자, 아내와 아들 모두 깔깔 웃어댄다.

쫓겨나서 행복한 사람들

1월 24일

6시 45분쯤인가, 누군가 방문을 두들기면서 뭐라고 뭐라고 한다. 어제 새벽에 차를 마시라고 한 일을 떠올리며, 차 안 마신다고 대답했다. 조금 있으니 또 문을 두들긴다. 나가보니 체크 아웃 시간이 넘었다고 나가란다. 아니, 어제 저녁 6시경에 체크 인 했는데 이게 무슨 날벼락인가. 사무실에 가서 무슨 까닭인지 알아보니 체크 아웃 시간이 아침 6시 30분이란다. 이럴 수가? 지금까지 모든 기차역 숙소는 '24시간제'였잖은가?

자는 아들을 깨워서 짐을 챙기고 나섰다. 어젯밤 우리 가족은 기차 시간표와 지도를 펴고서 보팔로 가서 낙푸르를 거쳐서 세바그람으로 갈 것인가, 또 인도르에서 바로다 쪽으로 가서 뭄바이 센트럴 역으로 갔다가 다시 뭄바이 CST역에서 뿌네를 거쳐 바로 하이데라바드로 갈 것인가를 토론하였다. 결국, 후자를 택하기로 결정했다.(이는 '세바그람'은 못 가는 노선이다.) 오늘은 기차표 예약을 하고(내일 날짜 출발) 인도르를 구경하기로 한 것이다. 그러나 뜻밖에도 신새벽에 쫓겨나게 되었으니, 어디 갈 곳이 없다. 예매소는 아직 문 열려면 한참 더 기다려야 한다.

"여보, 버스 타고 이따르시로 가요."

이따르시는 우리가 1차 때 보팔로 가기 위해 기차를 갈아탄 곳이다.

"그러면 차라리 부사발로 갑시다. 이따르시보다는 부사발에 기차편이 많아요. 세바그람 쪽이 아니면, 버스를 이용해서 아잔타를 거쳐서 아우랑가바드를 갈 수도 있고, 아니면 만마드(엘로라 동굴로 갈 수 있다)나 나식(불교 동굴이 있다) 쪽으로 갈 수 있거든요."

"그래요. 부사발로 가요."

사르와테 버스정류장(기차역에서 오토 릭샤로 10루피, 걸어도 될 거리)에 갔다. 부사발까지 직행은 없고, 부란푸르(Bhuranpur)로 가서 갈아타라고 한다. 놀랍게도 버스표는 전산 발매다. 이렇게 인도는 급속도로 변하고 있음을 도처에서 실감한다. 부란푸르까지 6시간, 3인 요금이 249루피다. 부란푸르에서 탈리를 사 먹고, 다시 부사발까지 가는 버스를 갈아탔다. 102루피 내고, 약 3시간 달려 도착했다.

사실, 버스 여행은 피하고 싶었다. 인도 버스에 대한 우리의 선입견은 2차 여행 때 비하르에서 고정된 감도 없지 않지만, 무엇보다 아내의 아픈 허리가 염려되었기 때문이다. 그러나 순전히 타의에 의해서 쫓겨나서 타게 된 부사발행 버스 때문에 얼마 지나지 않아 우린 행복을 노래하게 되었다. 이게 인생이다. 부란푸르 가는 길의 산천이 우리 고향 산천 같았기 때문이다. 죽령이나 조령 어디메쯤으로 착각하게 된다. 아니 아내는 그야말로 자기네 고향 유봉산과 같다고 한다. 잎을 떨군 앙상한 관목의 숲이나, 산봉우리의 능선 등이 "똑같다, 똑같다"고 연신 탄성이다. 인도는 과연 큰 나라다. 이렇게 산들 역시 주마다 분위기가 다르니. 게다가 기차보다 시간을 하루 정도 절약할 수 있게 되었다.

부사발, 사실 내 기억 속에 가장 가기 싫은 인도 동네로 기억되는 곳이다. 1차 여행 때 부사발에 대한 인상이 워낙 안 좋았기 때문이다. 그러나 다시 찾아온 부사발은 재작년의 내 기억 속의 그 부사발이 아니다. 너무나 깨끗해지고 차분하고 안정되어 있다. 아니 그것은 유식(唯識)불교의 가르침대로 인식 주관이 바뀌어 있었기 때문인지도 모른다. 아마 그럴 것이다. 이제 우리 가족에게는 인도의 어느 곳, 어느 낯선 곳이라도 처음 내리는 순간의 긴장, 두려움, 불안 같은 것은 전혀 없으니 말이다. 아, 모든 것은 오직 인식 주관이 할 탓이로구나. 깨끗한 예약 사무소에서 내일 세바그람 가는 기차표와 27일 낙푸르에서 하이데라바드행 기차표를 예매하였다. 모두 대기자 표이지만, 별 문제 없겠지 생각했다.

모처럼 가족이 함께 식당 테이블에 앉아서 메뉴를 연구하면서 주문하였다. 탄도리 치킨 등을 푸짐하게 먹고(총 400루피), 잠은 150루피 방에서 잤다. 더블 룸인데 온수도 나오고 편안한 잠자리다(역 앞 Kanahaiya Kunj 호텔).

재작년, 밤새 골목길에서 힌두 음악을 틀어대던 그 릭샤들은 모두 어디로 갔을까? 그 때 어떤 인도인은 왜 우리 아들에게 5루피짜리 지폐를 건네주려 했을까?

세바그람의 간디 아쉬람

1월 25일

새벽 5시 45분에 출발하는 오카-푸리 익스프레스(Okah-Puri Exp.)가 우리가 타야 할 기차다. 자다 깨다를 반복하면서 시간 맞춰 역으로 나왔다. 그러나 기차는 연착이다. 이번 여행에서는 처음으로 연착을 체험한다. 그것도 30분밖에 안 늦는다. 1999년 여름, 1차 여행 때는 왜 그렇게 많은 기차들이 연착했던 것일까?

기차를 탔는데 문제는 자리다. 우린 '대기자표' 이기에 빈 자리가 있어야 앉아 갈 수 있다. 그러나 새벽이라 온통 자는 사람들로 침대는 만원이다. 이 칸, 저 칸 헤매다가 겨우 딱 하나 빈 침대를 발견해서 아들을 눕게 하는데 맞은편 침대의 남자가

"그건 우리 거다. 내 가족이 탈 것이다."

하며 못 앉게 한다.

"좋다. 너희 가족이 오면 그 때 비켜 주겠다. 그 때까지 우리 아들을 좀 눕게 하자."

그래서 겨우 우리의 배낭도 자리 밑에 넣고, 아들과 나는 꼭 껴안고 모로 누워서 부족한 새벽잠을 보충했다. 그러나 아무리 있어도 그 젊은 남자의 가족은 오지 않았다. 알고 보니, 자기네 자리도 아니면서 그는 자신이 편히 가기 위해 맞은편의 빈 침대에 못 앉게 했던 것이다. 불편을 나눌 줄 모르는 이런 특이한 인도인을 만나기는 처음이다.

와르다(Wardha) 정션에 11시경 도착했다. 13시경 도착으로 알고 있었는데, 그건 나의 착오였다. 하도 여러 편의 기차 시간을 체크하다 보니 생긴 오류였다. 그러나 다행히 낮이라 모두 깨어 있어서 무사히 내릴 수 있었다.

와르다에서 세바그람까지 오토 릭샤로 45루피에 흥정했다. 오다보니 멀다 싶어서, 도착해서는 50루피를 주었다. 이게 우리의 여행 관습이다. 처음에는 속지 않으려, 혹은 아끼려 깎아서 흥정하고는 나중에는 더 주게 된다. 그래서 인도의 릭샤 왈라들은 요금에 관한 한 우리 한국인의 선심을 믿어도 좋을 텐데, 그들이 그것을 알 턱이 없다.

세바그람의 간디 아쉬람은 우리가 찾아가는 간디 유적지의 마지막인 듯 싶다. 나는 가족들의 의견은 깡그리 다 무시하고 억압하여 우다이푸르에서 아마드바드로 가는 기차의 간선을 피하고, 인도르로 갔고, 겨우 부사발을 거쳐서 여기로 온 것이다. 그 이유는 과연 인도는 간디를

완전히 잊고 말았는가, 아니면 그의 사상과 실천을 이으려는 사람들이 있는가를 확인해 보기 위해서이다.

세바그람의 아쉬람은 1939년에 간디가 정착하여, 그가 죽음 직전까지 머물던 곳이다. 아쉬람은 생각보다 꽤 넓다. 아름드리 나무를 비롯한 큰 나무들이 숲을 이룬 곳곳에 집들이 띄엄띄엄 지어져 있다. 그 당시에 지은 집들인, 간디의 집 '바푸 쿠티(Bapu Kuti)'가 중심이 되고, 그 옆에 간디 아내의 집인 '바 쿠티(Ba Kuti)'가 있으며, 그 앞에 사방 7~8m인 정사각형의 '기도 마당(prayer ground)'이 있다. 바푸 쿠티 입구에 큰 피팔라(pipal) 나무가 서 있는데 간디가 심었다고 한다. 오늘까지의 아쉬람의 역사를 묵묵히 지켜보고 있는 것이다.

우리가 머무는 곳은 Rustam Bhavan이라는 게스트 하우스다. 간디 당시에 지어져서 게스트 하우스로 쓰이던 곳이라 한다. 전깃불은 들어와 있으나 모든 시설들이 옛날 그대로이다. 아쉬람 전체가 '간디 시대'에 머물고 싶어하는 것 같다. 게스트 하우스에는 방이 넷인데, 하나는 인도인 노부부가 장기 투숙중이고, 나머지 셋이 외국인을 위한 방으로 쓰이고 있다. 이미 스위스 청년 루케스(별명:야야, 22세)가 머물고 있다.

이 아쉬람은 크게 둘로 나눌 수 있을 것 같다. 하나는 관람객이 둘러볼 수 있는 공간으로서, 바푸 쿠티와 바 쿠티가 그 중심이다. 다른 하나는 아쉬람에 사는 사람들의 생활 공간인 것 같다. 동네 자체도 그렇지만, 숲 속의 아쉬람은 한적하고 평화로운 느낌을 주고 있다. 한동안 살아도 좋을 것 같다. 루케스는 그렇게 여러 날을 머물 것이라 말한다.

아쉬람에서 우리의 처음 일정은 저녁 식사(5시)였다. 식당은 바 쿠티보다 뒷편에 있는데, 우선 취사 수단부터가 눈에 들어온다. 우리 어릴 적 시골에서처럼, 아궁이에 불을 때서 음식을 조리한다. 짜파티 구워내는 화덕 역시 마찬가지다. 아쉬람 여기저기에는 취사용 나무들이 쌓여 있다. 식당 앞에 대리석이 박혀진 작은 마당이 있다. 거기에 직사각형으로 천을 편다. 앉아서 식사하기 위해서다. 아쉬람의 식구나 여행자나 모두 식사 때면 나타나 이것저것 알아서들 일을 한다. 짜파티 구울 밀가루도 맷돌에 갈고, 접시도 내놓고, 음식을 배식하기도 하고, 나물도 다듬는다. 저녁은 짜파티 2장, 야채 커리 하나, 그리고 우유가 나왔다. 반찬은 모두 다 싱겁다. 이른바 무염식(無鹽食)인 듯 싶다. 간디는 채식주의자에다가 식이요법의 대가였다. 그런 그를 계승하는 아쉬람인 만큼 당연하리라. 짜파티는 더 갖다준다. 이른바 발우공양 때의 가반(加飯)과 같은 형식 — 아, 이는 '무제한 탈리'에서 볼 수 있는 형식 아닌가? 뒤늦은 깨우침이다 — 이다.

그런데 놀라운 것은 가반을 하는 사람이 이 아쉬람의 책임자인 듯한 사람(『만행』 저자 현각 스님을 많이 닮아서 별명으로 삼았다.)과 아쉬람의 중추를 담당할 리틀 간디(우리가 붙인 별명이고 그의 이름은 Jayant)이다. 그들은 전혀 권위주의적이지 않다. 우리네 절 같으면, 아랫사람이 할 일을 여기서는 윗사람이 손수 하는 것이다. 이른바, 세바(seva, 섬김)이다. 샛노란 밥(죽처럼 약간 진데 여러 가지 잡곡들이 섞여 있다)을 더 주기도 한다. 먹기 전에는 '현각 스님'이 작은 목소리로 만트라를 암송하였다. 마치고 나서는 다른 사람이 다 먹기를 기다려 주지도 않고 저마다 한 켠에 마련된 수돗가에 가서 자기 그릇을 설거지 하는데 재(災)를 사용한다. 채소나 과일, 땔감 등을 가능한 아쉬람의 영내에서 얻고 자연을 아끼며 살아가는 이 곳 분위기를 느낄 수 있는 시간이기도 하다.

저녁 식사 후, 6시에는 '기도 마당'에서 기도를 드린다. 기도 시간은 아침 4시 45분과 오후 6시, 두 번이다. 간디 당시부터 그렇게 했다고 한다. 그 의식 역시 간디가 고안했을 것이다. '기도 마당'은 자잘한 자갈을 깔고 정사각형으로 나무로 줄을 쳐서 구분해 놓았다. 어떠한 신상이나 장식은 없고, 네모난 검은 나무 판자에다 '기도 마당(prayer ground)'이라고 씌어 있을 뿐이다. 다만 마당일 뿐, 법당이나 사원이라 하기는 어렵다. 그런 성소를, 이 간디 아쉬람은 애시당초 허용하지 않고 있다.

의식은 약 40여분 동안 만트라의 암송, 간디어록 읽기(어두워져 호롱불을 받쳐들고 '현각 스님'이 읽는다), 그리고 다시 만트라 암송으로 이어졌다. 참석 대중은 아쉬람에 늘 머무는 대중들 외에도 외국인들과 구경왔던 사람들까지 다양하다. 한 20명 되는 듯 싶다. 그런데 그 방향은 간디가 심어놓은 피팔라 나무(부처님이 이 나무 밑에서 깨친 인연으로, '보리수'로 불리게 된 나무이기도 하다)를 향하여 앉는다. 그 앞에 방석이 하나 놓인다. 처음에는 제일 어른 자리인가 했으나, 끝내 주인이 없다. 아, 비로소 그 자리가 간디의 자리임을 짐작한다. '탄부르'라는 두 줄로 된 현악기를 한 노인(눈이 안 보여서, 다른 사람의 부축을 받아 오고가고 했다)이 타고, 만트라를 암송한다. 가만히 듣고 있으면, 참 정신이 맑아지는 느낌이 든다. 그런 까닭에서인지, 여기 간디 아쉬람은 전혀 열광적이거나 신비적이지 않다. 간디의 의례관이나 종교관을 짐작할 수 있는 대목이다.

기도 마당에서의 기도가 끝나자 다시, '바 쿠티'의 섬돌 위로 자리를 옮긴 대중들은 작고 까무잡잡한 처녀(기도 시간 내내 목화로 실을 자아내는 일을 계속하면서 만트라를 외웠다.)가 읽어주는 책을 듣는다. 책 읽어주는 여자, 그녀의 이름은 말디(Maldi)다. 내용은 간디의 어록

이 아니라, 누군가 쓴 연구서인데 '남아프리카에서의 반인종주의 투쟁'에 대해서라고 한다. 약 15분 간의 책읽기(듣기)에는 약 10명의 사람들이 참여하였다.

한때 이 아쉬람에는 500명의 상주 대중이 있었다. 하지만 현재는 이렇게 단출한 식구가 되어 있다. 인원은 적지만 '현각 스님', 리틀 간디 그리고 말디 정도는 투철하게 보인다. 아까 낮에 본 인도의 관람객도, 방명록에는 빼곡하였고 많이 보인다. 저 아마다바드의 아쉬람이나, 다른 곳의 간디 기념관들과는 확연히 다른 곳이다. 그 이유는 뭘까. 여기는 사람이 살고 있기 때문이리라. 박물관 속의 화석화된 간디가 아니라 살아서 흐르는 간디의 혼을 여기서는 느낄 수 있는 것이다. 이제 나는 이렇게 평가하고자 한다.

"간디는 살아 있다. 다만 소수로 남아 있을 뿐이다."

그러나 수의 많고 적음이 그리 큰 문제는 아니다. 소수라도 맥이 흐르고 있기만 하다면 말이다. 하긴 어차피 간디주의가 다수의 사상일 수는 없을 터이다. 세상의 현실 원칙은 비폭력이 아니라 폭력일 터이므로. 그러나 바로 그렇기 때문에 이 현실 세상에는 이상 원칙으로서의 비폭력이 새삼 요청되는 것이 아닐까.

비노바 아쉬람과 암베드카르 영화

1월 26일

간디 아쉬람의 새벽 기도는 4시 30분에 종을 치고, 4시 45분에 시작한다. 춥기 때문에 '기도 마당' 대신에 바푸 쿠티의 처마 밑에서 한다.

저녁 기도보다는 기도 시간이 짧았다. 모두들 담요 한 장씩을 둘러쓰고 어둠 속에 앉아서 만트라를 암송한다. 누가 누구인지 모르겠다. 우리를 놀라게 한 것은 아침 기도(탄부르와 같은 악기 연주 없이 한다)를 '남묘호렝겟교' 세 번 반복하는 것으로 시작한다는 점이었다. '남묘호렝겟교(南無妙法蓮華經)'는 일본의 일련종 계통에서 하는 제목 봉창(奉唱)이 아닌가? 그런 소리를 여기 간디 아쉬람의 새벽 기도에서 듣다니…. 그것도 '간디 당시부터 하는 것'이라는 대답까지 듣고보니 느낌이 이상하다. 하긴 여기에는 '고귀한 사상은 어디서부터라도 우리에게 오게 하라'는 구호를 돌에 새기고 있으니, 이상할 것까진 없겠다.

아침 식사는 인도의 시리얼 같은 것을 그냥 숟가락으로 퍼먹으면서, 허벌 차를 마시는 것이 전부이다. 차파티를 한 장씩 주긴 했다. 아무 커리도 없이.

아침 식사 후, 우리는 말디가 소개해 준 오토 릭샤를 타고 세바그람 인근을 둘러보러 나섰다.

비노바(Vinoba)의 파우나르 아쉬람(Brahmavidya Mandir)은 간디 아쉬람에서 5km 떨어져 있다. 비노바는 간디의 제자로서, 사상적 후계자이다. 그에 대해서는 『비노바 바베』를 통하여 알게 되었는데, 거기서 이 파우나르 아쉬람에 대한 이야기도 있었던 것으로 기억된다. 간디 아쉬람은 평원임에 비하여, 비노바의 아쉬람은 평지에서 약간 올라가 있는데 강이 하나 있다. 거기는 이상하게도 모두 바위 투성이다. 물이 가득 찬다면, 바위 위로 흘러야 할 정도다. 간디 아쉬람의 건물이 넓은 땅 위에 여기저기 나무들 사이에 있는 집들로 이루어져 있다면, 여기 아쉬람은 평수가 좁고, 사방으로 건물이 口자를 이루면서 들어서 있다. 그 중간에는 정원이다. 집 자체도 간디 아쉬람에 비하면 시멘트가 많이 들어간 건물이다. 아쉬람 그 자체가 주는 평화로움은 간디 아쉬람에 비해서 못하다. 간디보다 비노바는 훨씬 더 종교적인 인물로 보인다. 가끔씩 영감을 얻어서, 혹은 아쉬람 공사 중에 땅 속으로부터 신상을 발굴했다고 하는데, 그것들을 여기저기에 배치해 놓고 있다. 그가 머물던 방에는 그의 시신을 태운 재를 묻은 대리석 단이 있어 거기다 참배를 한다. 그는 화장을 하되, 재를 강에 뿌리지 말고 땅 속에 묻으라고 일렀다고 한다. 그렇게 땅을 사랑하고 유골마저 땅의 풀과 곡식을 키우는 거름이 되길 바란 것이 비노바의 사상이었다면, 마땅히 그의 유골은 정원의 어느 나무 밑이 더 제격이 아니었을까.

간디 아쉬람과 달리 비노바 아쉬람의 현재 대중은 주로 여성들이다. 마당의 농장(정원) 가득히, 또는 아쉬람 여기저기에서 할머니로부터 젊은 여인들까지 저마다 일들을 하고 있다. 관리 책임자인 듯한, 영어가 유창한 할머니가 우리를 안내했다. 우리에게 『라마야나』를 알고 있는가 묻길래, 그렇다고 했더니 그 이유를 묻는다. 그래서 인도 철학을 가르치는 교수라고 했더니 '아차!(Accha, 영어로는 very good!의 뜻쯤으로 풀이할 수 있는 힌디어다)'를 연발하면서 신나서 설명한다. '비노바의 회고록이 한국어로 번역되어 있어 우리도 읽었다'는 내 말에는 놀라움과 함께 환희의 미소를 지으면서 다른 인도인 방문객에게, 내 말을 그들의 마라티어로 통역까지 해가면서 도무지 끝날 줄을 모른다. 그러면서 급기야 그 할머니께서 물으시길,

"『라마야나』도 알고 간디, 비노바도 읽었다는 당신들은 채식주의자인가, 육식주의자인가?"

아, 여기서도 이 질문을 받는구나! 잘못 대답하면 아니, 사실 그대로를 말한다면 당장의 우리는 물론이고, 우리 민족 전체가 야만인 취급

을 받고 말 것이다. 내가 머뭇거리고 있는 사이, 남의 이목에 예민한 아내가 나선다.

"우리 나라 사람들은 평소에는 모두 채식주의자다. 그런데 특별한 날에는 눈베지를 한다."

물론 아내의 말이 완전히 틀린 것만은 아니다. 한 30년 전만 해도 그렇게 살지 않았던가. 하여튼 그런 속내를 알 까닭이 없는 그 할머니는 또 물으신다.

"그 특별한 날은 언제인가?"

"설날, 추석, 그리고 조상 제삿날 등이다."

감탄하는 할머니를 보면서, 아내의 깜찍한 거짓말이 오히려 잘 했다는 생각도 든다. (정구업진언!) 그들은 저 동방에 '문명국'이 하나 더 있다고 생각하리라.

다음으로 암베드카르 박사가 불교도로 개종한 장소로 갔다. 즉, 불가촉천민의 지위 향상이 힌두교 체제 내에서는 불가능함을 절감하고, 자신이 이끄는 불가촉천민 수십만 명(50만으로 추산되고 있다)을 데리고 함께 불교로 개종한 장소다. 이 때가 1956년 10월 14일이었다. 지금 이 곳은 일본산 묘법사, 즉 일본의 법화계 종단에서 세운 평화탑이 서 있다. 넓은 평원에 자리하고 있는데, 많은 인도인들이 구경하러 왕래하고 있다. 제복을 입은 경찰이 지키고 있다. 그런데, 여행안내서『우·간·다』에서는 이 개종지(改宗地)를 '낙푸르' 항목에서 소개하고 있다. 자칫 이 곳을 가기 위해서 낙푸르까지 가야 하는 수고를 쓸데없이 할 뻔 했다. 우리가 헛걸음하지 않게 된 것은 순전히, 세바그람의 간디 아쉬람 사람들이 이 곳을 우리의 순례길에다 묶어준 덕분이다. 고마운 일이다. 그러니까 여행 안내서에서 낙푸르가 아닌 '와르다' 항목에다 넣었어야 할 곳이다.

 일본인 스님이 인도로 국적을 바꾸어 머문다기에 찾았으나, 주승(住僧)은 간 곳이 없다. 아니, 도쿄로 갔단다. 절만 크게 지을 것이 아니라, 살면서 포교를 하든지 아니면 사회 봉사 활동을 하든지 뭘 좀 해야 할 것 아닌가? 우리는 바이샬리에서도 다울리에서도, 그 어디에서도 일본절에서 일본인 스님을 만나지 못했다. 그렇다면 무엇 때문에 거기에 절을 지었을까?

 순례를 마치고 점심을 먹으러 가는 길에 영화관을 지나게 되었다.
 "암베드카르 영화다."

 우리 세 식구와 왈라, 루케스가 함께 점심을 먹고 나서 영화관으로 갔다. 1인당 135루피다. 루케스 표까지 끊어서 들어가니, 벌써 영화는 시작되어 있었다. 말을 모르니, 계속 잠이 쏟아진다. 전반부의 주된 내용은 암베드카르의 수난, 유학 생활, 그리고 불가촉천민에게 금지된 우물의 물 마시기와 힌두사원에의 출입 강행을 두고서 상층 힌두와의 대립 등이었다. 하층 계급의 처절한 저항이 생동감 있게 묘사되었다. 후반부는 주로 불가촉천민 문제에 대한 간디와의 정책 대립이 위주가 되고 있다. (착착은 이 장면들을 보며, 간디 아쉬람에 머물면서 암베드카르 영화를 보니까 좀 미안하다고 말했다.) 그러다가 영화는 바로 이 곳에서의 대규모 개종으로 막을 내리고 있다. 이 라스트 신은 감동적이기조차 했는데, 아내는 관객들 사이에서 팔리어 삼귀의를 따라 외우는 일이 가장 감동적이었다고 했다.

　붓담 사라남 가차미(부처님이라는 의지처로 저는 갑니다.)

　담마 사라남 가차미(부처님 가르침이라는 의지처로 저는 갑니다.)

상감 사라남 가차미(부처님 교단이라는 의지처로 저는 갑니다.)

어제 국제 전화하러 갔을 때 전화 가게에 불상이 모셔져 있기에 의아해 하면서, 예배드린 일이 있었는데 그 배경이 이해된다. 암베드카르 덕분에, 여기 마하라쉬트라 주(그의 고향이자, 주활동 무대)에만 불교도가 500만 정도 된다고 한다. 우린 1차와 3차 여행을 통하여, 뿌네에 있는 그의 기념관을 두 번 방문했으나, 많이 연구되는 것 같지도 않았고 어떤 계승의 움직임이 있는 것 같지도 않았다. 안타까운 일이었는데, 이렇게 영화가 만들어지고 그것을 보게 되었다. 그에 관한 자료를 좀 구해 가고 싶은데 잘 안 보인다. 그에게는 아쉬람도 없다. 역시 유형의 조직이 있어야 하나 보다.

사람이 사기를 당할 때

1월 27일

인도에서 경험한 우유의 맛은 대개 빼어나지만 그 중 백미는 간디 아쉬람의 것이다. 천하일미!

체크 아웃하는 날이다. 우리는 기부금제인 줄 알고 400루피를 주었다. 계산하는 젊은이가 영수증을 쓰는데 3인이 2일 머문 방값으로 180루피를 쓰고, 나머지 220루피는 모두 밥값으로 적는다. 그런 뒤에 합계를 500루피라고 써버렸다. 그래서 할 수 없이 우리는 웃으면서 100루피를 더 주었다. 그러자 다시 '기부금 100루피'라고 세목을 더 적어넣는다. 다른 데 같으면 싸워서 바로잡았을 일이지만, 여기는 좋은 일 하자는 곳 아닌가.

낙푸르 기차역은 거대하다. 기차역 건너편 Ishwara 레스토랑에서 점심을 먹었다. 로티가 기막힌다. 맛있으면서도 태우지 않고 깨끗하게 잘 구운 로티를 만나는 것은 그리 흔한 일이 아니다. 한 개 2루피 하는 로티를 저녁 요기용으로 두 개 더 샀다.

그런데 아까부터 아내는 점심도 제대로 먹지 않고 속을 태우고 있다. 낙푸르에서 하이데라바드로 가는 기차표가 대기자표이기 때문이다. 우리 순번이 28에서 30까지니까, 사흘 전 부사발에서 매표 이후 30명 이상이 예약을 취소해야 우리에게 자리가 주어진다는 얘기다. 아내는 부사발에서 와르다까지 오는 동안에 대기석이어서 애먹은 체험 때문에 더 걱정하고 있는 것이다. 그러나 그 경우에는 낮이었고 3시간의 짧은 거리여서 별 문제 아니었지만 낙푸르에서 하이데라바드까지는 588km, 14시간의 장거리인데다 무엇보다도 밤 시간이다.

"자리가 아들 것 하나만이라도, 딱 하나만이라도 났으면…."

하며 애태우고 있다.

점심을 먹고, 예약 센터(enquiry)에 확인을 하니까, 우리 대기 번호가 10에서 12까지로 줄어 있다. 남은 시간은 두 시간. 과연 취소자가 12명 이상 될 수 있을까? 아내는 계속 마음 졸이고 있다. 걱정한다고 없는 자리가 생기는 것도 아니고, 어차피 시간 되면 알게 되는 것 아니겠냐고 아무리 안심시켜도 아내는 계속 걱정이 태산이다. 만약 끝내 자리가 없다면 어떻게 해야 하나? 아들은 의연하게 말한다.

"자리 없어도 그냥 타고 가요. 화장실 앞에서라도 침낭 펴고 자면 되죠."

그러나 아내는,

"자리 없으면 가지 말아요. 여기서 하룻밤 자고 어디든지 자리 있는 곳으로 갑시다. 짐도 처리하지 못 해요."

내 속마음은, '그냥, 가 보자'는 대책없는 소리로 가득하였다.

이러는 사이, 우리가 타고 갈 기차(Dakshina Exp.)가 들어와서 멈춘다. 우린 어떻게 해야 하나? 플랫폼에 검표원들이 나타났지만 확인하는 데는 실패했다. 이 때 아까부터 자기를 따라오면 자리를 구해주겠다고 해결사를 자처하는 남자가 있었는데, 다시 나타났다. 그는 붉은 상의의 짐꾼(porter)인데 호시탐탐 집요했다. 짐꾼들은 기차가 들어오면, 저마다 바삐 움직인다. 그러나 그는 오늘의 '다크시나 익스프레스'는 포기하고 만다. 힘 안 들이고 오늘 일당의 몇 배를 벌어들일 궁리를 아까부터 해왔기 때문이다. 아까는 한 마디 대꾸도 안했지만, 이제 사정은 급박해졌다. 정차한 저 기차가 언제 기적을 울려댈지 모르는 일이다. 침대 없는 2등 침대칸을 타느냐? 아니면, 그냥 포기하고 낙푸르에 남는가? 내가 결단을 내려야 한다. 아무리 아내가 뭐라뭐라 해도 이런 순간 결단의 몫은 언제나 나의 몫이다. 아, 사람이 사기를 당할 때가 이때이다. 요행수를 바라다니, 그 욕망 속에 사기꾼이 파고드는 법 아니던가? 그 점을 잘 알고 있는 우리다. 그러나 나는 결단하고 만다. '그래, 이 자를 한 번 따라가 보자. 하는 양을 한 번 보기로 하자.'

그가 우리를 데려간 곳은 또 다른 검표원(collector, 검은 양복 상의에 명패를 착용하고 있다)이었다. 우리 표인 2등 침대칸(second sleeper)보다 등급이 높은 A/C 3 tier를 타라는 것이다. 좋다고 했더니, 600루피를 내라고 했다. 지갑에서 600루피를 꺼내서 손에 쥐고만 있었다. 그랬더니 정작 검표원은 3 tier는 좌석이 없다면서 1등칸(First Class)을 권한다. 차액 1500루피를 내라고 한다. 검표원의 말에 잠시 망설이다가 좋다고 했다.

  그 때 그 짐꾼 남자는 600루피를 일단 달라고 한다. 그래서 나는 주고 말았다. 그 돈을 손에 쥔 그는 우리를 데리고 기차에 올라 좌석을 안내해 주고는 내린다. 내가 왜 그 때 돈을 주었을까? 아무래도 그의 손에 돈을 쥐어준 것은 잘못이라는 생각이 퍼뜩 들어 그를 따라가서 객차에서 내리려는 그를 불러 세워 돈을 내놓으라고 소리쳤다. 그러자 그가 600루피를 내놓는다. (왜 그는 도망치지 않고 순순히 돈을 내놓았을까? 모를 일이다.) 600루피를 되찾은 내가 100루피 한 장을 그에게 준다. (객실에서 인도인 중년 신사 한 분이 나와서 그에게 뭐라고 야단을 친다. 지금 내 기억에 그가 600루피를 내게 준 시점이 그 신사분의 꾸지람 이전인지, 아닌지 분명치 않다. 아무튼 돌려받을 의지가 그분 출현 전에 내게 있었음은 틀림없었다. 그렇지만, 그분 역시 고마운 분임에 틀림없다. 정신을 바로잡고도, 제대로 인사도 드리지 못 했다.)

  1등칸은 우리로서는 처음 경험하는 일이다. 오늘 배운 것은 웨이팅 리스트였다가 자리가 없으면, 검표원을 통하여 등급을 올려서 자리를 구하고 그 차액을 지불하면 된다는 점이다. 검표원이 우리 방에 와서 요구한 차액은 1220루피였다. 처음의 1500루피보다 줄어든 것은, 아들이 반값으로 계산되었기 때문이다. 정확한 그의 일 처리에 감사하는 마음이었다. 아내의 표정은 아직 제 얼굴이 아니다. 긴장이 풀어져야 하는데, 아직 시간이 필요한 것 같다. 올드 델리 역에서의 '중구난방' 사건 이후 처음 겪는 어려움이었다. 안도의 한숨을 쉬지만, 소화 안 될 것 같다며 저녁도 안 먹고 잔다.

  1등칸은 한편에 2 tier(침대가 상하로 2개 있는 방식)이어서, 침대의 너비와 높이가 2등 침대칸보다 넓고 높다. 당연히 더 편안하다. 뿐만 아니라, 4인의 침대를 넣어서 하나의 방이 되도록 해놓고 출입구에 문을 달아놓고 있다.

우리 외의 동행은 하이데라바드까지 간다는 아비나쉬 네마(Avinash Nema)다. 그 역시 등급을 높여서 이 자리에 온 것이다. 그러니까 고급의 자리는 여유가 있는 셈이었다. 부인과 아들 둘은 사트나(Satna)에 산단다. 내가 '인도철학과 문화를 가르치는 교수'라고 소개하자, 특별한 친근감을 표시한다. 의사였던 아버지는 지금 은퇴하고, 실용적 베단타(Practical Vedanta) 계통의 힌두교 아쉬람(본부:뭄바이에 소재)을 위해서 봉사하고 있는데 '쿰브멜라'에 참여키 위해서 알라하바드로 갔다고 한다. 내가 물었다.

"거긴 3천만 명이 모인다는데 그 많은 사람들이 어떻게 먹고 어디서 자는가?"

그는 인도인의 'no problem정신'에 그 모든 것을 해결할 수 있는 힘이 있는 것 같다고 한다. 업설에 의지한 체념과 인내에 탁월한 소질을 보이는 인도인들, 우린 지금까지 그러한 면을 비판해왔다. 그런데, 거기에 바로 '인도의 힘'이 있다. 그래서 그들은 자력갱생(이건 모택동식 사회주의의 중국이 추구한 것과 다른 것이다. 모택동은 그것을 위해서 중국인의 삶과 역사 전체를 개조하는 실험을 해야 했고, 거기서 그가 '졌다'고 판정되지만 인도는 그러한 실험이 불필요하다. 이미 생활이므로.)할 수 있고, 그렇기에 오늘 이 세계에서 누구보다도 자존심 세우고 당당한 처신을 하고 있는 것이다. 이러한 '인도의 힘'이 미국 중심의 신자유주의와는 다른 길을 제시하고 있는 것인지도 모르겠다. 그런 생각을 하게 된다.

모두 9시도 안 돼서 피곤한 몸과 마음을 침대에 뉘였다.

호수 속에 서 있는 부처님

1월 28일

기차에서 눈을 뜨니 세쿤데라바드 역이다. 우리 기차표는 하이데라바드 역까지 갈 수 있는데, 짐을 주섬주섬 다 챙기도록 기차가 움직이지 않는다. 그래서 아예 세쿤데라바드 역에서 내리기로 하였다. 우리가 여행 안내서에서 보아둔 '야트리 니바스'가 가깝기 때문이다.

야트리 니바스는 안드라프라데쉬 주 관광청(APTTDC)에서 운영한다. 호텔 외에 큰 채식 식당과 논베지 식당, 그리고 술집(bar)까지 갖추고 있다. 호텔 객실은 깨끗하고 TV가 있고, 온수가 항상 나온다. 에어컨 없는 더블 룸이 550루피다. 우리가 따뜻한 물에 샤워한 것이 언제였던가? 밤 기차를 타고 온 피로와 먼지를 따스한 물로 씻어냈다. 어디나 다 그렇겠지만 '돈이 좋다'는 속물적 정의를 인도만큼 되뇌이게 하는 곳도 많지 않으리라. 돈에 따라서 철저하게 차별화하고 있기 때문이다.

TV를 보는데, 구자라트 주에 지진이 났다는 뉴스가 나온다. 지속적으로 보도하는 것으로 보아 피해가 심각한 것 같다. BBC와 CNN을 켜니, 지진이 난 부즈(Bhuj)의 참혹한 화면이 가득하다. 인도 방송 채널에서도, 그 두 방송사의 자료 화면을 보여주며 피해 상황을 전한다. 한국에서들 걱정하겠다.

골콘다 성으로 가기 위해 호텔에서 세쿤데라바드 역까지 릭샤로 가서 역 앞의 시내버스 정류장에서 5M번(5번도 간다)을 탔다. 시내버스의 종점인 메디파트남(Mediphatnam)에서 내렸는데 거기서 6km다. 릭샤를 타고 둘러본 산성은 대단했다. 요새라는 점에서는 더울라타바드와 비슷하지만 터 자체가 그보다 넓다. 골콘다 포트 정상에서 오른쪽 아래로 보이는 건축 구조물들이 감탄을 자아내게 한다. 성벽 안에 겹겹으로 형성된 공간이 기가 막힌다. 마치 탐험 영화 같은 데서 어두운 동굴을 지나면 눈 앞에 햇살이 비치면서 넓은 세계가 나타나는 것 같다. 구중심처, 구중궁궐 또는 첩첩궁중이란 말이 여기에 해당하는 것 아닐까?

이 성은 무굴제국의 회교 세력에 대항하기 위해 힌두층 지배자들이 쌓은 것이다. 그리고 보니 이제까지 우리가 경험한 성들은 모두 이슬람과 관련돼 있다. 그들을 막기 위해서거나, 그들이 힌두를 지배하기 위해서 세운 것이기에 말이다. 그러고 보면, 인도 역사에 있어서 이슬람의 침입은, 힌두 입장에서는 치욕일지 모르지만, 그 나름의 도전과 활력을 심어준 것으로도 평가할 수 있으리라. '이슬람과 싸워본 덕분에 힌두가 그래도 저항 정신을 몸에 익혔을 것'이라고 아내는 말한다. 수긍이 간다. 그러나 이렇게 난공불락으로 보이는 성들이지만, 예외없이 무너지는 것을 보면, 의상 스님의 말씀이 생각난다.

"백성들의 마음을 얻으면 땅에 줄을 그어놓더라도 백성이 넘지 않을 것이다."

이 말씀에 문무왕이 성 쌓기를 그만두었다고 하지 않던가. 옳은 말씀이다. 그러나 권력을 욕심 내는 인물들이 부지기수였으니 어쩌랴? 문제는 그렇게 해도 성은 무너지고 말았으니 저 성들을 쌓을 때 피땀 흘린 백성들의 노고는 어디 가서 보상 받을 수 있으랴?

구자라트 주의 지진 뉴스는 사상자가 2만 명에 이른다고 보도하고 있다. 사건 사흘째라고 하니, 26일 금요일(Republic Day:인도의 국가 공휴일) 낮에 일어났다는 이야기다. 가장 큰 피해지인 부즈는 못 가 보았으나, 아마드바드와 바로다는 우리도 가 본 곳이다. 피해가 최소화되었으면 싶다.

1월 29일

하이데라바드는 세쿤데라바드와 하이데라바드의 합집합이다. 우리가 머무는 야트리 니바스 호텔은 세쿤데라바드 구역이다. 한적함은 있으나, 관광하기에는 하이데라바드 구역에 호텔을 정하는 것이 편리하다.

세쿤데라바드와 하이데라바드 사이에 후세인 사가르(sagar, 호수라는 뜻이다)라는 큰 호수가 있다. 호수를 보자 가슴이 확 트여온다. 바람이 불 때 수면이 일렁거리는 모습이 장관이다. 아름답기 그지없다. 세쿤데라바드에서 하이데라바드 쪽으로 차를 타고 달리는데 오른쪽 호수 속에서 부처님이 나타난다. 손모양(手印)이 생소하긴 하지만 큰 불상이 우뚝 솟아 있다. 오른손은 위로 들어올리고 왼손은 밑으로 내리는 것이 통인(通印, 여원인+시무외인)인데, 이 부처님은 왼손마저 마치 책이라도 들고 있는 것처럼 들어올리고 있다. 그래도 반갑기 그지없다. 지금 이 인도 땅에서 박물관에서가 아닌 곳에서 부처님을 만나다니! 우리 가족은 차 속에서 부처님께 합장 배례했다. 무슨 이유로 호수에 불상을 모시게 되었는지는 알 수 없지만 우리로서는 고마운 일이다.

세쿤데라바드에서 하이데라바드 쪽으로 가는 길의 왼편(호수를 오른편으로 끼고 달릴 때 도로의 왼편)에는 이 지역 인물 26인의 동상이 같은 형식으로 연작을 이뤄 서 있다. 누가 누군지, 차 안에서는 그 이름이 보이지 않지만, '참, 인도 사람들은 순수하다'는 생각이 든다. 인도만큼 동상 많은 나라도 드물 것이다. 사람을 우러르고, 아끼고, 숭배하고, 본받고자 하는 마음은 그만큼 순수하게 보인다. 우리로서는 이미 잃어버린 마음이다.

'사라 장 박물관'을 갔다. 사라 장(Salar Jung) 3세라는 이 지역의 수상을 지낸 인물이 수집한 전시품들을 분류해 놓고 있다. 분류와 전시는 바로다 박물관보다 정연한 느낌이지만 나로서는 아무 감동도 놀라움도 얻지 못하고 말았다. 어제 골콘다 포트는 명불허전이라는 속담이 진실임을 증명하였으나 오늘 '사라 장 박물관'은 명불허전도 가능함을 보여주고 있다. 세계 여러 나라(일본, 중국, 이집트, 중앙 아시아, 유럽 등)에서 수집한 전시품들이 주류를 이루고 있는데, 인도가 아니면 볼 수 없는 것들은 상대적으로 너무나 적어서 실망스러웠다. 인도에 사는 인도인에게는 그 같은 박물관도 의미 있겠으나, 인도를 배우고 느끼기 위해 고생을 사서 하는 우리에게는 별 의미가 없다. 외국인 어린이에게는 어른과 동일하게 150루피를 요구하는 (인도인은 어른이 5루피, 어린이는 무료) 박물관의 입장에 '저항하느라' 입장을 포기한 아내가 현명하다는 생각마저 든다.

"아빠, 불상이 없으면 어떡해요?"

"글쎄, 있겠지."

이 지역은 간다라, 마투라와 함께 '안드라 양식'의 불교 미술을 꽃피운 바로 그 땅 아닌가?

"그래도 없으면 어떡해요?"

"할 수 없지, 착착이는 어떨까?"

"할 수 없지요. 그렇지만 조금 섭섭할 것 같아요."

A.D. 2세기에 출토된 간다라 양식의 불상과 미륵 보살상 각 1구, 19세기에 라자스탄에서 대리석으로 조각한 와불(臥佛) 1구가 있을 뿐이었다. 지역의 박물관에서 우리가 확인하고 싶은 것은 그 지역 출토 유

물을 통한 그 지역의 불교사가 아니던가? 그러나 '사라 장 박물관'에서는 익슈바쿠(Ikshvaku)시대 불상 즉, 안드라 양식의 것으로는 입불(立佛) 1구가 고작이었다. 상호가 간다라와 마투라와는 또 다르다. 간다라와 같이 서양적이지도 않고, 마투라와 같이 이상적이지도 않고, 드라비다족의 얼굴이 많이 반영된 것으로 보인다.

아내는 더 이상 박물관 순례를 원치 않는다. 그게 그것 아니냐는 것이다. 대신 엊그제 우리와 함께 기차를 타고왔던 아비나쉬 네마의 사무실에 찾아가 보자고 제의한다. 그래서 찾아간 'My Home' 그룹의 한 계열에 속하는 시멘트 회사에 우리는 놀라고 말았다. 너무나 바쁘고 활기차게 돌아가는 또 다른 인도의 모습을 본 것이다. 네마는 책상 위에 컴퓨터 하나 놓고서 일을 보고 있었다. 아내는 인도가 머지않아 세계 최강국이 될 것이라는 전망을 되풀이한다. 아아, 그렇게 될 가능성이 충분하리라. 그들의 'No Problem 정신' 위에 그 같은 활기찬 첨단 기술이 결합된다면 인도는 누구도 넘보기 힘든 거대한 공룡이 될 것이다. 나도 그렇게 생각한다.

"우리 민족 칠천만과 인도 사람 삼천오백만이 싸우면, 절대로 우리가 못 이길 것이다."

"왜요?"

아들의 반문이다.

"No Problem 삼천오백만과 싸워서 Problem 칠천만이 어떻게 이기겠나?"

아내와 아들 모두 내 말에 웃음을 터뜨린다. 다시 나의 부연 설명이 이어진다.

"싸움에서도 잘 때리는 사람이 이기는 것이 아니다. 아무리 잘 때리는 사람도, 맞고도 일어나고 맞고도 일어나는 사람을 도저히 못 이기는 것과 마찬가지 이치다."

우리 나라가 No Problem이 되는 것은 불가능하다고 나는 판단한다. 'No Problem 정신'은 불편을 참을 수 있는 정신인데, 우린 결코 조그마한 불편도 참으려 하지 않기 때문이다.

나가르주나 콘다에서 기가 막혀

1월 30일

신문은 구자라트 지진 사상자 수가 3만 명에 이른다고 보도한다. 부즈에서만 만오천 명은 죽었을 거라고 한다. 보통 일이 아니다. 그래도 인도인들이 합심하여 신속하게 구원과 복구에 나서고 있다. 불행 중 다행이 이어졌으면 싶다. '삼풍백화점 붕괴' 사고 때는 15일을 견디고 생환한 친구들이 있었잖은가? 많은 생존자들이 나타나길 기도한다.

시외 버스 정류장(APSRTC)에서 9시 30분에 출발하는 디럭스 버스를 탔다.(1인당 85루피) 버스는 기차와는 달리, 어린이 요금 적용이 잘 안 된다. 되다가 안 되다가 들쭉날쭉이다.

하이데라바드에서 나가르주나 사가르까지 4시간 20분이 걸렸다. 우리가 경험한 길 중에서 가장 도로가 시원스럽고, 우리가 타 본 버스 중 가장 좋은 버스다. 차창 밖으로는 간간이 야트막한 산들이 이어지고 있다. 신기한 것은 흙 하나 없어뵈는 순전히 바위로 된 산이다. 고추밭이 많다. 빨간 고추를 수북히 산처럼 쌓아 놓고 있는 모습도 보인다. 안드라 프라데쉬 지방의 기후와 토양이 우리 나라 여름과 유사한 것으로 보인다. 우리 할머니, 허황후(가락국의 김수로왕의 비)가 이 안드라 프라데쉬나 타밀나두와 같은 남인도에서 건너왔다고 하더라도, 설득력이 있을 것 같다.

나가르주나 사가르에서 나가르주나 콘다로 가는 배의 선착장으로 가는 길 왼편에, 호수를 보면서 호텔 Punnami(APTDC소속)가 있다. 더블 룸이 500루피다. 깨끗하게 관리되고, 온수도 나오고 TV가 있다.

짐을 갖다 놓고, 선착장에 가서 배표를 샀다. 어른 40루피, 어린이 25루피. 그리고 박물관 티켓이라며 외국인은 1인당 5달러인데 사야 한단다. 그래서 박물관 입장료는 섬에 가서 사겠다고 해도 막무가내다. 어린이도 5달러다. 아내는 안 간다고 자기 표는 사지 말라며 이미 샀던 자기 배표 40루피를 되물리러 간다. 그랬더니 배표 파는 이와 선착장 개찰구의 관계자가 자기네끼리 뭐라고 하더니 그냥 박물관표 2장으로 배 타러 가라고 한다.

나가르주나 사가르는 참 평화스럽다. 우리 가족은 저마다 침묵에 잠겨서 상념에 젖는다. 한없는 평화를 느낀다. 이런 평화가 한국에 가서도 이어지길 빌어본다. 45분쯤 걸려서 섬(나가르주나 콘다)에 도착했다.

그리 넓지 않은 섬이다. 댐을 만들면서 이 지역이 수몰되자, 이 작은 섬에 박물관을 짓고, 이 곳의 출토 유물을 모아서 전시해 두었다 한다. 발굴은 1927년 이후, 몇 차례 이루어진 모양이다. 정원이 잘 가꾸어져 있는데, 이것은 근래의 인공이다. 그런데 박물관 앞에서 우리는 입장을 제지당하고 말았다. 박물관 입장권을 사라는 것이다. 우리는 이미 5달러짜리 외국인 차별요금 입장권을 사지 않았던가? 인도인은 그냥 배표만 사고 우리는 미화로 5달러짜리 표를 사서 이 섬까지 온 것인데 도착해서 다시 2루피짜리 입장권을 또 사라고 한다. 아내가 가만 있을 리 없다. 어지간하면 그런 아내를 만류하던 나도 같이 흥분하였다. 5달러짜리 티켓을 구기면서 거세게 항의한다. 그러나 그들이 무슨 잘못이랴? 이미 정해진 제도가 그런 것을. 그들은 우리의 분노를 이해하면서도 2루피 표를 사라고 말한다. 알고 보니 그 5달러짜리 티켓은 나가르주나 콘다 안의 박물관 입장권이 아니다. 그것은 다만 '나가르주나 콘다의 언덕과 그 곳에 있는 고대의 유물들'을 볼 수 있는 티켓이다. 박물관은 제외이니, 5달러는 바로 '착륙비'인 셈이다.

  2루피는 우리 돈으로 60원 정도, 3명이 합 180원이다. 그러나 우린 그 180원 때문에 항의한 것이 아니다. 그들의 불합리, 또는 외국인 차별 정책에 대해서 분노한 것이다. 박물관 요금이 별도라고 한다면, 그 티켓에 'except museum'이라고 적어 놓아야 했을 것이다. 아니면 우리의 심사가 조삼모사인지는 몰라도, 박물관 입장료 5달러에 정원 입장료 2루피라고 했다면 차라리 화가 덜 났을 것이다. 아니다. 그렇게 했더라면 아내처럼 정원에는 입장하지만 박물관 입장을 포기할지도 모를 외국인이 있을까 봐 그랬을까? 우리 같으면, 그 어디에 붙였거나 이미 5달러(230루피)를 받았으면, 다시 2루피를 더 요구하는 것이 손님에 대한 예의가 아니라고 생각할 것이다. 아무튼 우리는 저들의 사고 방식에 다시 한 번 백기를 들고 만다.

  그러나 우리도 2루피를 더 지불할 수는 없다. 농성과 항의가 이어지자, 한 인도인이 나서서 우리의 하소연을 듣고 중재하다가 합치점이 없자, 나를 티켓 매표소에 데리고 가서 자기 돈으로 티켓을 끊어준다. 그는 하이데라바드에 사는 농업경제학 강사인데, 대학생을 인솔해서 구경왔던 것이다. 그나저나 이제 인도 오기가 정말 쉽지 않을 것 같다.

나가르주나 콘다 박물관의 질적 수준은 녹야원이나 마투라 박물관에 결코 뒤떨어지지 않는다. 소장품 중 약 80% 정도는 불교 조각들이다. 탑문의 기둥이나 난간을 가로지르는 막대기(bar)에 부처님의 일생이나 전생담(Jataka) 등을 새겨놓았다. 기가 막힌 예술 작품들이다. 불상은 입상이 많다. 상호는 간다라 불상과는 확실히 다르고, 마투라 불상과 비슷하다고 하겠다. 아무래도 양자 사이의 영향 관계가 있는 것 같다. 이 안드라 불상은 익슈바쿠 왕조(A.D. 3세기) 시대의 작품이라 한다. 이 때는 대승불교 경전 중에서는 유식·여래장 계통 경전이 한창 제작되던 시기다. 아직 관세음보살과 같은 보살신앙(밀교적 영향이 강한)이 등장하기 전의 순수한 불교의 모습을 간직하고 있는 것이다.

박물관 한켠에는, 이 계곡에 38개의 사원이 있었음을 모형으로 보여주고 있다. 아련한 느낌이 내 가슴 속을 지나가지 않을 수 없다. 그런 찬란한 불교 문화가 어찌하여 인도에서 사라지게 되었을까? 다시 자문하게 된다. 종래의 해답은, 힌두교와의 관계에서 구했다. 무파(無派)인 불교가 유파(有派)인 힌두교에 동화되었기 때문이라고. 그렇다면 어찌하여 자이나교는 동화되지 않을 수 있었는가? 아침에 TV에는 JAIN방송이 나오고 있었다. 그만큼의 영향력을 갖고 있다는 이야기인데, 사원의 양식 등으로 보면 자인과 힌두 사이의 유사성 또한 적지 않게 보이지 않던가. 불교와 힌두교의 관계사를 해명하기 위한 하나의 참조로서 '자이나교와 힌두교의 관계'가 연구되어야 한다는 깨달음을 얻는다.

남인도의 대승불교는 어디로 갔을까

1월 31일

나가르주나 사가르에서 아마라바티로 가는 차 시간표를 물었더니, 대답하는 사람들마다 각각 다르다. 재미있다. 마침내 얻은 결론은 아마라바티로 가기 위해서는 나가르주나 사가르→마첼라(Machela)→군투르(Guntur)→아마라바티(Amaravati)의 노정이어야 한다는 점이다.

아침 일찍 나가르주나 사가르를 떠났다. 마첼라까지는 25km다.(1인당 10루피 1시간 소요.) 사가르 인근의 한 동네에 이르러 차를 돌리는데, 산골짜기 양편으로 각기 사지(寺址)가 하나씩 있다. 아담하고 평온해 보이는데, 결코 작지 않은 규모다. 아, 이러한 절터가 이 지역에 38개나 있었단 말인가. 다시 섭섭한 느낌이 밀물듯이 밀려온다.

마첼라에서 군투르행 버스는 정류장에서 바로 잡아타고 떠났다. 군투르까지 1인당 48루피, 3시간 30분 걸렸다. 도중에 작은 정류장에 몇 번 서기는 했지만, 금방금방 출발했다.

군투르는 꽤 큰 도시라고 생각된다. 하이데라바드에서도 그렇지만, 군투르에서도 버스 터미널은 굉장히 크다. 그리고 질서정연하다.

정류장 앞 길건너 안나푸르나 롯지에 짐을 풀었다. 숙소 1층에는 탈리 식당이 있는데 사람들이 북적북적하다. 자리가 나기를 기다리는 사람이 많다. 인도 식당에서 식권을 사야 하기는 처음이다. 3인에 70루피다. 한 사람당 얼마인지 계산이 안 나온다. 탈리는 푸짐하고 맛있다. 무제한으로 계속 주려고 하지만 처음 받은 것을 다 먹기에도 버겁다. 특히 밥 인심이 후해서, 쌀밥을 얼마나 많이 주는지 고봉으로 두 공기는 됨직하다. 논 농사가 중심인 지역 특성을 반영하는지 모르겠다. 농촌

들녘에는 고추, 목화, 벼 농사가 대규모로 이루어지고 있는 것 같다. 아, 배낭족의 행복이란 배를 주리다가 실컷 배를 채우는 값싸고 맛있는 탈리를 만났을 때다. 그런데 『우·간·다』(p.592)에서는 '나쁘지 않은 탈리 식당 호텔 Sardvar(Rs.8)도 있고, Annapuna Lodge 등의 숙소도 있다'고 했는데, 이 같은 내용을 아마라바티 항목에 넣어 놓고 있다. 마치 두 호텔이 군투르가 아닌 아마라바티에 있는 듯한 인상을 준다. 그러나 그것은 착오다. 안나푸르나 롯지는 더블 룸 250루피에 깨끗하게 잘 관리되고 있다.

호텔에 짐을 놓아두고 아마라바티를 다녀왔다. 버스로 1시간 10분, 1인당 13루피였다. 아마라바티에는 거대한 탑묘, 마하차이티야(Mahachaitya, 높이 32, 지름 50m)가 있었던 곳이다. 지금은 그 터만 남아 있고, 그 옆에 박물관을 지어서 마하차이티야에서 부서진 파편들을 정리해 두고 있다. 이 마하차이티야의 양식은 산치 대탑과는 또 다른데, 전체가 섬세하고 정교한 조각으로 장엄되어 있다. 내용은 부처님 전기와 본생담 등이다. 안드라 양식의 불상은, 마투라 양식과 비슷하지만 하나 틀린 점은 상호가 훨씬 길쭉하다는 점이다. 마투라 불상의 상호가 원형에 가깝다면, 안드라 불상의 상호는 계란형에 가깝다. 대승불교 흥기에 관한 여러 학설 중에는 '남인도 흥기'설이 있다. 그만큼 남인도 지방에 불교가 흥했다는 점을 말하고 있는 것인데, 이 아마라바티 박물관과 나가르주나 콘다 박물관은 그 편영(片影)이나마 엿볼 수 있게 한다.

이제 인도에서의 불교는 '박물관' 속에 정리·보존되어 있을 뿐이다. 박물관은 싫다는 아내의 불평에도 불구하고 계속 박물관 순례를 강행해 온 이유다. 『우·간·다』에서도, 이 아마라바티에 대해서 '전문

가나 그에 필적할 만한 관심이 있는 사람이 아니라면 굳이 방문하는 수고는 참는 게 나을 듯하다'(p.592)고 하였다. 그러나 불교인들만이라도 이 과거의 영화를 확인하고, 현재의 소외도 절감하면서 미래에의 다짐을 새롭게 했으면 싶다.

아마라바티 박물관 입장료는 2루피고, 그 옆의 마하차이티야 유적터는 5루피다. 인도인들은 동산보다 부동산인 땅을 더 중시하는 것일까? 아마라바티 박물관은 아마라바티 버스 정류장에서 하차하지 말고, 조금 더 가서 내리면 왼편으로 박물관 입구로 들어가는 길이 있다.

다시 군투르로 돌아온 것은 저녁 6시 무렵, 밥 먹을 데가 마땅찮아 다시 숙소 1층 식당에서 탈리를 먹을 수밖에 없었다. 그러나 아무리 맛있어도 연속 두 끼를 먹는 것은 모두에게 고통이었으니, 정녕 약으로 알고 먹어야 할 일이었다.

2월 1일

군투르의 박물관(Bhadusree Museum)을 찾아갔다.『우·간·다』에서 '뜻밖의 부수입' 운운할 만큼, 작지만 알찬 박물관이다. 거기다 입장료도 무료이다.

첫째, 나가르주나 콘다, 아마라바티 그리고 여기는 뱀문양 내지 뱀조각이 많다. 뱀의 하반신을 가진 인간상도 등장하고, 하체는 하나의 뱀이지만 상체는 여럿인 뱀도 있다. 그런데 작품 해설은 한결같이 'Naga'라고 되어 있다. 이 지역의 Naga숭배를 알 수 있다. 중국에서 이 Naga를 용(龍)이라 번역했으나 인도에서는 분명히 뱀이다.

둘째, 인도의 다른 박물관에서는 결코 보지 못한 '싯다르타상'이 있다. 출가 이전 부처님의 젊을 때의 모습을 형상화한 것이다. 입상인데,

두 발을 벌리고 있다. 미남이고, 얼굴 가득 미소가 담겨 있다. 다소 장난기가 느껴지기도 한다.

셋째, 이 박물관은 안드라 프라데쉬 주 일대의 불교 사찰, 불교 유적지, 탑이 있던 곳 등을 지도로 정리해 두었으며, 그 곳의 현재 모습은 사진으로 게시되어 있다.

안드라 불상에 대해서 다시 정리해 본다. 일단 키가 크고, 거의 입상이 남아 있고, 재질은 석회석(Lime stone)이고, 편단우견, 현재 남아 있는 것은 오른팔과 왼손의 손가락이 절단되어 있다. 왼손의 수인은 특별하지 않고 자연스레 왼손 위로 감겨 넘어온 가사가 흘러내리지 않게 왼손을 위로 쳐든 형상이다.

군투르에서 비자야와다까지 37km, 버스로 45분 정도 걸렸다. 비자야와다 자체가 방문할 이유를 갖고 있는 곳은 아니다. 그러나 군투르에서 첸나이로 가는 기차가 바로 없기 때문에 비자야와다로 가야 하는 것이다. (오릿사나 캘커타 쪽으로 가더라도 비자야와다에서 기차가 많다.) 그런데 문제는 기차 시간이 되려면 너무나 많은 여유가 생기는 경우다. 대개 남부 인도의 숙소들은 24시간제이므로, 일찍 호텔에서 나와서 갈 데가 없는 경우가 생길 수 있다. 어제 우리가 꼭 그랬다. 저녁 9시 25분 기차에, 우리는 2시가 채 되기 전에 비자야와다에 도착했으니 말이다. 비자야와다 박물관(Victoria Jubilee Museum, 1887년 건립)은 그 같은 경우를 위해서만 의미있는 곳이다. (결코 일부러 찾아갈 만큼 훌륭한 것은 아니다.)

오랜 역사에 비하여 실제 전시품은 빈약하다. 안드라 불상이 하나 있는데, 이를 통해 나가르주나 콘다, 아마라바티, 군투르 등에서 본 불상의 재질이 석회석(Lime stone)임을 알 수 있었다. 소득이라면 소득이다. 그런데 가만히 보면 자이나교의 마하비라상이 많다. 이 지역에서 한때 자이나교가 성행했음을 짐작케 한다. 자인상의 경우, 얼핏 불상과 유사하지만 이내 그 차이를 알 수 있게 된다. 우선, 자인상은 옷을 입지 않은 맨몸이다. 그들이 나체의 수행자이기 때문이다. 또 하나는 부처님의 경우, 육계(肉髻)라고 해서 머리 위에 상투처럼 살 자체가 뭉툭하게 튀어나왔으나 자인상에는 그 같은 특성이 없다. 또 좌상(坐像)의 경우 자인상은 천편일률 선정인(禪定印)을 취하고 있다.

첸나이의 신지학회와 크리쉬나무르티재단

2월 2일

비자야와다에서 첸나이 센트럴까지의 기차(Circar Exp)는 9시간 소요된다. 지난번 묵었던 호텔 블루스타에 다시 투숙했더니, 구면이라 반가이 맞아준다.(더블 룸 350루피)

첸나이의 기후는 지난번 여름과 비슷하게 느껴진다. 지난 여름이 건조했다면 지금은 습도가 더 높은 것 같다. 샤워를 하고, 밤새 기차에서 묻힌 먼지를 씻고나니 새사람이 된 듯하다.

시내 중심가 따즈 꼬로만달 호텔 인근에 있는 피자 코너에 갔다. 모처럼 대도시에 왔으니 그 동안의 허기를 채우고 영양을 보충해야 한다. 저녁에는 한국 식당 '아리랑'을 갔다. 다시 가니 주인 아주머니가 반겨 주신다. 지난 여름에 왔을 때 캉카가 설사 중이라서, 인도 설사약을 사 주신 분이다. 캉카 수술 이야기를 하고, 그 때 고마웠다고 인사 드렸다.

첸나이에 오면 아마라바티의 유물이 소장된 '마드래스 박물관'을 가려고 했으나, 오는 날이 장날이라고 금요일이라 휴관이다. 그 대신 신지학회(Theosophical Society)를 방문키로 한다. 따즈 꼬로만달 호텔 앞에서 시내 버스 29C번을 타고, 아디야르(Adyar) 강을 건너서 첫번째 정류장에서 내렸다. 오후 2시~4시가 되어야 들어갈 수 있다고 들여 보내주질 않는다.

신지학회는 우리가 걸어서 다 둘러볼 수 없을 정도의 넓은 공원(?) 속에 여기저기 집을 지어놓고 있다. 큰 나무들마다 돌에 나라 이름을 써 놓았으나, 우리 나라 이름은 찾을 수 없었다. 도서관에 가 보려고 했더니, '등록된 회원(registered member)'만 된다고 한다. 기숙사에 머무는 것도 그렇다고 들었는데, 너무 폐쇄적이지 않은가 싶다. 신지학회는 근대 인도인들에게 그들의 정신 문화가 세계 최고임을 이야기해 줌으로써 민족의 자존을 찾는데 도움을 준 단체이다. 러시아의 블라바츠키(Blavatsky)라는 여성에 의하여 창시되어서인지, 초기에는 여성 지도자들이 많이 활약했음을 알 수 있다.

그 길로 우리는 다시 아디야르 강 건너 왼편(시내 쪽에서는, 강 건너기 전 오른편)으로 꺾어들어가서 1km 정도 더 걸어간 곳에 있는 '크리쉬나무르티재단(KFI)'에 갔다. 신지학회보다 훨씬 마음이 차분해진다. 큰 나무 밑에는 크리쉬나무르티가 앉았음직한 돌 의자가 하나 놓여있다. 신지학회에서나 여기서나 숲이 건물에 앞선다는 사실을 새삼 깨닫는다. 숲은 그냥 두고 그 사이사이 빈터에, 그만큼의 너비에 맞춰서 건물이 들어서 있다. 이는 오늘 우리의 절이나 가정에서나 배울 일이다.

"여기 한국인이 머물고 있나?"

"아무도 없다."

혹시나 하는 마음에 물어봤는데 역시 아무도 없다.

크리쉬나무르티는 일단 믿음이 가는 분이다. 첫째 어딘가 병약해 보이고, 무슨 병이라도 있는 것처럼 보이기 때문이다. 수행자가, 성자가 어찌 비만할 수 있단 말인가? 둘째, 그는 그냥 의자 하나에 몸을 얹고 이야기하기 때문이다. 그런 그가 말년에 '자유'를 구속할 수 있는 조직(KFI)을 만들었다. 그게 그의 고민이기도 했으리라. '조직(신지학회)으로부터의 자유'는 '개인'을 위해서였으나, 다시 일을 하기 위해서는 '조직'이 필요해진다. 그게 인간 세상이다. 조직 속에서 어떻게 자유로울 수 있는가? 그것은 크리쉬나무르티의 제자들만이 아니라, 모든 이들의 숙제가 아닐까?

언젠가 착착이 물었다.

"아빠, 우린 왜 아쉬람 같은 데 안 가요?"

"아쉬람이나 스승을 찾아가서 묻는다고 하지만, 사실 묻는 자는 이미 그 답을 알고 있다. 우리가 그 답을 몰라서, 속박 속에 괴로움을 느끼며 사는 것이 아니다. 누구나 이미 알고 있다. 어떻게 해야 진정 자유로울 수 있는지를. 문제는 그렇게 알고 있는 답을 행하지 않고 있을 뿐이다. 또 수많은 성자, 수많은 스승들이 무슨 이야기를 하고 있나? 그 이야기는 이미 우리가 알고 있는 이야기다. 묻고 다니는 것은, 오히려 행하지 않음에 대한 핑계 마련일 수가 있다."

여전히, 문제는 '묻고 다니는 일을 하지 않는 나'가 이미 알고 있는 만큼도 행하지 못하고 있다는 점이다. 왜? 자기를 잊지 못해서다.

폰디체리의 오로빈도 아쉬람

2월 3일

우리는 아침을 거르고 서둘러 폰디체리(Pondicherry)행 버스를 탔다.(1인당 42루피, 4시간 소요) 버스 정류장 주변의 여러 호텔들이 이 구동성으로 방이 없다고 한다. 기운도 빠지고, 저들이 우리만 거부하는 것 아닌가 그런 생각도 들고, 불시착한 우주 미아라도 된 듯한 야릇한 기분도 일순간 들었다.

남부 여행을 하기 힘든 원인 가운데 하나가 기차 노선이 적다는 점이다. 그래서 버스를 많이 이용해야 하는데, 짧은 거리는 그것도 괜찮으나 긴 거리는 무리가 따른다. 아무래도 기차 침대칸에서 자면서 이동하는 것보다는 좋지 않다.

버스 정류장 인근의 숙소를 찾아 헤매다가, 마침내 우리는 오로빈도 아쉬람으로 향했다. 처음에는 여행 안내서의 정보에 의해, 아쉬람에 방 구하기가 어려울 것으로 지레 짐작했었다. 그러나 방이 쉽게 얻어졌다. Bureau Central에서 내가 필요한 방을 알아보고, 이름을 적고, 방을 배정해 준다. 우리의 숙소는 '가든 하우스(Garden House)'다. 다시 릭샤로 이동하였다. 하루 숙박비는 50루피, 하루 세 끼 식대는 1인당 20루피라고 한다. 우리는 내일 아침에 뱅갈로르로 떠나야 하므로, 아침만 먹을 수 있다.

이래저래 힘들어 하는 아내는 쉬게 하고 아들과 나만 우선 아쉬람 본부 건물을 찾아갔다. 온통 꽃이다. 마치 화원에 들어선 것 같다. 나중에 알고 보니, 이 아쉬람을 키우고 가꾼 마더(Mother, Mirra Alfassa, 1878~1973)가 꽃 키우기를 좋아하고, 꽃에서 정신적 의미까지 발견한 사람이었던 데서 기인한다. (『The Significance of Flowers』란 저술이 있다.) 정원에 오로빈도와 마더의 시신이 묻혀 있는데 온통 꽃으로 덮여 있고, 수많은 사람들이 이마와 묘에 손을 번갈아 갖다대거나, 묘에 머리를 갖다대고서 기도를 한다. 그 주위에는 시멘트 바닥에 많은 사람들이 앉아서 제각기 명상에 잠겨 있다. 여기서 저녁에는 '명상 모임'도 열린다고 한다.

폰디체리의 오로빈도 아쉬람이 있는 지역은 바둑판 같이 계획된 현대 도시다. 이는 아마도, 이 지역이 프랑스 조계(租界, 다른 나라 땅을 빌려 치안 및 행정을 관리하던 구역)였고, 오로빈도의 위임을 받아 아쉬람을 건설하고 살림살이를 맡았던 마더가 프랑스 사람이었기에 가능한 일이었을 것 같다. 그러나 하수 처리가 불완전한지 냄새가 심하고, 거지들도 많다.

우리가 머물고 있는 아쉬람의 가든 하우스는 3층짜리 건물로 마치 아파트 같다. 내부 역시 화려한 설비는 아니지만 매우 깔끔하게 관리되고 있다. 간디 아쉬람이 인도의 농촌을 기반으로 농촌을 위해서 경영되는 아쉬람이라고 한다면, 오로빈도 아쉬람은 그 같은 인도적 특성이 현저하게 느껴지지는 않는다. 그러면서도 이번 여행을 통해서 내가 찾아본 간디, 신지학회, 크리쉬나무르티, 오로빈도 등의 아쉬람 중에서 가장 조직적으로 왕성하게 활동하고 있는 것은 여기 오로빈도 아쉬람이라는 느낌을 받았다. 그 공적의 많은 부분은 마더에게 돌아가야 할 것이다. 50년이 넘는 세월 동안 이 아쉬람을 키워온 것이니, 그녀의 힘이 어찌 가벼울 것인가.

미라 알파사는 그림을 그리고, 피아노를 치고, 글을 썼던 예술가적 기질 위에 정신 수행을 했던 인물이다. 1920년 두번째로 오로빈도에게

온 뒤, 1973년 작고할 때까지 여기서 살았다. 1950년 오로빈도 작고 이후, 실질적인 아쉬람의 리더이기도 했다. 나는 근대 인도 사상가들을 공부하면서 그들의 뒤에, 혹은 옆에 반드시라고 해도 좋을 만큼 서양인 여자 동반자 내지 제자가 있음에 주목한다. 이들의 역할에 대해서 살펴볼 필요가 있는데, 여기서 놀라운 것은 이들을 믿고 받아들이고 떠받드는 인도인들의 '믿음' 이다. 우리에게는 사람에 대한 그러한 믿음은 부족한 편이라고 생각된다.

2월 4일

오로빈도 아쉬람에서의 1박은 힘겹다. 한 시간에 한 번 꼴로 깨는데 마치 1차 여행 때 아그라 캔트 역의 기차역 숙소처럼 습도는 높고 무덥기 때문이다. 사람 기진하기 딱 좋은 환경이다.

새벽 6시 45분에서 7시 30분까지가 아침 식사 시간이다. 오로빈도에 대한 연구자나 그의 가르침을 따르는 수행자라면 머물기에 좋은 곳이다. 그렇지만 그 같은 뚜렷한 목적 의식이 없는 자에게는 자연 조건(기후, 물, 환경 등)이 그렇게 좋은 곳은 아니다. 특히 이 곳의 미네럴 워터가 좋지 않은 듯, 우리 식구들은 모두가 설사하거나 설사할 뻔 했다.

오로빈도 아쉬람의 식당을 가 보니 부럽다는 생각이 든다. 우리 한국 불교에는 이러한 개방된 공간이 있는가? 신앙이나 종교 여하와 상관없이 머물 수 있고, 매우 저렴한 가격에 먹을 수 있고, 필요한 정보를 모을 수 있고, 참여할 만한 프로그램에 자유로 참여할 수도 있는, 그런 공간 말이다. 그것도 1년 365일 언제나, 그렇게 움직여질 수 있는 곳 말이다.

이 오로빈도 아쉬람 식당의 아침 공양에는 수백 명이 참여한다. 식당 자체가 큰 건물이다. 아침으로는 귀리죽과 갈색 빵 한 쪽, 초코 밀크, 작은 바나나 한 개다. 그런대로 아침은 될 만했다. 설거지는 각국의 자원 봉사자들 수십 명이 맡아서 하고 있다. 수백 명이 각자 개별적으로 설거지하기는 힘들 수밖에 없다. 식사하러 오는 사람이 정말 많다. 이 많은 사람들이 다 어디서 오는가?『우・간・다』에는 이 곳에 게스트 하우스가 4곳이라고 안내하고 있는데, 우리가 머문 '가든 하우스'가 포함되어 있지 않은 것을 보면 네 곳이 넘는 셈이다. 또는 아쉬람의 게스트 하우에 거주하지 않더라도 식권을 구입하면 식사할 수 있다고 하니, 그런 사람들도 적지 않을 것이다. 인도인들도 많고, 어쨌든 부럽다.

간디 아쉬람이 소수의 제자들에 의해서 지켜지고 있는 수준이라 한다면, 오로빈도 아쉬람은 지켜지는 정도가 아니라 뻗어나가고 있는 수준으로 보인다. 그 이유는 무엇일까? 첫째, 간디는 정치・사회적 측면과 겹쳐져 있었는데 정치・사회적 환경이 변하였다는 데서 그 쇠락의 원인을 찾을 수 있다면, 오로빈도의 경우 후기(폰디체리 이주 이후)에 이르면 전기(캘커타 거주까지의 독립 운동기)와는 달리 종교적 차원에서만 활동했기 때문에 그 생명력이 긴 것으로 평가된다. 둘째, 간디 아쉬람이 보다 전통적인 방식으로 운영되고 있어서 시대 변화에 둔감한 면이 있었다면 오로빈도 아쉬람은 그 출발부터가 서구적 취향의 인물에 의해서 근대적 환경 속에서 출발하여 조직, 운영되고 있다는 점을 들 수 있다. 셋째는, 간디가 유목적인 이동의 인생을 살았다면, 상대적으로 오로빈도는 한 곳에 정착한 것으로 볼 수 있다. 그래야 교육과 저술에 시간을 투자할 수 있고, 사상적 계승에 투신할 제자들을 키울 수 있다. 넷째, 오로빈도는 수십년을 폰디체리에 칩거하였다. '보통 사람이 평생 읽을 수도 없을 만큼 방대한 읽을거리를 남겼다.' 이것이 선(禪)

의 숙제다. 선사들은 당대에는 많은 영향을 주지만, 그 어록의 집성에 실패할 경우 사후에는 이내 잊혀질 수 있다는 위험이 있다. 반면, 교종은 '글'로 살아남는다. 오로빈도는 그의 '글'로 살아남은 경우다. 우리에게도 많은 큰스님들이 계시지만, 제대로 모셔지지 못하는 점이 안타깝게 여겨진다.

자이나교 성지, 스라바나벨라골라

2월 6일

어제 폰디체리에서 뱅갈로르로 왔다. 우리는 아침 9시 차를 탔다. 20여분 늦게 출발한데다 꼬박 9시간이나 걸렸다.(1인당 106루피) 중간에 점심 먹느라 한 20분 쉰 것을 빼면, 시동을 끈 일이 한 번도 없다. 사람이 내리고 타면 또 달리기를 9시간, 인도 여행 중 최장 시간 버스 여행이다. 그 동안 아내가 한 일이라고는 자기 자리에 꼼짝없이 앉아 있는 일뿐이었다. 점심은 커녕, 화장실 갈 일 생길까 봐 물 한 모금도 안 마셨다. 여자들에게 장시간의 버스 여행은 고문이나 마찬가지다.

뱅갈로르는 또 확 달라져 있다. 누가 인도를 일컬어 '세계에서 가장 변화가 더딘 나라'라고 할 수 있겠는가? 이제 인도는 시시각각 변하고 있다. 대여섯 달만에 다시 왔는데, 곳곳에 아파트가 새로 들어섰고 거리도 또 달라져 있다. 지난 여름에 머물렀던 호텔 아마르(Amar) 옆에 Sanman Residency Lodge라는 깨끗한 새 건물이 들어서 있어 묵기로 했다. 더블 룸 350루피에 세금 10%를 추가해서 총 385루피다. 깨끗하고 싼 편이다. 숙박계를 쓰면서,

"라즈 쿠마르는 석방되었는가?"

물었더니, 매니저와 옆 사람들이 활짝 웃으면서,

"석방되었다. 어떻게 아는가?"

라즈 쿠마르라는 이 곳의 유명한 영화배우가 어떤 반정부 게릴라에게 납치되어 그 단체의 테러 위협으로 모든 상점은 철시하고 인적마저 없는 유령 도시로 만들었던 그 일이다. 그 때 우리는 너무나 기가 질려 이 도시를 '탈출' 했었다.

오늘은 혼자 자이나교 성지, 스라바나벨라골라를 다녀오기로 했다. 뱅갈로르에서 스라바나벨라골라 가는 길은 잘 닦여진 2차선 아스팔트 길이다. 그 길을 버스는 거의 속도를 줄이는 일 없이 달린다. 중간 경유지인 C.R. Patna까지 3시간이 걸렸다.(요금 49루피) C.R. Patna에서 스라바나벨라골라까지는 차가 계속해서 있다.(30분 소요, 4루피) 뱅갈로르가 주도(州都)인 카르나타카 주는 현재까지 우리가 경험한 주들 중에서 가장 넉넉한 느낌이 든다. 어느 곳에서는 밥짓는 냄새가 흠씬 차창으로 밀려든다. 야자수를 심은 과수원도 처음으로 구경했다.

스라바나벨라골라는 작은 마을인데, 자이나교 성지다. 참 희한하게도 서로 마주 보고 있는 두 개의 언덕(Indragiri와 Chandragiri)은 모두 하나의 큰 바위산이다. 신기하다. 언덕 위에 오르기 편하도록 바위를 깎아서 계단을 만들어 두고, 양옆으로 철 난간을 해두었다. 어떤 곳은 45도를 넘지 않을까 싶을 정도로 가파르기도 했다. 찬드라기리는 하나의 큰 바위 언덕 위에 작은 바위들이 여기저기 모여서 얹혀 있다. 그 바위들이 꼭 코코넛 같다는 생각이 들었다. 나는 먼저 힘이 있을 때 난코스를 오르기로 했다.

인드라기리의 정상에는 돌 벽돌로 축대를 쌓은 사원이 있다. 입구 왼편에 있는 작은 사원을 지나, 조금 더 오른쪽으로 오르면 거기 큰 사원이 나온다. 담장을 이중으로 둘렀다. 밖의 담장 안에 담장이 하나 더 있다. 그 안에 고마테쉬바라(Gomateśvara)상이 있다. 하나의 돌로 만들어진 것으로 보인다. 어디서 어떻게 가지고 왔을까? 높이 17m나 되는 나체의 자이나교 수행자상이다. A.D. 968년에 세운 것이라 한다. 그러니까, 이 상은 자이나교의 창시자 마하비라나 그 이전의 성자였다고 하는 전설적 인물들인 24명의 티르탕카 중의 어느 누구가 아니다. 그들은 고마테쉬바라상을 빙 둘러 있는 회랑에 작은 방 하나씩 차지하고 있을 뿐, 어디까지나 주존(主尊)은 고마테쉬바라상이다.

고마테쉬바라는 왕위 계승 싸움에서 승리한 어느 나라 왕자였는데, 권력의 유혹을 이기고 자이나교로 출가하여 이 언덕에서 수행했다고 한다. 그런 점에서 볼 때, 후대의 출가자를 숭앙하는 데 있어서 불교가 약한 것은 아닌가 생각된다. 고승들의 부도나 진영(眞影)은 있어도, 그 상을 조성해서 모시는 것은 드물기 때문이다.

카주라호에서나 아마다바다드에서 자이나 사원을 가 본 일이 있다. 그러나 어떤 성직자나 의식도 볼 수 없었다. 그런데 오늘은 '살아있는 사원'을 비로소 볼 수 있었다. 고마테쉬바라상 앞에는 한 무리의 재가자들이 경전을 읽고, 불을 피워서 의식을 하고 있었다. 작은 금빛 자인상에 물을 부어주는 관정(灌頂)의식을 흰옷 입은 성직자들이 주관하고, 그 물에 꽃잎을 찍어서 재가 신자들의 머리 위에 발라주고 있었다. 찬드라기리의 사원에서도 확성기에 중계까지 하면서 만트라 염송을 하고 있었다. 실내에는 많은 신도들이 줄지어 앉아서, 무엇인가 외우고 있었다. 힌두교 신자들의 신심에 못지 않은 열정을 자이나교도들도 보여주고 있는 것이다. 작은 석굴 앞에서도, 푸자(puja)를 하고 있었는데 쌀, 씨앗, 코코넛, 바나나, 기름 등잔 등을 잔뜩 어지럽게 늘어놓고 있다. 보드가야의 티베트 불교도들이 하는 것과 같은 내용물이었다.

11시 30분, 한 2시간여만에 두 언덕을 모두 보고서 뱅갈로르로 다시 돌아오는 버스를 탔다. 정확히 3시에 도착해서 호텔에 오니 모자가 기다리고 있다가 반긴다. 두 모자는 우체국(GPO)에 다녀왔단다. 아들이 선생님께 엽서를 보내기 위해 갔는데, 그 곳에서 자칫 사기를 당할 뻔 했단다.

한 60대쯤으로 보이는 인도 노인이, 우체국으로 들어서는 모자를 안내하며 엽서 보내는 것을 도와주더란다. 우표를 사서 붙여주고, 또 엽서를 창구로 갖다주고…. 차림새로 봐서는 상류층으로 보이는데, 왜 이렇게 친절을 베푸는가 생각하면서 그 노신사가 하는 대로 뒀다고 한다.

인도 노인 : 당신은 어디서 왔나. 일본인인가? 인도 루피의 지폐가 있는가? (100루피짜리 동전을 내밀며) 이 동전과 바꾸자.

아내 : (이 노인이 루피를 루피로 바꾸자고 할 리는 없고, 한국 돈을 말하는 가보다 싶어서) 나는 한국인인데, 한국 돈을 지금 가지고 있지 않다. 지폐는 내 남편이 가지고 있다.

인도 노인 : 그게 아니라 당신의 인도 루피 지폐를 이 300루피 동전과 바꾸자는 말이다.

아내 : (동문서답, 가지고 있던 한국 동전 150원을 내놓으며) 내가 가진 한국 돈은 이것뿐이니 가져라. 당신의 친절에 대한 보답이다.

인도 노인: (아내가 내놓은 150원을 자세히 들여다보며) 이것은 일본 돈인가? 당신은 인도 루피의 지폐가 없는가? 나의 동전과 바꾸자.

아내 : (이 외곬수 한국 아줌마는 계속 인도 노인이 '인도 루피 지폐'라고

하는 소리를 뻔히 듣고도 노인이 말 실수를 해서 '한국 돈을 인도 루피'로 잘못 말하고 있다고 착각하면서) 아, 이것은 한국 돈이다. 우리 나라에서는 그렇게 지폐를 가지고 다니지 않는다. 당신의 300루피를 바꿔줄 만한 한국 지폐를 가지고 있지 않다. 우리 나라에서는 신용카드를 많이 쓴다.

그렇게 계속 'Indian Rupee paper!'를 외치는 인도 노인과 '나는 한국 동전만 있다. 한국 지폐는 없다'며, 100원짜리와 50원짜리 동전에다가 국산 볼펜 하나를 내밀며 '안 바꿔도(환전하지 않아도) 된다. 선물이다'를 외치던 아내의 동문서답 시트콤 한 편은 아들이 빨리 가자고 말리는 통에 막을 내렸단다.

M.G. Road로 향해 릭샤를 타고 가다가 아내는,

"인도 돈에 100루피짜리 동전이 어딨어?"

하며 뒤늦게 아들에게 물었다.

"물론 없죠. 인도 동전 제일 큰 단위가 5루피잖아요."

"그럼 그 100루피짜리는 뭐였지? 분명히 100루피짜리였는데?"

그제서야 아내는 아까 그 노인이 자기에게 뭘 요구했는지, 그 상황이 뒤늦게 파악되어 하마터면 사기 당할 뻔했다며 가슴을 쓸어내렸단다. 루피를 화폐 단위로 쓰는 어느 다른 나라의 돈이었을 텐데, 그걸 인도의 루피화 지폐로 바꾸는 사기 행각을 하려다 이 어리숙한 한국 아줌마를 만나 그 노인은 완전히 작전 실패하고만 해프닝이었을 거라고 아내가 얼굴을 붉힌다.

이야기를 듣고난 내가 하도 어이가 없어서 묻는다.

"만약에, 노인이 원하는 게 뭔지 알았다면 어떡했을 건데요?"

"아마 지폐로 300루피를 바꿔줬을 걸요? 인도 화폐에 100루피 동전이 없다는 것도 그 때는 미처 깨닫지 못했었거든요. 또, 노인의 제의를 거절하기 곤란할 만큼 그 노인이 나한테 친절을 베풀었잖아요."

이번에는 착착에게 물었다.

"착착은 그 때 뭐했어?"

"엄마가 작전으로 그러는 줄 알았죠."

우리 세 식구는 또 함께 웃어댔다. 그 노인네는 생각했을지도 모른다. '사기도, 피해자가 어느 정도의 상황 파악 능력이 있고 이익에 솔깃해 있어야 먹혀든다'고. 아무튼 아내는 그 사건으로 인해, 남편의 부재를 뼈저리게 느꼈으며 함께 여행하는 소중함을 새삼 깨달았다니 나로서는 그나마 다행이다 싶다.

돌의 제국 함피

2월 7일

기차(Hampi Exp)는 호스펫에 약 2시간 연착했다. 호스펫 기차역에서 버스 정류장까지 오토 릭샤로 20루피에 이동했다.(호스펫에서 함피까지 13km, 버스 4루피, 30분 소요.)

함피에 도착하자, 숙소의 호객꾼들이 찰거머리처럼 달라 붙는다. 우리 식구들은 무거운 짐을 지고 이리저리 손바닥만한 동네를 헤매기 시작했다. 인구 800여명이라는 이 동네의 숙박 시설이, 만두보다는 낫지만 카주라호보다는 떨어지기 때문이다. 아이까지 있고, 세 사람 빨래까지 해야 하는 우리로서는 화장실 딸린 방을 찾을 수밖에 없다. 좁은 함피 동네를 한 바퀴 다 돌았다. 마침내 호객꾼들에게조차 까다로운 고객이라고 고개를 내젓게 했는지 아무도 우리를 따라다니지 않을 즈음에, 릭샤를 타고 함피 바자르에서 4km 떨어진 까말라푸르(Kamalpur)에 있는 KSTDC(카르나타카 주정부 관광청) 운영의 숙소, 마우리야(Maurya)로 왔다. 수많은 외국 단체 관광객이 출입한다. 부속 식당도 붐비고, 트리플 룸에 380루피다.

"숙소가 잘 잡혀야 편안한 여행이 된다."

옳은 말이다. 식구대로 씻고나서 부속 식당에 가서 탈리로 점심을 먹었다. 이번 4차 여행을 통해서 우리는 탈리의 맛을 알게 되었다. 진작 알았더라면, 그래서 더 많이 먹었더라면 건강과 예산 절감이라는 두 마리 토끼를 다 잡았을 텐데….

릭샤를 타고 아까 우리가 처음 내렸던 버스 정류장 앞 '비루팍샤' 사원에 갔다. 입장료는 겨우 2루핀데 그 2루피가 아깝다는 생각이 든다. 제대로 관리되지 않고, 시커멓지 않으면 시뻘건 색이 건축물 여기저기 묻어 있다. 한켠에는 코끼리 한 마리가 똥을 싸면서 거기 살고 있다. 현재도 제 기능을 하고 있다는 힌두 사원의 모습이 말이 아니다.

"여기가 시바 사원이고, 가네샤(코끼리 머리를 하고 있음)가 시바의 아들이니까 코끼리가 있는 것 아닐까요?"

착착의 분석이지만, 아무래도 어울리지 않는다. 다만 하나 볼 것이 있다면, 그 고뿌람(大門)이다. 아직 깨끗하고 조각이 볼 만하다. 그런데 그것은 2루피를 안 내도 볼 수 있게 되어 있다.

비루팍샤 사원을 보고 왼편의 언덕으로 올라갔다. 거기 이름은 알 수 없지만 (여기 함피에서는 이름이 중요하지 않다.) 많은 부서진 건축들의 잔해와 뼈대들이 남아 있다. 또 허물어지다 만 성도 있다. 허물어진 유적이지만 만두와 함피는 그 분위기가 전혀 다르다. 만두가 쓸쓸

하고 허망하다면, 함피는 그저 놀라울 뿐이다. 그 주변의 자연과 환경이 허물어진 유적을 감싸안고 있기 때문이다. 아, 자연의 신비가 또다시 느껴진다. 어떻게 저렇게 돌들이, 바위들이 쌓이고, 모여들 수 있을까? 무슨 형상이 있는 것은 아니지만 참으로 신비하다.

"돌의 제국이네!"

아내의 촌평이다. 돌무더기 그 자체가 성 노릇을 할 만하다 싶을 정도의 천혜의 요새였으리라. 바위와 돌, 그것들로 이루어진 야트막한 언덕, 이제는 바나나밭으로 변한 땅들, 그 사이사이 아직 고대의 영광을 기억하고 서 있는 석조의 건물 유해들. 함피에서 우리가 볼 것은 그것뿐이다. 자전거나 하나 빌려서, 여기저기 들판 사이로 난 길을 달리다가 햇살이 따가와서 부담스러울 땐 돌 그늘에라도 앉게 되면 저절로 우리 인생살이가 되비쳐 보이지 않으랴.

'칼국수'라고 한글로 씌어진 식당 뉴 웰컴(New Welcome)에 갔다. 한 40여분을 기다려서야 겨우 나왔는데 맛을 보니까, 꼭 티베트 수제비(텐뚝) 국물 같다. 국물은 그런대로 시원한데, 면발은 쫄깃거리지도 길지도 않고 거의 수제비 같다. 내 타박에 아내는 그 정도면 되었지 뭘 '어머니의 손맛'까지 기대하냐고 지청구다. 비록 칼국수 단일 음식이지만 누군가 태극기를 그려서 붙여놓았다. 물론 한국 여행자를 부르기 위해서이겠으나, 그 그려준 이들(세 사람의 이름이 있었다)은 그 순간 조국을, 겨레를 생각했을 터이고, 앞으로 오는 이들 역시 그들처럼 조국과 겨레를 한 번 더 가슴에 떠올리게 하고 싶었을 것이다. 수제비는 40루피다.

함피에는 모기가 정말 많다. 오늘밤 우리는 얼마나 공양을 하게 될지 벌써부터 걱정스럽다.

2월 8일

함피는 하루 아침에 다 둘러보고 말 곳이 아니라, 오늘 조금 보고 뭔가 생각하고, 내일 조금 보고 뭔가 생각할 그런 곳이다. 그러니 얼마든지 머물러도 좋을 곳이다. 마찬가지로 그 같은 느낌만을 가슴 속에 남겨둘 수 있다면 오늘 떠나도 좋으리라 생각되는 곳이기도 하다. 물론, 나는 함피의 구석구석을 살펴보지는 않았다. 한 단면을 보았을 뿐이지만, 그 단면 하나하나 속에 함피 전체가 들어있는 것으로 판단되었다. '아! 함피는 홀로그래피(holography)로구나.' 아쉽지만 내가 하룻만에 함피를 떠나기로 결정할 수 있게 된 배경이다.

호텔 식당에서 간단히 아침 식사를 한 뒤 자전거를 빌려보기로 했다. 호텔에 대여용 자전거가 많다. 그런데 하루나 한나절이나 똑같이 대여료가 70루피라고 한다. 혼자 터벅터벅 걸어서 함피로 가는 길목의 오른편 유적지를 찾아갔다. 한참 걸어가고 있는데 아내와 아들이 릭샤를 타고 뒤따라와서 나를 부른다. '로터스 마할'로 같이 가자는 것이다. 가 보니, 입장료가 10달러나 한다. 전혀 예상치 못한 일이다. 우린 당연히 안 들어간다. 이렇게 외국인의 입장료를 올린 인도 당국자를 불러서, 나는 가상의 대화를 나누었다.

"여기 10달러 하는 '로터스 마할' 보다도, 당신네들이 돈 한 푼 못 붙이는 이 함피의 자연, 저 돌무더기들이 이루는 신비가 더 값어치 있소. 그러니 '로터스 마할'은 안 봐도 좋소."

"당신이 정녕 그렇게 생각한다면, 당신은 10달러를 내도 좋을 것이오. 당신이 찬탄해 마지않는 저 함피의 돌무더기나 자연의 신비에 요금을 물리지 못하기에, 그 대신 이 '로터스 마할'에 들어가면서 그 값을 치른다고 생각하면 되지 않소?"

"그건 안 되오. 그렇게 되면 우리 사이의 거래는 불공정 거래가 되고 만다오. 우리가 모든 값을 다 치르고 나면, 당신들이 우리에게 치를 빚이 남게 될 것이오."

"그게 무슨 말이오? 우리가 무슨 빚을 당신에게 진단 말이오?"

"입장료를 받지 않거나 인도인들과 비슷하게 받을 때에는 당신들은 당신들에 대한 우리의 애정에 값을 지불한 셈이 되오. 그러나 이렇게 배낭 여행객들에게는 큰 부담이 아닐 수 없는 5달러나 10달러의 고액을 거둬들이게 되면, 정작 당신들은 우리의 당신들에 대한 애정에 갚을 길 없는 빚을 지게 될 것이오."

"당신들이 우리를 위해서 무엇을 해 준단 말이오?"

"그렇게 사려깊지 못하니, 이런 분별없는 일을 했겠지요. 생각해 보시오. 여기 인도를 찾아와서 여행하는 외국인들의 대부분은 당신네 나라 '인도'의 그 모든 것을 보다 깊이 이해하게 되고, 보다 사랑하게 되오. 그리고 자기 나라로 되돌아가서 그들이 하는 말과 행동이 당신네 나라를 위해서 얼마나 중요한 역할을 하는지, 정녕 당신은 깨닫지 못한단 말이오? 옛날처럼 당신들이 우리를 '손님'으로 대접할 때, 우리 사이에는 공정한 주고받기가 이루어졌지요. 그러나 이제 그렇지 못하게 되었소. 이건 전적으로 당신들의 책임이오."

"당신들은 여전히 우리의 귀중한 손님입니다."

"아니지요. 예전에는 '손님(guest)'이었으나, 이제는 '고객' 내지는 '달러(dollor)'일 뿐이지요. 이제 당신들은 저 『우파니샤드』에서 말씀한 '어머니·아버지·스승·손님을 신으로 모시라'는 가르침을 배신하고 있는 것이오. 그렇게 생각지 않소?"

"……"

함피로 들어가지 않고 카말라푸라에서 호스펫으로 나오는 버스를 탔다. 탈리로 점심을 먹고 호스펫에서 후블리행 버스를 탔다.(3시간 30분 소요. 1인당 52루피) 길이 가닥(Gadac)까지는 1차선이다. 그러니 속력을 낼 수 없다. 길이 비하르 같지는 않으나 나쁜 편이다. 가닥을 지나면서 2차선이 되었다. 길가에는 가뭄의 흔적들이 심심찮게 보인다. 해바라기, 옥수수는 말라붙고, 땅은 쩍쩍 갈라져 있다. 저 동부의 오릿사 주도 요즘 가뭄이 심하다고 신문에 나고 있다.

후블리(Hubli)는 생각보다 큰 도시다. 버스 정류장이 둘이다. 우리가 내린 곳은 'bus station one'인데, 티베트인의 집단 거주지인 문드곳(Mund행)으로 가는 버스는 'bus station two'에서 탄다고 한다. 'two'가 기차역과 가깝다. 우린 모처럼 『우·간·다』에 의지하여, 기차역 앞 호텔 아잔타(Ajanta)에 왔다.(더블 룸 160루피) 깨끗하게 관리되고 있어 기분이 좋다. 함피의 숙소가 시설에 비해 비쌌음을 새삼 느낀다. 함피의 그 많던 모기를 생각할 때, 후블리의 모기가 아마도 함피에 있는 친구네로 놀러갔던 것 아닌가 싶다. 모기가 거의 없다. 아내는 도시에 하수 냄새가 안 나서 좋다고 한다.

문드곳에서 본 티베트 불교

2월 9일

후블리 인근에 있는 문드곳에는 티베트인 정착촌(Tibetan Colony)이 있다. 우리가 묵는 기차역 앞 호텔 아잔타에 도착하자마자 우린 팥색의 승복을 입은 티베트 스님들과 티베트 사람들을 여럿 만날 수 있었다. 그분들을 붙들고 문드곳 가는 길을 물었는데, 바로 그 앞에서 출발하여 티벳탄 콜로니까지 가는 봉고차(같은 차)가 있음을 알게 되었다. 아침 9시 이후부터 여러 대가 있다고 한다.(1인당 35루피)

아침에 시간 맞춰 나가니, 하나 둘 티베트 사람들이 모여든다. 버스를 탔더라면 더 많은 시간이 필요했을 텐데, 1시간 5분밖에 안 걸린다. 우리가 내린 곳이 No.3이다. 티베트 사원이 있는 곳은 No.1인데, 1km라고 해서 걷기 시작했다. 그러나 실제 느낌으로는 2km는 족히 됨직했다. 사원은 문이 굳게 잠겨 있었는데, 그렇게 크지 않았다. 아, 'No.1'이라고 이름 붙여진 동네의 모든 집들이 (단층에서부터 4층짜리 건물까지) 모두 티베트 스님들의 요사채(hostel)라는 것 아닌가?

"그럼, 여기 사는 스님이 모두 얼마인가?"

"약 4천 명 정도 된다."

나는 결코 우리 나라에서 그렇게 많은 스님들을 한꺼번에 본 일이 없다.

"적어도 티베트 동네에 왔으니, 티베트 스님들께 경의를 표해야겠다고 생각했다. 그러나 그 수에 놀라, 합장 인사는 커녕 손 하나 올릴 수조차 없을 정도로 압도당하고 말았다."

아내의 말이다. 나 역시 마찬가지였다.

우리가 간 그 시간, 스님들은 자유 시간인 듯했다. 저마다 나름대로 시간을 보내고 있었다. 삼삼오오 이야기꽃을 피우고, 골목을 왔다갔다 하기도 하고, 각자의 방에서 신문을 읽기도 하고. 이 No.1이 '가덴(Gaden)'이라고 부르는 일종의 승가대학인 셈이었다.

우린 다시 No.3로 걸어왔다. No.3에서 No.1 또는 No.2까지로 이동하는 데에는 지프가 이용되고 있는데, 우린 No.1의 왕복은 도보에 의

지하였다. 설익은 수박으로 해갈한 뒤, 막 No.2로 출발하는 지프에 나 혼자 뛰어올라 탔다. 지프 뒤에 매달려서 No.2로 가는 동안 같이 매달려가고 있는 왼편의 젊은 티베트 스님과 이야기하면서, No.2의 안내를 부탁하였다.

나왕 따시(Ngawang Tashi)라는 이름의 스님이다. No.2의 중심은 즈레풍 대학(Drepung University, 1980. 5. 6. 설립)인데, 여기에 다시 2개의 대학(college)이 있다. 하나는 고망(Gomang)이라 부르고, 다른 하나는 로셀링(Loseling)이다. 나왕 스님은 로셀링 소속이다. 이 두 캠퍼스 스님들이 함께 모여서 집회하는 주법당을 참배하고, 차례로 고망과 로셀링을 안내받았다. 하루 5~6시간 공부를 하는데, 한낮의 2시간은 자유 시간이라고 한다. 처음에 고망 쪽으로 가니, 한참 공부 중이었다. 한 천 명의 스님이 앉아 있는 중에 앞에는 스승이 높이 앉아 있고, 한 스님이 일어나서 몸을 뒤로 젖혔다가 앞으로 이동하면서 박수를 친다. 그렇게 박수치면서 질문을 한다. 질문을 받은 스님은 앉아서 대답하고, 그 사이에 혹시 스승이 끼어들어서 말하는 경우도 있다. 나왕 스님도 이것을 배운다고 했다. 과목 이름이 '불교 변증론(Buddhist Dialectics)'이라고 했다.

"무슨 이야기를 하는가?"

"행복, 그리고 공(호)이 주제이다."

고망에서 나와서 로셀링으로 갔다. 역시 모든 스님들이 모여서 공부하는 집회장을 보았다. 한꺼번에 천여 명 이상이 앉을 수 있는 거대한 법당이다. 방석 위에는 찻잔이 어지럽게 하나씩 놓여 있다. 정리는 안 하는가 보다. 여기 두 캠퍼스에는 약 3천 명의 스님이 있다고 한다. 총 7천 명의 티베트 스님이 살면서 공부하고 있는 것이다. 날란다 불교대학의 전성시대가 이와 유사했음을 유추할 수 있게 되었다. 나왕 스님은 얼마 있지 않으면, 1년에 1개월씩 주어지는 휴가를 얻어서 가족과 함께 지내기 위해서 집으로 간다고 말한다.

7천 명의 스님들을 어떻게 먹여 살리면서 공부를 시키고 있는 것일까? 전세계 티베트 불교 신도들의 기부에 의지한다는 대답을 들을 수 있었다.

"저 진홍색 승복의 스님들이 없다면, 티베트의 정체성을 어디에서 찾을 수 있을까?"

"없지요."

그렇다. 비록 나라를 빼앗겼으되, 그들이 아직 '티베트'를 지켜가는 원동력은 바로 불교의 힘이고, 그 중심에 달라이 라마가 존재하고 있는 것이다. 그리고 그 같은 티베트 불교의 한 자락을 우린 오늘 보았던 것이다. 여기와 같은 티벳탄 꼴로니가 마이소르 인근의 벨라쿠페에도 있다 한다. 그러나 우리의 감탄은 티베트 불교 자체에서 이제 '인도'로 옮겨가게 되었다. 이렇게 한 지역을 티베트의 난민들을 위해서 내어주고 있는 것이 인도다. 역시 큰 나라가 아닐 수 없다. 우리는 대통령이 노벨 평화상을 받았어도, 선배 평화상 수상자인 달라이 라마의 '포교 목적의 방한' 조차도 중국의 반대를 이유로 받아들이지 못하고 있지 않은가? 티베트를 포용하면서 그들의 삶의 근거지를 보시하고 있는 인도와 너무나 대비되어서 왠지 티베트 사람들 보기가 좀 민망하고 부끄러웠다.

『우·간·다』에는 이 티벳탄 꼴로니가 캠프 원, 캠프 투까지 있다고 했는데 그 사이 'No.9'까지 늘어났다. 숫자는 탄생 순서를 의미한다. 이 지역은 아마도 우리 나라의 한 개 면(面)단위 정도 규모 되는 것으로 생각된다. 행정 사무소, 초등학교(약 100여명), 중고등학교(1000명), 티베트 의학·점성술 연구소, 병원, 우체국, 은행 등의 시설이 들어와 있다. 하룻밤 묵는 것은 사찰에 의지하거나 민박에 의지해야 할 것 같은데, 단시간의 방문을 위해서라면 후블리의 호텔에서 자고 아침 일찍 들어가서, 오후에 다시 나오는 편이 더 바람직하다. No.3의 음식점(유일한 것 같다)은 만두인 모모와 라면 비슷한 뚝빼, 단 두 종류 식단이다. '순육식(pure non-veg)'이라는 아들의 평대로, 모모와 뚝빼, 그 어디에도 야채는 들어가지 않았다. 누린내가 나서 겨우 겨우 다 먹고나니까, 다시 육식은 못할 것 같은 생각마저 든다. 우리가 수박으로 점심을 때운 까닭이다.

돌아오는 길 역시 아침에 탄 그 차를 탔다. 다른 손님이 없어서, 1인당 50루피를 내야 했다. 그래도 편하고 빠르게 왔으니 얼마나 고마운가? 아내 말대로 티베트 부처님의 가피력 덕분인가?

아시아 근대사의 화두

2월 11일

새벽에 일어나니, 아내와 착착이 이미 일어나 있다. 아니 착착이가 차에서 못 내릴까 봐 걱정스러워 아예 안 자려고 했단다.

"아직도 사따르(Satar) 될려면 멀었다. 사따르에서도 뿌네까지는 3시간 넘게 가야 한다."

그리고 다시 3층에 올라가 자려고 했다. 그런데 이내 기차가 뿌네에 도착했다는 것 아닌가? 미리 짐을 준비해 둔 아내 덕분에 우린 내릴 수 있었다. 아, 이놈의 기차가 정시(3시 20분)보다도 20분이나 더 일찍 도착해버렸으니, '연착'을 기원한 우리의 기도는 허망하게 끝나고 말았다.

3시부터 7시까지 우리는 기차역 플랫폼의 의자에 앉아서 추위와 잠과 싸우고 있었다. 뿌네는 낮과 밤의 기온 차(최고 34~36도, 최저 7~9도)가 심한 곳이다. 오래도록 지고다니던 겨울 외투를 끄집어내서 입었다. 비로소 지고 다닌 보람을 맛본다. 아내는 기차역 숙소에 갔으면 했으나, 못 들은 척했다. 인도르 기차역 숙소에 대한 나쁜 기억에다가 어차피 호텔 내셔날(역 맞은편, 우리의 뿌네 단골 호텔)로 갈 것이므로, 몇 시간 고행을 하기로 한 것이다. 그러나 힘들면 말이 아름다울 수 없음을 절감하면서 결과적으로 아내 이야기를 들었어야 했음을 또 느낀다. 호텔 내셔날을 그렇게 믿었건만 빈 방이 없다고 했기 때문이다. 주변의 서너군데 호텔을 더 가 보았으나, 모두 방이 없다고 한다. 꼭 폰디체리에서의 일과 같았다. 할 수 없이, 세금 포함 1,040루피의 거금을 주고 인근의 중상급 호텔로 가야 했다. 일단 부족한 잠을 채워두기로 했다.

틸락 기념 사업회(Tilak Smarak Mandir)로 가 보기로 했다. 지난 번에는 1층에서 대규모의 수공예품 전시회를 하고 있었다. 만약 수공예품 전시회를 한다면 선물을 좀 구입하면 될 것이고, 아니면 1층에 로카만야 틸락에 대한 작은 박물관이 있다고 『뿌네 가이드』(25루피)에 기록되어 있으니, 둘 중의 하나만 볼 수 있어도 괜찮다고 생각했다. 틸락 거리의 S. P. College 옆에 있는 기념관에는 그 전만큼의 규모는 아니지만 전시 판매를 계속하고 있었다. 틸락의 독립 운동 사실이 그려진 벽화들도 있었다. 내가 뿌네 안내 책자를 펴놓고 1층 틸락 박물관이 어디냐고 했더니, 기념품 판매하는 공간 뒤(벽화 앞)와 그 한켠에 책상과 의자 등이 있는 한 평 남짓의 방이 '전부'라고 대답한다. 틸락 기념사업회 건물은 5층으로 큰 건물이다. 그러나 하는 일은 그 크기만큼은 아닌 듯하다.

"틸락의 『기타 라하스야』(기타의 비밀)를 살 수 있는가?"

사무실에 가서 물었다. 틸락은 『바가바드기타』에 대한 해석서 『기타 라하스야』를 통해서, 『기타』 안에 내장되어 있던 행위를 통한 해탈의 길(Karma-Yoga)을 사회윤리적 실천을 위한 원리로 이끌어낸 인물이다. 『기타』의 카르마 요가에 초점을 맞춘 해석은 그가 처음이라고까지 평가된다. 간디, 오로빈도, 비베카난다 등이 모두 『기타』의 카르마 요가를 강조한 것도 그의 영향을 받은 결과이다.

"Kesari에 가보라. 거기는 신문사다. 내일 10시 이후에 가면 된다."

『Kesari』는 틸락이 펴내던 마라티어 신문이다. 지난 번에도 거기 주소를 적었으나 가 보지는 못했었다.

『Indian Revolutionary Movement』(인도의 혁명 운동)란 책을 틸락 기념관에서 사 왔다. 틸락 기념 사업회는 인도 독립 운동에 대한 연구 프로그램을 추진해 왔는데, 그 성과물로서 이 책은 '1857년 남인도의 독립 전쟁(1857 War of Independence in South India)'에 이은 두번째 성과물이다. 저자(Bejoy Kumar Singha)는 간디의 비폭력 노선과는 달리, 폭력 혁명에 의한 인도의 독립을 추구한 인물이다. 그는 '인도가 영국으로부터 독립할 수 있었던 데에는 간디의 비폭력 노선만이 아니라 폭력 혁명의 노선 역시 공헌했다'고 말한다. 어쩌면 그것이 더 공정한 관점인지도 모르겠다. 하지만 우리에게 그러한 역사는 잘 알려지지 않았다.

19세기 말~20세기 초 동양은 중국, 인도 그리고 한국 할 것 없이 모두 서양(제국주의, 자본주의, 기독교)의 충격 앞에 놓여 있었다. 일본 역시 마찬가지였으나, 남보다 먼저 명치유신을 통하여 자기 개혁에 성공한 후 서양 제국주의자를 흉내낸 결과 막대한 역사적 범죄를 저질렀다. 그런 일본을 예외로 한다면(물론 참조하면서 같이 고려할 수도 있다) 동양 삼국(한국, 중국, 인도)의 고뇌는 동일했던 것이 아닐까? 그렇다면 이들 삼국이 보여준 '도전에 대한 응전의 노력과 그 양식들에 대한 비교 연구'가 필요할 것이다. 그럴 때 종전에 보이지 않던 이야기가 보일 수 있다. 우리의 근대사 연구는 중국사와의 비교를 넘어서 인도사와도 비교할 수 있어야 한다. 내가 인도 근대사에 관심 갖는 이유의 하나다. 더욱이 인도 근대사의 뛰어난 지도자들은 모두가 한결같이 '종교인이자 철학자'인 까닭에, 우리 근대 불교사의 인물들과도 비교 연구가 필요한 것으로 본다. 애써 틸락 기념관을 찾아야 했던 이유이다.

2월 12일

호텔 내셔널은 트리플 룸이 400루피다. 지은 지 오래 되어서 방도 크고 천장도 높다. 내가 침대 위에서 맘껏 일어나도, 천장 위에 돌아가는 선풍기를 의식하지 않아도 될 정도다. 문제는 하룻밤 자고 나식(Nasik)을 한 이틀 동안 갔다와야 하는데, 짐을 맡아줄 수 없다는 데 있다. 낮에는 맡아줄 수 있으나, 클로커 룸이 따로 없어서 밤 동안에는 책임을 질 수 없다는 것이다. 그래서 계획을 수정하기로 했다. 나식에는 판두레니 불교 동굴군이 있다. 이 곳은 혜초 스님 역시 방문한 곳이어서, 우리의 관심을 일찍부터 끌어당겼다.

"체크 아웃 했다가, 다시 또 방이 없다고 하면 어떡해요?"

배낭 끌고 다니는 것도 문제지만, 뿌네로 다시 돌아왔을 때의 방 문제 역시 걱정거리다. 결국 우린 나식만 가능하면 당일치기로 갔다오고, '칸헤리'는 다음 기회로 미룰 수밖에 없게 된 것이다. 그러면서 출국일까지 뿌네 생활에서 호텔 내쇼날에 방을 유지키로 한 것이다.

릭샤를 타고 '틸락 박물관'이 있다는 'Kesari'를 찾아갔다. 그 건물의 한 층에 '틸락 박물관'이 있었다. 그러면 그렇지, 박물관이 없을 수가 있나? 틸락의 일생과 활동, 가족과 동료, 저술과 편지 등 그에 관한 모든 것이 모아져 있었다. 1990년대에 건립되었다 하는데, 개막식에는 인도 국민회의(Congress-I) 당수 '소냐 간디'도 참석하였다. 이번에는 아내도 신발을 벗고 들어가 찬찬히 둘러 본다. 인상적인 것은 그의 방이나 만달레이(mandalay, 현재 미얀마) 감옥에서의 방 등이 있었는데, 석고로 제작된 그의 모습이 살아있는 듯한 느낌을 주기에 충분하였다. 그는 이곳 뿌네에서 자라고 교육을 받았고, 이 곳을 무대로 근 40년 동안 독립 운동을 이끌었다.

그런데 그런 그의 박물관에 대한 안내가 뿌네 안내책에도 나와 있지 않았다. 겨우 '틸락 기념 사업회(Tilak Smarak Mandir)'만 나와 있을 뿐인데, 그 곳은 자료가 너무 부족해 누군가 그 곳을 찾더라도 이 '틸락 박물관'까지 찾아오기는 어렵게 되어 있다. 그 점이 아쉽게 생각되었다. 나중에 방명록에 서명하면서 보니까, 하루 방문객이 예닐곱 명 정도 되었다. 그래도 다행인 것은, 연구자들이 찾아와서 'Kesari' 합본을 열람하기도 한다는 점이다. 그에게는 이미 『전집』이 나와 있다. 베다에 대한 책을 지었음도 이곳에 와서 알았다. 『기타 라하스야』와 D.V.Tahmankar가 쓴 전기 『로카만야 틸락』을 샀다.(총 340루피) 이 책을 내주는 사무실을 지키는 사람은 자기를 틸락의 4대 손부(孫婦)라고 소개한다. 가족들은 그 나름으로 자부심을 갖고, 지도적인 가문을 이어 가고자 노력하는 듯하다. 뿌듯한 기분으로 돌아왔다. 뿌네에서 틸락 박물관의 존재를 확인했고, 그 곳에서 틸락을 만났기 때문이다.

숨어있는 부처님을 찾아서

2월 13일

잠이 덜 깬 착착을 앞세우고, 호텔을 출발한 것이 5시 30분이었다. 나식을 가는 날이다.

작년(2000년) 부처님 오신 날, SBS TV에서는 기념 특집으로 개그맨 노정렬과 한 젊은이의 세계 여행을 방영하였다. 캘커타에서 출발하여 『왕오천축국전』이 현존해 있는 파리까지 가는 것으로 그들의 발걸음은 이어졌다. 그 때 아내가 보고는, 나식이란 곳에 불교 동굴이 있었다면서 가 보고 싶어했다.

뿌네에서 나식까지는 209km, 버스로 1인당 110루피, 5시간 30분 정도 걸린다.

판두레니(Panduleni) 동굴은 CBS(Central Bus Station)에서 7~8km 떨어진 곳에 있다. 버스도 있다고 하나, 오늘 중으로 다시 뿌네로 돌아가야 하는 우리로서는 오토 릭샤를 타기로 했다.(55루피) 약삭빠른 젊은 왈라보다는 나이 지긋한 아저씨를 선택하였다. 그런데 이 릭샤 왈라는 운전보다는 우리와의 대화에 더 재미를 내고 있다.

"어느 나라에서 왔는가?"

"일본!"(아까 식당에서 이차저차 기분이 상한 아내가 시큰둥하게 한 대답이다.)

"좋은 나라다. 일본, 어디냐?"

"동경."(일본인도 아닌 내가 머뭇거리자, 아내가 나서서 대답한다.)

"물가가 비싸다고 들었다."

"그렇다."

"일본 화폐 단위가 무엇인가?"

"엔(Yen)이다."

"1엔이 몇 루피냐?"

"1엔이 39루피 정도다."

"일본은 잘 살고, 좋은 나라다. 우리 인도는 희망이 없다(hopeless)."

인도 아저씨의 비극적인 문제 제기가 시작되었다. 처음 듣는 소리다.

"아니다. 인도는 많이 좋아지고, 발전하고 있다."

"종교적 신심은 좋으나, 너무나 가난하다. 하루 10시간씩을 일해도 정직하게 해서는 겨우 세 끼 먹는 것이 고작이다. 모든 시스템이 잘못되었다."

"인도 사람은 늘 'No problem' 이라고 말한다. 희망을 가져라."

"아니다. No problem이 아니라 All problem이다."

할 말이 없다. 인도의 민중들에게서 솔직히 그들의 비관적 인식을 듣기는 처음이다. 희망으로 우리가 살아가는데 희망이 없다면, 비폭력은 불가능해진다. 인도의 폭력 투쟁주의자들이 생기는 까닭 역시 이렇게 희망 잃은 사람들이 많기 때문이 아닐까? 이 릭샤 왈라는 그 길로 나가기에도 너무 늙었지만 말이다.

지평선이 보이는 넓은 평원에 볼록 작은 산이 하나 솟아 있다. 정상까지는 3~40분 걸으면, 이를 수 있을 것 같다. 그 중턱에 허리띠처럼 동굴이 보인다.

"여기서 기다리겠다. 기다리는 데는 돈 안 받는다."

"아니다. 가라. 우리는 시간을 충분히 가지고 천천히 보겠다."

그런데 갈 것 같지 않다. 기다릴 태세다. 그냥 신경 쓰지 않고 올라가기 시작했다. 『우·간·다』에서는 40분 가량 걸어 올라가야 한다(p.660)고 했으나 한 15분 정도 걸으니 동굴이다. 그래도 34~5도 되는 더운 한낮이라서 오르기가 쉽지만은 않다.

동굴 앞에는, 아들의 짐작대로 외국인 5달러를 받는 매표소가 있다. 나는 설마했었다. 여기 나식의 판두레니 동굴은, 외국인들이 즐겨찾는 관광지에서는 벗어나 있다. 그런데 이 외진 곳에도 어김없이 외국인 차별 요금(인도인 5루피, 외국인 5달러)이 우리를 가로막는다.

"불교 동굴이고, 여기까지 애써 왔으니 그만 같이 들어갑시다."

"안 들어가요. 나는 차별 요금 받는데는 안 들어가요. 외국인 차별 요금에 대한 항의 의지를 보여줄 거라구요."

할 수 없다. 그녀의 고집을 어찌 꺾나? 5달러에 상당하는 230루피를 냈다. 아들은 무료다(15세 이하 무료!). 그나마 다행이다. 들어가기 전에 다시 한 번 아내와 그 문제로 이야기하는데, 그들(인도의 모든 곳은 관계자가 많다는 점을 상기해야 할 것이다)도 뭐라뭐라 자기네끼리 얘기하더니 우리에게

"230루피에 세 명 다 들어가라."

(아, 이들이 아내의 희생에 감동받았구나)

"고맙다. 티켓을 달라."

물색없는 심봉사처럼, 내가 입장권을 요구했다.

"티켓을 끊으려면, 저 어린이와 당신 둘만 들어가라."

그제서야 상황 파악이 되기 시작한다. 이들이 우리 가족 모두를 들여 보내주는 조건으로, 그 230루피를 착복하려는 속셈이구나. 우리는 잠시 망설임 끝에, 그들의 정의롭지 못한 타협안에 동의하기로 했다. 부정에 협조한 셈이다. 아, 이리하여 오늘 아내는 희생 번트를 대고 죽는 운명이 아니라, 포볼 혹은 몸에 맞는 공으로 1루(나식 동굴)까지 진루하게 된 것이다.

나식의 판두레니 동굴 사원은 B.C. 2∼A.D. 1 세기에 걸쳐서 조성된 사원이다. 상좌부 불교에서 이룩한 업적이다. 우리는 지난 3차 때 방문한 바 있는 '칼라 석굴'이나 '바제 석굴'과 같은 규모가 되지 않을까 하고 짐작했었다. 그러나 그것은 완벽한 오산이었다. 모두 24개나 되는 대규모 동굴 사원이었기 때문이다. 『우·간·다』에서는 '그 중에 3, 10, 20번의 동굴들과 신전이었던 18번 동굴이 흥미 있는 것이다'(p.660)라고 하였다. 이들 외에도 의미 있는 동굴을 많이 만날 수 있었다. 하나 하나 그 대강을 정리해 두기로 한다.

· 2번 동굴 : 설법인(說法印)의 수인(手印)을 한 3구의 붓다상이 있다. 좌우로 협시보살과 비천상이 있다. 무엇보다도 이 동굴이 인상적인 것은 입구의 벽(안쪽으로 우측 벽면의 부조)에 새겨진 작은 부처님 때문이다. 순례자들의 발걸음을 붙잡고, 저절로 탄성을 발하게 한 것은 바로 이 작은 부처님의 미소다. 웃는 듯, 웃지 않는 듯한 미소다. 평화롭기 그지없다. 마치 무슨 보배라도 발견한 듯 갑자기 우리는 발길을 멈춰서 합장하고, 이 동굴 안으로 빨려들어 갔는데 그 안에 세 분의 부처님이 함께 계셨다.

· 3번 동굴 : 기둥 여섯 개짜리 베란다가 있다. 그러니까 5칸 규모인 셈인데, 소, 코끼리, 사자 등이 기둥 위에서 건물을 받쳐 이고 있다. 스투파(stupa,

탑)를 묘사한 조각이 있는데, 그것을 중심으로 법륜, 여인 둘, 비천상, 사자 등이 새겨져 있다. 이 같은 형식은 안드라프라데쉬 주의 나가르주나 콘다나 아마라바티에서 흔히 본 것과 매우 유사하다. 이 동굴은 집회 공간이 중앙에 정사각형으로 마련되어 있고, 1인 1방의 요사채가 둘러져 있다. 서늘하다. 이러한 집회 공간 역시 이보다 후대에 형성된 아잔타 동굴에서도 확인되는 바이다.

· 10번 동굴 : 역시 5칸짜리 베란다가 있다. 그 위 벽면에 브라미 문자가 새겨져 있다. 집회 공간으로 3번 동굴보다 더 넓다. 부처님을 협시하고 있는 존재가 여신(女身)인데, 유방이 볼록한 것이 힌두교 여신(女神)을 닮아 있다. 후대의 조성인지 모르겠다. 3번 동굴과 다른 것은 스투파 대신 불상이 그 중심에 새겨져 있다는 점이 눈에 띈다. 기둥의 주두(柱頭) 위에 동물이 있고, 다시 사람이 있다. 인면수(人面獸)처럼 보인다.

· 11번 동굴 : 요사채다. 그러나 선정인(禪定印)의 불상이 모셔져 있는데, 혹시 자인상이 아닌가도 의심된다. 가사가 뚜렷하지 않아서 상체가 나체상처럼 보이기 때문이다. 좌대 밑에 2마리의 사자가 있고, 좌대 위로는 양쪽에 두 사람의 협시(혹은 비천)가 있다. 좌측 벽면에도 감실에 보살상이 있다.

· 15번 동굴 : 오른쪽에 가부좌한 설법인의 불상이 있고, 정면에 설법인을 한 불상이 있다. 광배가 있는데 이 부처님의 상호는 석굴암 부처님 같다. 참으로 평화롭고 낯익은 상호, 우리는 여기 나식 동굴에서 우리 나라 불상과 가장 닮은 느낌의 불상을 만난다. 협시보살의 머리 위에 다시 설법인을 한 작은 부처님을 새겼다. 모두 다섯 분.

· 16번 동굴 : 역시 우리 나라 부처님 같다. 정면에 설법인을 하고 의자에 앉아서 두 다리를 땅으로 내린 자세로 있다. 이는 엘로라 동굴에서도 볼 수 있는 자세다. 우리 나라에서는 볼 수 없는 모습이다. 불자(拂子)를 든 협시보살 위에 작은 설법인을 한 불상이 새겨져 있다. 좌우 역시 똑같다. 보리수 위에

좌대가 있다. 불상의 체구는 좌우의 것이 더 큰 모습이다. 비교적 완벽하게 보존되어 있다. 인도에서 우리가 만난 부처님 얼굴 중(간다라, 마투라, 안드라 양식 등)에서 가장 낯익은 얼굴, 가장 친근한 얼굴이다. 2층이며, 겨우 15평 넓이에 빼곡히 모셔져 있다.

· 18번 동굴 : 『우·간·다』에서는 '신전'이라 했으나, 신전이 아니라 불교의 스투파가 모셔져 있는 탑묘(caitya)이다. 칼라 석굴이나 바제 석굴은 다만 이 같은 차이티야가 하나 있는 석굴일 뿐이라 해도 과언이 아니다. 물론, 엘로라에도 이 같은 차이티야는 있다. 직사각형에 가까운 형태의 굴이 깊게 파져 있는데, 그 안쪽의 끝부분 가까운 곳에 스투파가 있고, 그 스투파를 돌 수 있도록(이것이 '예배'의 한 형식인 우요삼잡이다) 입구에서 스투파 그리고 다시 입구까지를 잇는 회랑(回廊)이 있다. 이는 기둥을 통해서 복도가 구분된다. 실제 이러한 형식은 우리 석굴암과도 유사한 것 아닌가? 다만, 석굴암은 스투파 대신 불상이 모셔져 있을 뿐이고, 훨씬 다양한 보살, 제자들이 그 회랑의 벽면 등에 조각되어 있지만 말이다.

· 20번 동굴 : 가장 광대하고 넓은 집회공간으로 이 곳에도 5칸짜리 베란다가 있다. 유독 여기서만 정면에 바로 불상을 모시지 않고, 정면의 벽에서 더 들어가서 방을 하나 더 만들었다. 그리고 그 속에 부처님을 모셨다. 좌우에 협시가 있다.

· 23번 동굴 : "아, 어떻게 이렇게 정교할 수 있나? 어떻게 그 동안 유명세를 타지 않고 숨어 있을 수 있었나?" 아내의 이어지는 탄성이다. 천장(2미터 정도)은 낮고, 큰 마루와 같은 공간이 펼쳐진다. 벽을 둘러가면서 조각이 모셔져 있다. 처음 2번 동굴에서 한 작은 부처님을 만났던 그 감회가 여기서 또 연출된다. 모롱이를 도는 순간, 우리 눈에는 먼저 오른쪽 벽면에 새겨진 부처님의 미소가 들어온다. '아!' 탄성을 지르고 있는데, 연이어서 그 왼쪽 벽면으로

이어지는 부처님들. 향연이다, 축제다!

　방1 : 20번 동굴과 동일한 형식으로 3칸의 작은 베란다 쪽의 방이다. 불상 좌우에 큰 협시 보살상이 있다. 3불 중 좌우는 선정인을 취하고 있으며, 주불은 설법인을 취하고 있다. 좌우에는 협시 보살이 있다. 좌우의 부처님은 3층으로 총 6구의 작은 부처님을 또 거느리고 있는데 중간은 선정인, 상하는 설법인이다. 좌측 불상의 하측 협시불은 깨어지고, 불상 자체도 몸체가 훼손되어 있다. 주불 역시 왼쪽 무릎 아래가 깨어져 있다. 이 방 입구 좌우에도 입불이 있는데, 좌측은 심하게 훼손되어 있다. 입구의 기둥 안쪽으로 그 윗벽에 다시 불상 5구가 있는데, 1, 3, 5는 설법인. 2, 4는 선정인을 취하고 있다. 기가 막힌다!

　방2 : 정면에 설법인의 부처님이 좌우에 협시를 거느리고 있다. 협시 보살상은 다시 좌우에 1~4층으로 좌상의 보살상을 거느리고 있는데, 유방이 크다. 후대 힌두교의 영향 받은 듯하다.

　방3 : 주불 셋에 협시보살상이 있다. 그러나 모두 상체만 조각되어 있다. 바위의 자연스런 모습을 그대로 놓아두었다.

　방4 : 역시 상체만 조각되어 있는데 오른쪽 부처님은 완전히 훼손되었다.

　이 마루와 같은 동굴의 오른편에는 마치 아잔타의 마지막 동굴에서 와불(臥佛, 열반상)이 있는 것과 똑같이 와불이 있다. 물론 모양은 나식의 것이 훨씬 작지만 말이다. 또, 이 마루에는 벽면에 감실이 몇 개 있고 그 속에 불상이 모셔져 있다.

　우리가 이 동굴에 오른 지 두 시간이 지났다. 감동의 두 시간 동안 우리 가족은 혼연히 몰입되었다. 아무런 잡념도 없이 이어지는 감탄의 소리 속에 시간은 흘렀다. 아내는 연신 카메라 셔터를 누르며 비디오

카메라가 없어서 애석하다고 한다. 4차에 걸친 인도 여행을 통틀어 가장 행복한 시간을 보내고 있다.

"아이고, 부처님! 아무도 예배하는 사람도 없는데, 용케도 견디셨습니다."

감상(感傷)어린 감상(感想)이다. 힌두교도가 했을 것이 틀림없을 붉은 점이나 푸른 점을 미간에다 찍은 채 말없이 앉아 계신 부처님들, 몇 년 후에 다시 왔을 때, 혹여 더 훼손된 모습은 부디 아니기를 바랄 뿐이다.

"부처님! 저희가 이제 가면 또 언제 와서 뵙겠습니까?"

눈시울이 뜨거워진다. 저 옛날, 혜초 스님이 이 곳에 오셨을 때는, 분명 수많은 스님들이 모여서 수행하던 도량, 살아있는 도량이었을 것이다. 동굴과 동굴 사이마다에 남아 있는 물탱크들이 저간의 사정을 무언으로 증언해 주고 있다.

내려오는 길에 우리는 아까 우리가 오를 때보다는 훨씬 많은 인도인 소풍객들을 만날 수 있었다.

"비록 저들이 불교인은 아니더라도 저 평화로운 부처님의 미소를 만나노라면 마음이 밝아지겠지."

"부처님 이마 위에 붉은 점이나 찍는데요."

아내는 23번 동굴에서 보았던 모습을 떠올린 모양이다.

이곳 부처님은 설법인이 많으시다. 설법인은 부처님께서 지금 중생에게 법을 설하고 있음을 표현한 것이다. 그런데 이 나식 동굴의 수많은 부처님들의 설법은 누가 듣지? 이제 그 설법을 들어줄 중생이 없으니, 할 수 없이 부처님의 설법을 부처님들이 들어줄 수밖에 없으리라. 그렇게 천년이 넘는 세월을 이 부처님들은 견디고 있음이다.

동굴 아래 내려오니, 아까 우릴 태워왔던 릭샤 왈라는 가 버렸다. 자신의 인내력에 한계를 느꼈을 것이다. 조금 걸어나와서 찻길에서 버스를 탔다. 뿌네로 돌아오는 버스 안에서, 나는 두통에 시달렸다. 아마도 낮에 먹은 탈리가 체한 모양이다. 10시 넘어서 도착해 겨우 주스 한 잔씩 사 먹고, 호텔로 돌아왔다.

이번 여행을 통해서 우리 가족은 오늘 가장 행복했고 오늘 가장 고생했다.

마지막에 찾은 데칸 칼리지

2월 17일

무엇인가를 보고 어디론가를 갈 수 있는 날은 오늘이 마지막이다. 내일은 아침 일찍 뭄바이 국제공항(C.S.I.A)으로 가야 하기 때문이다. 내일은 힘든 여정이 기다리고 있으므로 '간디의 자연요법 아쉬람' 보다는 시내에 있는 데칸 칼리지(Deccan College)를 가기로 결정했다.

인도에서 세번째로 역사가 깊다는 대학이다. 1821년에 개교했다고 하니, 180년의 역사다. 지난 2차 여행 때 같은 호텔에 머물렀던 일본인 고고학도로부터 이 대학의 고고학과가 세계적 수준임을 알게 되었다. 그런 연유에서 고고학과 박물관을 가 보기로 한 것이다.

그러나 오늘은 토요일이다. 우리는 이 점을 계산에 넣지 못했다. 릭샤에서 내린 곳은 데칸 대학 본부 건물 앞이었는데, 학교가 전체적으로 텅 비어 있다. 문이 다 잠겨 있고 닫혀 있다. 그래도 한쪽으로 열린 곳이 있어 들어가 보았다. 본부 건물은 이미 150여년의 역사가 있는 옛 건물이고, 어느 교실 문 밖에는 '로카만야 틸락이 공부했던 방'이라는 기념패가 대리석에 새겨져 있다. 이미 그 때 이 학교가 있었던 셈이니, 그 역사를 짐작할 수 있다.

몇몇 학생들이 보인다. 아무래도 스님 같았다.

"스님이에요?"

그렇단다. 태국의 스님이다. 태국의 유학생(재가자)도 있다. 이 대학의 '언어학과'에는 태국 스님들이 20여명 정도 있다고 한다. 아, 태국불교의 또 다른 힘을 느끼는 순간이다.

"한국 유학생들은 없는가?"

없다고 한다.

한 건물에는 '미국이 투자해서 설립된 인도학 연구소(American Institute of Indian Studies)' 간판이 있다. 이 연구소는 델리, 첸나이 등지에도 있는데, 뿌네에서는 여기 데칸 대학에 지부가 있는 셈이다. 개가 무섭다(인도 개는 무섭다. 광견병 걸린 개에 물려서 죽는 사람들 뉴스가 엊그제 신문에도 났었다)는 아들을 AIIS 앞에 쉬게 두고서, 나 혼자 좀더 들어가니 범어 사전 편찬실(Sanskrit Dictionary Project)이라고 쓰인 건물이 있었다.

알고 보니, 인도 정부 예산으로 추진하는 '언어학과'의 야심찬 기획이었다. 산스크리트 텍스트로부터 10×million item을 추출하여 해설하는 작업인데, 현재까지 6권이 출판되었다고 한다. 오늘이 토요일이 아니었다면, 구경이라도 해 볼 텐데, 아쉽게 되었다.

길을 건너니, 거기에 고고학과와 고고학과 부속 박물관이 있었다. 아무도 없을 터이지만, 혹시 정원이나 마당에라도 세워둔 유물이 있을지 몰라 가 보았다. 그런데 막 학교에 나와서 연구실 문을 여는 교수님 한

분을 만났다.

"한국에서 왔다. 박물관이 유명하다는 이야기를 들었다."

"오늘이 토요일이라서 박물관 문을 못 연다. 박물관 공개는 화요일만 한다."

그러더니 어디론가 전화를 걸어 확신은 못하지만 2~30분 기다려 보라고 한다. 고마운 일이다. 우리를 위해서 또 친절을 베푸려나 보다. 3차 때 바로다의 마하라자 사라지라오 대학교의 고고학과에서 입었던 은혜가 생각난다. 그 사이 읽어보라고 그 교수는 데칸 칼리지 요람을 가져다 준다. 그분이 고고학과의 학과장(Head)이자 데칸대학의 'Joint Directer'인 K.Paddayya교수다. 명함을 보니까 '지리고고학(Geoarchaeology)'이 전공이다. 그가 건네 준 데칸대학의 요람을 통해서, 이 대학의 대강을 짐작할 수 있었다.

데칸대학은 학부 과정(B.A)이 없는 대학원 중심 연구대학(Post Graduate & Research Institute)이다. 학과 역시 다만 둘뿐이다. 고고학과와 언어학과인데 고고학과보다 언어학과는 늦게 생겼으며, 그 위엄에 있어서는 고고학과보다는 상대적으로 약한 편이다. 고고학과와 언어학과 모두 주정부 예산을 쓰고 있으나, 미국의 록펠러 재단, 포드 재단 등지로부터 재정 지원을 받고 있다. 고고학과에는 교수 25명, 그리고 스탭진들이 있다고 한다. 1999~2000년도의 학생 수는 모두 118명이다. Ph.D 학위 취득자는 고고학과 7명, 언어학과 3명이다. 학생들은 인도만이 아니라 아시아, 중동지역 유학생들도 있다. 그 속에 한국인도 있었다는데, 현재는 없는 모양이다.

아무래도 우리 전공 분야와 보다 유관한 것은 '언어학과' 쪽일 수도 있겠다. 그래서 유심히 살펴보니 다만 산스크리트만을 연구·교수하는 학과가 아니다. 근대 언어학 일반과 산스크리트, 그리고 마라티어를 중심으로 하는 인도의 여러 언어들을 연구하며 가르치고 있다. 언어학에 관심있는 학생들은 여기 공부하러 오면 좋겠다. 언어학이야말로 인문학의 꽃이 아닌가.

요람을 보면서 이것저것 요약, 정리하고 있는데 오토바이를 탄 교수님 한 분이 출근하신다. 우리를 위해서다. 그는 다시 또 잠깐 갔다 오겠다면서 나가더니, 일하는 사람 하나를 데려온다. 열쇠의 소재 때문인가 보다. 이 대학에는 '고고학과 박물관'과 '마라타 역사 박물관' 두 개가 있다. 고고학과 박물관은 전시실이 10개인데, 이분들의 친절로도 오늘 우리에게 보여줄 수 있는 것은 다만 1실뿐이라고 한다. 그것만도 얼마나 고마운 일인가? 'H.D.Sankalia Gallery(H.D.Sankalia 기념관)'이다. H.D.Sankalia는 이 대학 고고학과를 창설한, 고고학과의 아버지다. 전시실에는 그분의 학력과 활동, 저서 그리고 논문 지도 제자들 명단과 그들의 논문 제목까지 전시되어 있다. 나로서 흥미 있는 사실은 그분이 영국에 유학 가기 전에 날란다 불교대학을 연구했다는 사실이다. 전시된 저서 중에 『The Nalanda University』한 권이 있다. "살 수 있는가?" 물었으나, 팔 수 있는 여분은 없는 모양이다.

외국에서 온 방문객을 위하여, 나는 과연 휴일에도 전화 한 통 하면 학교로 나올 수 있을까, 생각해 보게 된다. 새삼 이들의 친절이 크게 보인다.

후기

여행을 일단락 지으면서

 앞으로 또 인도를 오게 될 것이고, 인도에서 여행을 하게 되겠지만 일단 인도 여행의 '일단락을 짓는다'. 일막(一幕)을 내린다. 착착이 묻는다.
 "아빠, 아빠는 왜 인도를 와요?"
 이 물음이 내 의식의 속살을 파고든다. 나는 왜 인도를 왔으며, 인도를 여행함으로써 내가 얻은 것은 무엇인가. 혹시 잃은 것은 없는가. 둘 사이의 대차 대조표는 어떻게 그려질 것인가.
 정확히 어느 때부터인지는 모르겠다. 우리 대학 다닐 때는 아직도 해외 여행을 위해서는 나라의 허락이 있어야 했다. 그러니 '인도'든 그 어디든 '배낭 여행'을 한다는 개념 자체가 존재할 수 없었다. '허가제'에서 '해외 여행 자유화'로 바뀐 것은, 내 기억으로는 80년대 초반으로 생각된다. 그리고 정확한 시점은 알 수 없으나 대학생들의 '배낭 여행'이 붐을 일으킨다.

이럭저럭 우리 세대는 대학원 공부를 하고, 시간 강사를 하게 되었다. 나를 포함하여 대개 고학(苦學;경제적으로 고생하면서 학문하는 일)을 하느라 그날 그날 생활하는 일조차 '하루살이'에 지나지 않은 여건에서 해외 여행은 꿈도 꿀 수 없었다. 위로 이미 자리잡은 선배 교수들은 대개 해외 체험이 있지만, 그것은 그렇게 부담으로 다가오지 않았다. 그러나 '배낭 여행' 세대들이 수강생으로 등장하면서부터는 은근히 이야기는 달라진다. 인도를 다녀온 학생을 앞에 앉혀두고, 인도 구경을 못한 시간 강사가 인도 이야기를 하고 있는 상황이라니. ('인도철학'도 결국 '인도에 관한' 이야기일 텐데 말이다.) 그러나 이러한 기형적 상황은 계속되었다. 묘수가 없었으니 말이다. 전임강사가 되었어도 얼른 인도를 올 수 없었다. 그러한 '인도 콤플렉스'(인도철학을 국내에서 공부한 국내파들의 주눅든 콤플렉스)를 극복해야 할 내적 필연성은 강렬했으나, '전임강사 2년 계약제'가 주는 부담 속에서 방학 때도 학교 연구실을 지키면서 논문 쓰기에 골몰했다.

내가 처음 인도를 온 시점은 바로 전임강사 시절이 끝나고, 조교수 승진을 눈앞에 둔 시점이었다. 1999년 7월 당시, 몸도 마음도 지쳐 있었다. '앞만 보고 내달렸다'는 표현은 꽤 진부하긴 하되, 진실을 이르는 묘언(妙言)일 수 있다. 그대로의 삶을 지속할 내적 힘을 나는 상실하고 있었다. 낯선 인도 땅으로 들어오는 일이 내 관념 속에서는 두려움의 대상이 아닐 수 없지만, 나는 그 두려움의 고리를 끊어버리기로 결심했다. 그리고 가족과 함께였다. "나도야 간다!" 마치 국경을 넘는 망명객처럼, 나는 그렇게 인도를 왔다. 오지 않을 수 없었다. 그것이 1차 여행이었다. 두려움 속에 첫만남, 과히 인도는 힘든 땅이었다.

그러나 귀국 후 나는 많이 달라져 있었다. 이미 '인도 콤플렉스'는 상당 부분 해소되었고, 무엇보다도 강단에서의 내 이야기가 생기를, 생동감을 얻게 되었다. 그렇지만 내가 본, 내가 겪은 인도가 얼마나 적었겠는가. 2차 여행은 그 경험 세계의 확충을 위해서 필연적이었다. 거기에는 1차 때 녹야원밖에 가 보지 못한 까닭에 '부처님 성지'를 순례해야 한다는 불자로서, 불교학자로서의 내적 명령에 대한 순종의식이 자리하고 있었던 것이다. 가장 어렵다는 비하르, 그 땅을 "우리는 아마도 더 이상 고생하면서 다닐 수는 없다"고 할 만큼, 밑바닥을 훑으며 다녔다. 부처님 성지가 주는 묘한 기운 탓인지 많은 사건과 많은 깨침이 있었다. 대가만큼 소득도 컸던 순례였다.

이제 방학중의 인도행은 우리에게, 내게 당연지사처럼 되었다. 3차 여행이 이어졌다. 이때쯤 '인도에서 연구하는 꿈'과 그를 위한 준비라는 또 다른 의미가 첨가되었다. 그런데 아들 착착이 친구 캉카를 데리고 오는 등 동행이 있는 여행을 하게 되고, 캉카가 맹장염 수술을 받았다. 우다이푸르의 병원 생활 9일, 캉카도 우리 가족도 엄청 힘든 시간이었다. 내 인생에서 가장 긴 날의 하루를 겪기도 했지만, 덕분에 인도 사회를, 인도 문화를 더욱 더 세밀하게 들여다 볼 수 있었다. 참으로 다시 얻기 힘든, 아무나 할 수 없는 공부였다. 이제 심리적으로나, 인도 철학(불교학)의 배경 지식의 습득이라는 측면에서나 여행이 반드시 필요한 것은 아니라는 생각이 들게 되었다.

그러나 '시작'이 있었으니 '맺음'이 있어야 했다. 여행으로서의 인도 체험, 그것을 맺기 위한 기획이 4차 여행이었다. 이미 출발 전부터 우리는 인도 여행의 제1막을 내리기로 작정하였다. 여행도, 여행기도 첫 만남의 충격이 생생할 때 가치가 있는 법이다. 애써 4차 여행의 코스를 익숙한 관광지, 남들 다 가는 곳이 아닌 곳들을 선택하여 다닌 이유도 바로 그 점을 그나마 보완하기 위해서였다.

　나의 성숙을 위해서는 여행이 주는 새로운 만남, 새로운 체험, 새로운 깨침, 새로운 생각이 더욱 요청된다. 두말 할 나위 없다. 그러나 시간이 이미 많이 흘렀다. 개인적으로는 불혹(不惑)의 시대여야 하고, 가정적으로는 아들이 중학생이 되었으니 더 뒷바라지에 충실해야 하며, 직장에서는 학생들의 교육에도 더욱 신경써야 한다. 방학 중이라도 붙잡고 씨름하면서 가르치고, 더하여 뒷바라지도 해야 한다. 원효와 의상에게서 보듯이, 인재 양성은 정주(定住)라야 가능하지 않겠는가. (의상은 제자가 많으나 원효는 제자가 없다. 원효의 지향성이 달랐다는 해석도 가능하긴 하지만 의상의 정주생활에서 나는 그 원인의 일단을 찾고 있다.) 또 이번 여행에서 '오로빈도 아쉬람'을 갔을 때 다시 절실했던 느낌은 '글이 우리의 수명을 연장한다'는 진리이다. 글로 말하고, 글로 살아야 한다. 그러기 위해서라도 이제 다시 도시락을 싸들고 연구실과 집을 왕복하는 축이 주축이 되어야 한다. 그렇게 다짐해 본다.

　인도 여행을 통해서 잃은 것은? 거의 없다. 재정적으로도 많은 어른들의 도움이 큰 힘이 되었다. 그리고 설사 있다 해도, 그것은 작은 투자에 지나지 않는다. 나의 체험과 여행 이야기는 평생의 자산이 될 것이므로. 그리고 제자 양성은 아직 늦지 않은 일이므로 그 역시 손해가 없고…. 방학 중에 논문 한 편을 못 썼으니 모두 4편을 못 쓴 셈이다. 그 4편의 논문 대신 이 여행기가 산출되었다. 그 평가는 이제 독자에게 맡길 수밖에 없다.

　내 여행의 대차대조는 순전히 검은 글씨뿐이다. 아내와 아이들의 고생만이 붉은 글씨로 쓰여지겠지만…. 어쩌랴? 우리는 가족인 걸.